"博学而笃志,切问而近思。"
(《论语》)

博晓古今,可立一家之说;
学贯中西,或成经国之才。

复旦博学·复旦博学·复旦博学·复旦博学·复旦博学·复旦博学

作者简介

张子让，男，上海市崇明县人，复旦大学新闻学院教授、博士生导师。

复旦大学新闻系毕业留校，已从事新闻教学30多年。先后主讲报纸编辑、新闻编辑、报纸研究基础、新闻采写、新闻实务等课程。著有《新闻学基础》（合作）、《标题制作与版面设计》、《当代新闻编辑》等。发表论（译）文100多篇，其中《国际互联网对西方新闻圈的影响》和《版面的隐性信息》获上海市新闻奖，《党报面临的一项战略性课题》（第一作者）获中国新闻奖。参加教育部一项重点课题的研究，并已完成专著《当代法国的信息与传播》。

2001年与2004年分别获得上海市育才奖、复旦大学校长奖。

新闻与传播学系列教材／新世纪版

博学

新闻编辑教程

（修订版）

张子让 著

复旦大學出版社

内容提要

《新闻编辑教程》是在《当代新闻编辑》（第二版）的基础上，作了大幅度改动而成。

新版着力于强化新媒体生态的时代特点，吸取了国内外新闻编辑领域许多最新的实践经验和研究成果，在基本保持原书独特框架的同时，更新、充实了不少适应网络时代需要的内容。

本着务实的一贯传统，本书在本土新闻编辑的理念与经验上作了进一步提升和系统化。这些新见和思考覆盖了新闻编辑工作的基本原理、知识和技能、编辑流程的各个环节。为强化操作意识，本书选用了大量的新鲜案例，并配置了丰富的思考与练习。

该书从第一版算起，至今已有20年，在高校新闻与传播学科颇具口碑，在传媒业界亦很受欢迎。新版配备了翔实的教学课件，欢迎选用该教材的老师来电来函索取。

联系人：鲍悦
联系电话：021-65103503
电子邮件：fudanjiaocai@163.com

前　言

新闻编辑是报纸发展到一定历史阶段的产物。随着报业的兴盛和媒介形态的变化，它不断显示出新的生机和活力。

作为新闻报道的整合行为，新闻编辑是新闻传播的中心环节。它以优化为目标，以估值为主线，以选择为关键，以把关为使命，贯穿于新闻传播的全过程，决定着新闻传播的社会效益和经济价值。

整合是新闻编辑的本质属性和基本功能。记者的最终产品是单篇的、分散的报道，而编辑的最终产品是报纸版面、广播电视节目或网站页面。新闻编辑的日常流程有多道工序，包括新闻报道的策划、选择、修改、标题、配置和合成，但实质离不开"整合"两字。整合是在筛选和整理基础上的组合。它不是将单篇报道简单相加或随意拼凑，而是根据优化原则，对它们进行"去粗取精、去伪存真、由此及彼、由表及里"的加工和配置，发掘和彰显它们各自的内涵，提高新闻报道的附加值。

如今，网络媒体在大众传媒中的地位，已经从边缘走向中心。它创出了新闻天量，加剧了新闻竞争。面对浩如烟海的新闻，广大网民受时间和精力的限制，不可能一一涉猎，同样甚至更需借助编辑的推荐和解读，了解哪些是最重要、最新鲜、最有用的新闻。"更多的信息将需要更多的代理。"[①]受众可选来源的激增和注意力的稀缺，更加显示出新闻整合的重要性，赋予新闻编辑更多的发展空间。事实已经证明，新闻信息越丰富，新闻竞争越激烈，新闻编辑也就越重要。可以预见，新闻传播未来发展的历史，将是新闻编辑的价值不断提升的历史。

---

① 〔美〕托马斯·达文波特、约翰·贝克著：《注意力经济》，中信出版社2004年版，第253页。

新媒体的崛起,给新闻传播提供了许多新的可能性,对新闻报道的客体、主体、文体、载体和受体都产生了较大的影响。全球性传播、多媒体传播、互动性传播、媒介融合……面对这些新事物,当今的新闻编辑,不仅应当通晓新闻业务,了解新媒体技术,还必须转变思想观念和思维方式,增强开放、开拓和创新、创优意识,拓展跨文化、跨学科和跨媒体的知识视野,以提高驾驭当代新闻报道的能力。

受众是新闻传播直接作用的对象。当代社会,个体意识高度觉醒、高度张扬,互联网的发展又强化了这种趋势。越来越多的受众即时参与内容的生产、监督和评判,他们对新闻报道的能动作用,从来没有像今天这样显著。媒体不尊重受众,受众就不尊重媒体。洞察受众所想,满足受众所需,是当代新闻编辑必须经常关注和悉心研究的课题。

记者和编辑是新闻传播的两大主力。没有记者采集新闻,没有记者提供丰富、优质的新闻资源,编辑的本领再大也无济于事。正因为如此,新闻编辑人员一定要十分尊重记者,虚心倾听他们的意见和建议,珍惜他们的劳动成果,妥善处理采编之间可能发生的矛盾,努力营造良好的合作氛围。

新闻传播面向社会大众,影响社会舆论,事关人类文明和社会进步。媒介形态和技术虽已今非昔比,但是新闻的职业伦理不能改弦易辙。置身于新的媒介生态环境,新闻编辑人员必须坚持新闻职业操守,履行媒介的社会责任,将"正义、正直、正派"铭之座右,避免传播对社会产生负面影响的新闻,不仅要让受众知新、知变,还要引导受众向上、向善,与文明和进步同行。

目 录

前 言 ·· 1

第一章 绪论 ·· 1
第一节 新闻传播与新闻编辑 ································ 1
一、新闻传播的主导性工作 ································ 2
二、新闻传播的整合性工作 ································ 3
三、新闻传播的把关性工作 ································ 4
第二节 互联网络与新闻编辑 ································ 5
一、编辑地位与职责的变化 ································ 7
二、编辑思维与观念的变化 ································ 8
三、编辑手段与方式的变化 ································ 9
第三节 媒介融合与新闻编辑 ································ 11
一、媒介融合的概念与实践 ································ 11
二、新闻编辑面临的新课题 ································ 13
第四节 新闻编辑的基本修养 ································ 16
一、高度的责任意识 ·· 16
二、广阔的知识视野 ·· 20
三、执著的探索精神 ·· 22
● 思考与练习 ·· 27

第二章 报道的定位 ·· 30
第一节 报道定位的依据 ······································ 30
一、媒体因素 ·· 30
二、受众因素 ·· 34

第二节　报道定位的要领 ……………………………………… 36
　　一、坚持正确导向 ………………………………………… 36
　　二、满足受众需求 ………………………………………… 38
　　三、体现自身特色 ………………………………………… 40
　●　思考与练习 …………………………………………………… 43

第三章　报道的策划 …………………………………………… 46
第一节　报道策划的概念 ……………………………………… 46
第二节　报道策划的原则 ……………………………………… 49
　　一、取信原则 ……………………………………………… 49
　　二、立异原则 ……………………………………………… 51
　　三、应变原则 ……………………………………………… 52
　　四、集思原则 ……………………………………………… 53
第三节　报道策划的类型 ……………………………………… 54
　　一、阶段性报道策划 ……………………………………… 54
　　二、专题性报道策划 ……………………………………… 55
　　三、即时性报道策划 ……………………………………… 56
第四节　报道策划的方法 ……………………………………… 58
　　一、系统方法 ……………………………………………… 58
　　二、参照方法 ……………………………………………… 59
　　三、逆向方法 ……………………………………………… 60
第五节　问题讨论的组织 ……………………………………… 61
　　一、议题的确定 …………………………………………… 61
　　二、讨论的实施 …………………………………………… 63
　●　思考与练习 …………………………………………………… 66

第四章　新闻的确认 …………………………………………… 72
第一节　新闻选择的重要意义 ………………………………… 72
　　一、实现报道宗旨的基本保证 …………………………… 73
　　二、形成报道特色的基本保证 …………………………… 74
　　三、提升报道水准的基本保证 …………………………… 75

第二节　新闻选择的基本依据 …………………………… 76
　　　　一、社会规范 ……………………………………………… 77
　　　　二、受众需要 ……………………………………………… 85
　　第三节　新闻选择的注意事项 …………………………… 90
　　　　一、要有全面的观点 ……………………………………… 90
　　　　二、要有平衡的观点 ……………………………………… 92
　●　思考与练习 ………………………………………………… 95

第五章　新闻的发掘 …………………………………………… 102
　　第一节　新闻的综合与解读 ……………………………… 102
　　　　一、聚焦热点话题 ………………………………………… 102
　　　　二、聚焦重点报道 ………………………………………… 105
　　第二节　网民反馈信息精选 ……………………………… 106
　　　　一、精选新闻跟帖 ………………………………………… 106
　　　　二、精选微博信息 ………………………………………… 108
　　　　三、精选多个来源 ………………………………………… 110
　　第三节　异介质信息的转换 ……………………………… 112
　　　　一、自我性转换 …………………………………………… 113
　　　　二、引进性转换 …………………………………………… 113
　　第四节　新闻排行榜的运用 ……………………………… 116
　　　　一、新闻排行的周期与分类 ……………………………… 117
　　　　二、新闻排行的数量与配置 ……………………………… 118
　●　思考与练习 ………………………………………………… 120

第六章　新闻的梳理 …………………………………………… 127
　　第一节　新闻梳理的下限 ………………………………… 127
　　　　一、纠正各种差错 ………………………………………… 128
　　　　二、避免各种不当 ………………………………………… 131
　　第二节　新闻梳理的优化 ………………………………… 133
　　　　一、凝聚主题 ……………………………………………… 133
　　　　二、凸显精华 ……………………………………………… 138

第三节　新闻梳理的准则 ………………………………………… 145
　　一、有稿必检 …………………………………………………… 145
　　二、有错必纠 …………………………………………………… 146
　　三、有改必慎 …………………………………………………… 147
●　思考与练习 ……………………………………………………… 149

第七章　新闻的标题 ………………………………………………… 153
第一节　新闻标题与新闻媒体 …………………………………… 153
　　一、新闻标题在新闻媒体中的作用 ……………………………… 153
　　二、新闻标题在新闻媒体中的区别 ……………………………… 157
第二节　新闻标题与新闻事实 …………………………………… 159
　　一、新闻标题必须揭示新闻事实 ………………………………… 159
　　二、新闻标题必须符合新闻事实 ………………………………… 163
第三节　新闻标题系统的结构 …………………………………… 166
　　一、主体类标题 ………………………………………………… 166
　　二、从属类标题 ………………………………………………… 173
　　三、整合类标题 ………………………………………………… 176
第四节　新闻标题的表现方法 …………………………………… 178
　　一、态度层面的方法 …………………………………………… 178
　　二、修辞层面的方法 …………………………………………… 181
●　思考与练习 ……………………………………………………… 195

第八章　报道的配置 ………………………………………………… 201
第一节　综合性配置 ……………………………………………… 201
　　一、配置要领 …………………………………………………… 202
　　二、个案分析 …………………………………………………… 203
第二节　同一性配置 ……………………………………………… 205
　　一、强标识组合 ………………………………………………… 205
　　二、弱标识组合 ………………………………………………… 208
第三节　延伸性配置 ……………………………………………… 210
　　一、广度延伸 …………………………………………………… 210

二、深度延伸 ·· 211
　第四节　解释性配置 ·· 215
　　一、文字资料 ·· 215
　　二、示意图表 ·· 217
　第五节　多媒体配置 ·· 219
　　一、内涵式配置 ·· 219
　　二、外延式配置 ·· 222
● 思考与练习 ·· 223

第九章　报道的合成 ·· 229
　第一节　编排设计的价值 ······································ 229
　　一、表态功能 ·· 229
　　二、启示功能 ·· 230
　　三、吸引功能 ·· 232
　第二节　编排设计的原则 ······································ 234
　　一、相符原则 ·· 234
　　二、重点原则 ·· 236
　　三、有序原则 ·· 236
　　四、便易原则 ·· 239
　第三节　版面空间 ·· 239
　第四节　版面元素 ·· 244
　　一、正文 ·· 244
　　二、标题 ·· 245
　　三、图片 ·· 248
　　四、线条 ·· 249
　　五、色彩 ·· 250
　第五节　版面编排的方式 ······································ 252
　　一、重点式编排 ·· 252
　　二、集中式编排 ·· 252
　　三、对比式编排 ·· 252
　　四、对称式编排 ·· 255

五、交叉式编排 …………………………………… 256
　　六、模块式编排 …………………………………… 257
　　七、冲击式编排 …………………………………… 258
　　八、分解式编排 …………………………………… 258
第六节　版面设计的程序 ……………………………… 260
　　一、了解要求，考虑布局 ………………………… 261
　　二、计算篇幅，调剂余缺 ………………………… 261
　　三、画版样 ………………………………………… 262
　　四、看大样 ………………………………………… 264
第七节　网络首页的设计 ……………………………… 266
　　一、首页的组成要素 ……………………………… 267
　　二、首页的布局结构 ……………………………… 268
第八节　新闻页面的设计 ……………………………… 271
　　一、新闻主页的设计 ……………………………… 272
　　二、新闻内页的设计 ……………………………… 273
● 思考与练习 …………………………………………… 274

主要参考文献 …………………………………………… 278
附录 ……………………………………………………… 280
　　一、中国新闻奖报纸版面获奖作品名录 ………… 280
　　二、中国新闻奖广播电视编排获奖作品名录 …… 283
　　三、中国新闻奖新闻专栏获奖作品名录 ………… 287
　　四、中国新闻奖网页设计获奖作品名录 ………… 289
　　五、中国新闻奖报纸版面和网页设计获奖作品选登 ………… 290
后记 ……………………………………………………… 294

第一章

绪　　论

新闻编辑作为新闻报道的整合行为,是近代报纸的产物,并随着新闻媒介的发展而不断进步。

在古代,报纸受经济、政治、文化和技术等条件的限制,出版周期长,内容也不多,而且没有或很少刊登新闻,因而不可能也没有必要对采编进行分工。

随着资本主义的萌芽,文艺复兴运动的兴起,这些制约因素在欧洲发生了革命性的变化。17 世纪初,德国作为发明铅活字印刷的古腾堡的故乡,率先推出了每周定期出版的报纸,并很快在整个欧洲产生了连锁反应。为了提高新闻生产的效率和质量,报业逐渐出现了采编的分工。18 世纪以后,日报成为报纸的主角,新闻报道内容和样式越来越趋于多样化,读者圈和发行量不断扩大,报纸之间的竞争也随之加剧。这促使记者和编辑的分工都开始细化,普遍按区域、行业或新闻类别来划分,还出现了日夜班编辑和责任编辑、美术编辑等职责方面的分工,以适应出版周期的变化和竞争的需要。

进入 20 世纪以来,广播、电视和互联网先后问世,这些媒介新闻编辑的分工和运作,既仿效报纸,又不断创新,显示出新的生机和活力。

第一节　新闻传播与新闻编辑

新闻传播是一项系统工程,采写与编辑是其中的主要环节和基本业务。两者相互依存,统一于共同的传播目的和服务对象之中,同时又呈现出不同的性质和特点。对于新闻编辑工作来说,其基本特性可以概括为以下三个主要方面。

一、新闻传播的主导性工作

首先,编辑工作的主导性体现在报道的定位上。报道定位是对新闻报道的价值取向和个性特征所作的总体规范,它从根本上决定了新闻报道的方向、特色和质量,是指导新闻采编的基本思想和原则。报道定位是新闻媒体的基本建设,需要全体新闻工作者发挥聪明才智,建言献策,因而参与的人员不限于编辑,也包括记者。但由于这项任务主要在新闻媒体编辑委员会的领导和主持下进行,所以从宏观而言,它无疑属于编辑工作的范畴。从整体上对新闻报道进行正确的定位,是编辑工作中最为重要的任务。

报道定位要保持相对的稳定性,又要根据媒介环境和受众需求的变化进行适当的调整。近年来,国内新闻媒体改版的频率有所提高,而改版的一项主要或重要内容,就是修正报道的定位。从这个意义上说,报道定位是编委会每个阶段、每个时期都要关注和思考的一项重要工作,而并非"毕其功于一役"。

其次,编辑工作的主导性体现在报道的策划上。报道策划是对报道运作诸环节的预先谋虑,即对报道什么和怎么报道的思考与设想。它追求创意和良谋,着眼于报道效果的优化。随着新闻媒体竞争的日趋激烈,新闻报道只有做活、做深、做优,提高整体质量,才能在竞争中立于不败之地。这就特别需要进行报道的策划,以理性地指导具体的采编工作。而报道策划正是编辑工作中一项经常性的内容。

再次,在日常工作中,编辑人员要安排版面、节目或网页,又几乎每天紧盯网络,因而比较了解总体情况、突发事件和信息,加之具有"旁观者清"的有利条件,这就使他们能够对记者的报道给予一定的指导,包括提炼主题、开掘题材、选择角度乃至提供采访线索等。

最后要说到报社的编前会制度。编前会通常由值班总编、编委和各采编部门负责人参加,是每期报纸组版前的决策和调控会议,着重确定重要版面和重要稿件的安排。为了适应竞争的需要,有的日报已经实行了两次编前会制度,即中午增加一次编前会,汇总和研究当天采访的主要选题,确定主打稿,拓展新闻源,使记者在采访前或途中就贯彻编辑部的意图,进一步提高了新闻报道的主动权和有效性。编前会集中、鲜明地体现了编辑工作的主导性,为动态地把握好新闻传播的方向和质量提供了制度保障。

《纽约时报的风格》一书写道:"时报的编辑部的的确确是以编辑人为掌权人,所有新闻主管的头衔都含有编辑的名称。编辑人的出身虽多为记者和特派员,但是编辑人是决策人,是发号施令的掌权人。"[1]所谓"发号施令的掌权人",实际上是对编辑工作所起的主导作用的通俗表达。

二、新闻传播的整合性工作

新闻传播是集合传播,新闻报道刊播之前,通常都要经过整合,以版面、节目或网页这种"组合产品"的形式提供给受众。在此过程中,编辑工作起着最主要的作用。

众所周知,记者工作的最终产品是单篇的、分散的报道,而编辑工作的最终产品是报纸版面、广播电视节目或网站页面。尽管编辑工作的日常流程有多道工序,包括新闻报道的策划、选择、修改、标题、配置和合成,但实质离不开"整合"两字。

整合是在筛选和整理基础上的组合。它不是将单篇报道简单相加或随意拼凑,而是以优化为目标,对它们进行"去粗取精、去伪存真、由此及彼、由表及里"的加工和配置,彰显和发掘它们各自的内涵,形成"量变效应",使新闻报道总体升值。

太平洋战争爆发以后,国民党政府在香港的一些显贵大都乘飞机逃到重庆。当时著名记者浦熙修去机场采访,看到孔祥熙夫人宋蔼龄和保姆先走出机舱,带着大批家具,还有几条洋狗;而在机场的等候者却没有接到她,失望极了。为了躲避国民党的新闻检查,浦熙修将宋蔼龄飞到重庆、等候者失望而归、洋狗的出现分写成三条各不相关的"小消息"。第二天,报纸将这三条消息编排在一起,成了轰动"陪都"的新闻,老百姓从中看到了国民党达官贵人重狗轻人。这个典型例子从一个侧面说明了报道整合的作用和威力。

各篇报道组合在一起,产生了单篇报道所没有的主次、对比、联合

---

[1] 李子坚:《纽约时报的风格》,长春出版社1999年版,第80页。

和互补等关系,产生了单篇报道所没有的信息。这种信息虽然不是通过文字、言语或图像直接表明的,是一种隐性信息,但在引导受众方面却起着单篇报道所无法替代的重要作用。这是对新闻报道的综合判断,它基于对单篇报道的判断,又高于和难于对单篇报道的判断,更能检验编辑人员的全局观念、思想水平和业务能力。

三、新闻传播的把关性工作

新闻传播面向社会大众,必须重视受众需求,遵守社会规范,讲究社会效果。这就需要进行认真、严格的把关,扶优祛劣,兴利除弊。作为新闻传播的两大主力,记者和编辑都负有把关的责任。记者的把关,可以从源头上保证新闻的真实性,也可以减少因选择不当而造成的无效劳动;但由于编辑处在组织新闻报道的最后一关,是新闻报道能否刊播的最终决定者,所以把关的任务不能不主要由编辑来承担。

编辑的把关是全程性的把关。也就是说,把关贯穿于编辑工作的全过程,从新闻的选择、修改、标题,到报道的配置和合成,每个环节都是在把关,都不能疏漏,都应当有把关意识。如果"一着不慎",有可能导致在竞争中"满盘皆输"。特别是选稿这个环节,一旦在政治和事实的把关方面出问题,就很可能会给社会和新闻媒体自身带来不小的负面影响。

编辑的把关又是综合性的把关。这种把关,不仅要对新闻报道从政治、思想到事实、表达等层面进行全面检验,还包括既要检验报道的个体,又要检验报道的总体——版面、节目和网页。在一个版面、一档节目或一个网页中,即使每篇新闻都没有差错或不当,也不等于这一版面、节目或网页就不会有问题。如果新闻的配置与排列、标题的统筹等方面考虑不周,版面、节目或网页也可能会出现这样那样的差错或不当。《文汇报》原总编辑徐铸成曾经谈到:全国人大六届一次会议期间,我国运动员朱建华打破跳高世界纪录,不少报纸将这一新闻登在很不起眼的角落。他认为,人大开会是重要的,但那天是小组会议,可以突出朱建华的跳高新闻,摆在头条,因为这与振兴中华大业有关,是激动人心的事,是震撼世界的大新闻。这说明,尽管消息本身是好的,但由于没有加以突出处理,使版面总体还是存在明显的缺失。再以标题为例,即使每个标题都做得不错,但在版面、节目或网页中组合以后,标题之间可能会出现不必要的词语重复,甚至会产生互相矛盾的现象,只有进行适当的调整或修改,才能避免差错和不当。此外,网络首页是主要栏目的汇集地,如果不注意栏目之间的对照,也可能会出现无谓的"一稿多居"现象。不久前,在一家重点新闻网站上,报道中国粗钢产量的新闻同时出现在相邻的"国内经济"和"国际经济"栏目中,这显然是不必要的重复,不仅浪费空间,还给网民留下条理不清晰的印象。由此可见,综合性把关不仅必要,而且十分重要。

编辑的把关还是终审性的把关。记者的报道出了差错,还可以由编辑来纠正;而编辑审定的报道出了问题,就会向受众传播,好比泼出去的水一样,很难收拾了。当然,新闻媒体还可以发更正,而且出了差错也应及时更正,这是负责任的表现;但是,更正毕竟是不得已而为之,更正多总不见得是一件好事,应该力求减少更正。因此,编辑的把关任务很重,责任很大,要求很高。

综上所述,新闻传播的主导性、整合性和把关性,是新闻编辑工作的基本特性所在,从中也可以看出它所具有的举足轻重的地位、价值和作用。美国一些学者认为:编辑"是新闻机构的'心脏',是引导公众新闻的向导,是使新闻机构健康存在和提供良好服务的生命线"[①]。这个判断是符合客观实际的。

当然,对编辑工作的特性作这样的概括,丝毫不意味着降低记者和通讯员的作用。显而易见,"巧妇难为无米之炊",没有记者和通讯员采集新闻,没有他们为大众传媒提供丰富、优质的新闻资源,编辑的本领再大也无济于事。所以,编辑人员一定要十分尊重记者和通讯员。记者和通讯员身处第一线,熟悉实际情况,编辑人员应该虚心地倾听他们的意见和建议,十分珍惜他们的劳动成果,妥善地处理采编之间可能发生的矛盾。总之,编辑与记者、通讯员要平等相处,优势互补。

第二节 互联网络与新闻编辑

"数字化生存"是一个富有前瞻性的概念。20 世纪 90 年代中期,

---

① 〔美〕多萝西·A·鲍尔斯教授、黛安·L·博登教授:《现代媒体编辑技巧》,新华出版社 1999 年版,第 14 页。

当我们初次接触这一"舶来品"的时候,不少人认为尼葛洛庞帝的看法未免有些夸张。然而,在10多年后的今天,这已成为无可争辩的现实。互联网将数以亿万计的公众吸引到数字化领域。人们的工作、学习和生活日益离不开网络,上网变成了许多人习以为常的生活方式,称之为"开门第八件事"也并不为过。

互联网在大众传播媒介中的地位,已经从边缘走向中心,网络新闻正受到越来越多的网民关注。中国互联网络信息中心的调查显示,2008年在青少年对互联网的17项应用中,网络新闻的普及率超过了70%,而它在大学生中的普及率更是接近90%(见表1.1)。2009年,全国网民对网络新闻的使用率达到80.1%,分别比2007年和2008年增长6.5%和1.6%,网络新闻用户超过3亿人,分别比2007年和2008年增长98.5%和31.5%,呈现出连续增长的良好发展势头[①]。中国新闻奖从2006年开始把网络新闻作品纳入评奖范围,许多优秀的网络新闻作品获得中国新闻奖,这标志着互联网作为大众传媒的社会影响力已获得业界的认同。

表1.1　2008年互联网各项应用在中国青少年网民中的普及率

		小学生	中学生	大学生	非学生	青少年总体	网民总体
网络娱乐	网络音乐	70.2%	88.9%	94.0%	87.1%	87.7%	83.7%
	网络视频	60.1%	68.4%	84.3%	67.4%	69.3%	67.7%
	网络游戏	69.3%	69.7%	64.6%	65.4%	67.4%	62.8%
网络社交	拥有博客	52.0%	65.6%	81.7%	65.9%	66.8%	54.3%
	即时通信	68.3%	78.7%	91.0%	80.4%	80.2%	75.3%
	交友网站	7.2%	18.0%	26.1%	23.3%	20.5%	19.3%
	论坛BBS	10.9%	25.8%	55.3%	31.4%	30.6%	30.7%
网络教育	网上教育	13.9%	16.5%	25.5%	12.7%	15.8%	16.5%
电子商务	网络购物	13.4%	16.6%	38.5%	25.1%	22.4%	24.8%
	网上售物	1.9%	2.1%	5.2%	4.9%	3.6%	3.7%
	网上支付	4.8%	10.2%	29.9%	19.2%	15.8%	17.6%
	旅行预订	2.7%	2.0%	6.6%	4.9%	3.7%	5.6%

---

① 中国互联网络信息中心发布的第21次、第23次、第25次中国互联网络发展状况调查统计报告,详见http://research.cnnic.cn。

续表

		小学生	中学生	大学生	非学生	青少年总体	网民总体
信息搜索	搜索引擎	55.7%	64.4%	84.3%	67.2%	67.3%	68.0%
	网络招聘	4.6%	9.3%	29.4%	25.2%	17.8%	18.6%
网络媒体	网络新闻	52.0%	70.2%	89.8%	71.2%	71.8%	78.5%
其他	网上银行	6.2%	7.8%	29.4%	20.2%	15.2%	19.3%
	网络炒股	5.3%	4.6%	4.6%	4.5%	4.6%	11.4%

说明：中国互联网络信息中心对网民的定义为：半年内使用过互联网的6周岁及以上中国公民；对青少年网民的定义为：年龄在25周岁以下的网民。上述调查统计数据截止日期为2008年12月31日。本章引用时对个别文字作了改动。

资料来源：中国互联网络信息中心《2008—2009中国互联网研究报告系列之"中国青少年上网行为调查报告"》，详见http://www.cnnic.net.cn。

任何一种大众传播媒介的诞生，必然会改变新闻传播的面貌。互联网的崛起，又一次给新闻传播带来了划时代的变革，网络新闻编辑工作也因而呈现出不少新的特点。

一、编辑地位与职责的变化

新闻编辑是新闻报道的基础性工作，在传统媒体中就具有举足轻重的地位。而对于网络新闻传播来说，编辑工作的地位显得更加重要。

纵观传统媒体，除了文摘类报纸，几乎都有记者和编辑两支基本队伍，而且记者的数量通常超过编辑。但是，由于新闻政策、人事制度和经费等方面的限制，在我国多数新闻网站，目前记者数量明显少于编辑，不少网站新闻报道的任务主要由编辑人员承担。从发展趋势来看，为网站服务的记者会逐步增加，但编辑工作"唱主角"的状况不会发生根本性的变化，这与编辑工作职责范围的扩大有密切的关系。

大家知道，网络媒体每天的报道量远远超过传统媒体，而且必须不断更新。早在七八年前，人民网、新华网、千龙网和东方网等大型新闻网站，每天发布的新闻量已超过1 000条，有些甚至达到2 000—3 000条。目前，一些大型网站每天发布的信息超过10 000条。即使是一些创办不久的新闻网站，如2009年初上线的杭州日报网，现在每天平均发稿量也已远远超过1 000条，相当于纸质媒体的五六倍。一个栏目的编辑每天要完成的发稿量超过传统媒体数倍、十几倍甚至更多。如此之多的新闻完全靠自己的记者提供,这是任何一家网站都无法做到的。但是,互联网拥有的浩如烟海又瞬息万变的新闻信息,却为解决这个问题提供了极大的可能性。这就促使网站必须广泛吸收和时刻关注网上新闻资源。按照传统的理解,搜索和跟踪这类形成文字、图片和音像的新闻信息,可以纳入记者采访的范畴,也可以作为编辑的业务。随着网络成为编辑工作的主要空间,以及处理网上信息的便捷性,这两项具有交叉、重合性的业务很自然地与编辑工作合流,并愈益成为其中不可分割的重要组成部分。如果说传统媒体的新闻编辑主要是处理记者、通讯员和通讯社提供的新闻,那么,网络新闻编辑还增加了搜索和跟踪网上新闻信息的职责。

搜索和跟踪网上新闻信息,工作量大、节奏快,其重要性也是显而易见的。这项工作不是"守株待兔"式的等"货"上门,而是"弯弓射雕"式的找"米"下锅,可以捕捉到大量最新的新闻信息,大大提高新闻报道的信息量和时效性。

正因为如此,即使今后网站配备的记者不断增多,编辑工作依然是网络新闻报道中最主要、最重要的业务,网络新闻的竞争更多地表现为编辑工作的竞争。

二、编辑思维与观念的变化

随着媒介形态的变化,编辑工作的思维方式与报道观念也需要更新。

互联网作为多媒体平台,它的新闻编辑人员不仅要熟悉平面思维和线性思维,还要懂得超文本思维。超文本或超链接是互联网提供的一种全新的传播形式。凭借文本内部的子文本或非文字文本,包括图片、声音、动画或影视文本,超文本使新闻报道实现了完全意义上的丰富多彩。文本部分的结构可以按照网民的选择无限地重组,网民不仅可以在短时间内了解事件概貌,而且能够像吃"自助餐"一样各取所需,大大改善了传播的效果。这种新的传播形式,要求编辑在处理重要新闻文本的过程中,应根据不同的网民和网民的不同需求,用动态的、历史的、全面的眼光,周密地拓展相关信息,并按照适量、有效的原则,将它们恰当地链接在母文本中。从这个意义上说,超文本思维是一种发散性思维,也是一种换位思考方式。编辑必须考虑网民浏览新闻后可能需要的信息,更应设身处地为网民着想。

互联网交互功能的凸显,还需要编辑人员树立互动传播的新[观念]。尽管传统媒体也有互动性,但这种互动往往是滞后的和有限的,[在时]间、空间等方面受到很大的限制。互联网则不同,它与网民的互动不[拘]时间、地点和对象,只要具备一定的条件,传受双方可以随时随地对某一新闻或问题进行沟通和交流,具有空前的即时性和广泛性。在聊天室和电子论坛,这种互动性表现得尤为明显。网民在这些互动空间对媒体提供的新闻进行点评、纠错、补充或延伸,或与媒体就某一问题展开讨论,催生了新闻报道的一个新品种——"互动性新闻"。这种"从网民中来,到网民中去"的互动新闻,正日益成为网络新闻的重要组成部分。显然,在互动性极强的网络媒体中,编辑应该强化"面对面"意识,随时注意征询和搜集网民的反馈意见,借以调控报道内容和方法。同时,要掌握与网民对话的艺术,增强敏锐性和幽默感,不断提高沟通的水平。

独家新闻是媒体的掌上明珠,这在互联网领域也不例外。但与传统媒体相比,它往往不再将时效性作为独家新闻的第一要素,因为复制和更新的便捷,已使这种新闻明显失去了时间优势。"电脑化空间的独家新闻,是解释和描述得最好的新闻,它尤其应当解释用户为什么应当知道这一新闻,以及这一新闻意味着什么。"[1]也就是说,在网络新闻传播中,编辑还应改变对独家新闻的传统理解,不是单纯地追求它的时效性,而应更多地解读和开发其对网民的接近性和重要性。

三、编辑手段与方式的变化

编排手段作为体现编排思想的物质材料,是任何大众传媒的编辑工作都不可或缺的。由于各种传媒的物质属性不同,它们的编排手段也有区别。报刊以字符、图片为主,广播以言语、音响为主,电视以言语、音像为主。网络的编排手段不像传统媒体那样各有侧重,而是兼收并蓄,囊括所有。尽管早些年网站的编排手段以字符和图片为主,但是近年来,随着网络和通信技术的日臻完善,不少网站尤其是大型网站,言语、音响和音像的使用也越来越普遍。

---

[1] Fulton K., "A your of our uncertain future", *Columbia Journalism Review*, Mars 1996.

按照系统论的观点,一个因素进入不同的系统,它的性能会发生或大或小的变化。同一种编排手段用于不同的媒体,其功能也并不完全一样。传统媒体的各种编排手段进入网络,不是这些手段的简单相加,不能生搬硬套它们在传统媒体中的使用方法。这些手段在时间和空间上如何配置,怎么组合效果更好,使之真正符合网络的特点,这是一项新的课题,也是一门新的艺术。从这个意义上说,网络编排手段的集大成,一方面使新闻传播文、图、声、像一应俱全,更加接近现实世界,更有吸引力和感染力;另一方面,也向编辑人员提出了更高的要求,即不仅要熟悉各种编排手段,懂得它们各自的性能和特点,还要研究综合使用这些手段后出现的新情况,把握它们在网络世界运用的特殊规律,这样才能获得驾驭的自由,达到理想的效果。

编辑方式的变化最主要表现为动态化。网络传播不仅流量特大,而且滚动性极强。传统媒体的更新速度一般以天计、以时计,网络却随时更新,常常以分计,有时甚至以秒计。2001年11月10日,许多网站在报道我国被批准加入世界贸易组织时争抢第一落点,新华网显示的时间就精确到秒(见图1.1)。在网络新闻传播中,截稿时间、出版周期的概念几乎已经不复存在,动态编辑成为新的操作方式。编辑人员必须不断跟踪新闻来源,随时准备编发快讯,并在适当的时候进行综合,以便网民获得快捷、完整的信息。

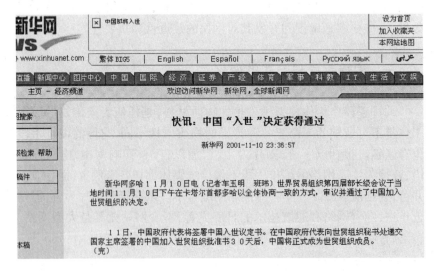

图 1.1

编辑方式的不同还表现在其他一些方面。网站首页和主页的设置也是比较突出的表现。"首页"、"主页"的概念是传统媒体所没有的,但它们却是网络的重要概念。由于专栏和页面不可胜数,而且服务功能众多,为了便于用户选择和搜寻,网站普遍设置了首页和主页。它们是所有网页或同类网页中最重要的页面,这一点与报纸的要闻版相似,但就其形态特别是配置而言,则有很大的区别。首页和主页都明显超过报纸版面的长度,其基本配置也不再是正文和图片,而是栏目、标题列表、摘要、导航栏和各种服务性链接,其中最主要的是标题列表或标题与摘要,它们的主要功能是导读和索引。

此外,借助巨大的空间优势,网络新闻的分类更加细化,同一新闻往往从不同的角度划分,归入不同的栏目,栏目和子栏目明显增多。应该说,这些编辑样式存在对内容、页面、线条和色彩的新的审美规划,存在功能需求和视觉艺术的新的融合,对编辑人员同样提出了新的要求。

概括地说,网络新闻编辑具有工作量大,节奏快,注重多媒体、多层次表现,动态性、交互性和技术性强等众多特点。由于互联网还处于发展之中,不少方面仍未定型,伴随着它的不断壮大,编辑工作现有的特点也会发生一些变化,有的可能淡出,现在没有的可能会生成——正如深度报道不是报纸上一开始就存在一样。

因此,我们要全面地、动态地把握网络新闻编辑工作的特点及其规律,以进一步增强自觉性,克服盲目性。

第三节　媒介融合与新闻编辑

进入21世纪,媒介融合成为全球大众传媒领域最引人注目的现象。那么,什么是媒介融合？媒介融合的现状如何？它对新闻编辑又提出了哪些新的挑战呢？

一、媒介融合的概念与实践

媒介融合这一概念来源于美国,而由谁最先提出,目前有两种不同的看法。有的学者认为是《数字化生存》的作者尼葛洛庞帝,他在1978

年发表这样的观点:"所有的传播技术正在遭受联合变形之苦,只有把它们作为单个事物对待时,它们才能得到适当的解释。"他用三个圆圈来描述计算、印刷和广播三者的技术边界,认为三个圆圈的交叉处将会成为成长最快、创新最多的领域。他指出,媒介融合是在计算机技术和网络技术二者融合的基础上,用一种终端和网络来传输数字形态的信息,由此带来不同媒体之间的互换性和互联性[①]。而较多的学者认为,媒介融合首先由美国马萨诸塞州理工大学的浦尔教授提出,其本意是指各种媒介呈现出多功能一体化的趋势。

综合学者们给出的定义,媒介融合可作广义和狭义的理解。广义是指所有媒介及其功能、所有权、组织、资本、传播手段等有关要素的结合;狭义是指报纸、广播、电视、网络等大众传播媒介的合作和联盟。从欧美新闻界的实际做法看,媒介融合应该专指跨媒体运作,特别是多媒体采编工作的合并兼容[②]。

媒介融合的优势,是能够使大众传媒延伸生产价值链,释放潜能,提高新闻的生产力和快速反应能力,降低运营成本,拓展受众群体,增加赢利来源,扩大社会影响。它尤其给面临经营困难的报纸提供了新的发展思路和机遇。

媒介融合的实践至少可以追溯到20世纪80年代,因为当时"所有的传播技术正在遭受联合变形之苦"。进入21世纪,这种实践呈现出加速发展的态势。

在国外,一些媒体实施了全面的融合,即在组织架构、人员配置、内容生产、办公场所、薪酬待遇等方面都实现了一体化。据有关研究者介绍,英国《金融时报》已将所有采编人员重组,要求记者编辑既为报纸也为网站写稿与编稿。报网人员一视同仁,享受同等薪酬和待遇。英国《每日电讯报》网站编辑与报纸编辑在一起工作,不仅办报纸,也做网站、视频和其他交互式内容,推行"一个内容三个介质(报纸、网站、短信)"的联合工作模式。美国《华盛顿邮报》简化部门设置,强化编辑记者跨部门、跨平台工作能力。报社整合原来分散的资源,成立统一编辑部,为新闻生产部门提供统一编辑制作服务,并处理稿件在不同媒介平台上刊登时的形式转换。此外,为融合编辑部开发的名为 Methode

---

[①] 王菲:《媒介大融合》,南方日报出版社2007年版,第4页。
[②] 辜晓进:《媒介融合:做比说更重要》,《中国记者》2009年第2期。

的跨媒体运行系统,正被欧美一些报纸试用。编辑可以凭借这个软件随时集纳文章,识别其中的关键要素,并传输到最适合的媒介平台上,使内容的编辑速度显著提高。

在国内,不同媒介之间临时性、局部性的融合已不鲜见,主要表现为部门、栏目或专题的合作与联动。最突出的是每逢重要活动和重大突发事件,许多报网、台网联合运作,共享报道资源。近年来,一些媒体正积极尝试或谋划向常态性、全面性的融合发展。据有关资料介绍,烟台日报传媒集团组建了全媒体新闻中心,其创建的"全媒体数字采编发布系统"已通过国家新闻出版总署的专家验收。在这一全媒体数字平台中,集团记者采集的同一个内容包含文字、图片、音频和视频等素材,进入全媒体数据库,经过二次加工和二次编辑,然后由各媒体各取所需,再通过深加工生产出各种形态的终端新闻产品,通过不同的传播渠道发布,初步实现了"一次采集、动态整合、多个渠道、多次发布"的数字化传播。《杭州日报》已与其新闻网站融为一体,报网采编人员完全打通,共同为报网服务。报网合一后,编辑部同时运作两个性质、形态相异的传播终端,制定了两套相对独立、并行不悖的采编流程和考核制度,从机制上确保了有机融合,运行流畅。网站通过组织30多个涉及社会各界的报网互动活动,培育网站人气,促进了网络流量的飞速增长。短短半年间,《杭州日报》网站取得了70多万元的广告收入。新华社已组建多媒体中心,并设计了一套可以用同一界面编发文字、图片、视频、音频、网络稿件的发稿系统,提供了软件保障。《人民日报》编委会则明确提出,人民网是《人民日报》的未来,《人民日报》的编辑记者都是人民网的编辑记者,要为人民网服务,大家一起把人民网做好。

目前,国内媒介融合尚处于探索阶段,还面临媒介之间体制机制、人力资源和利益分配不适应等难题。但是,用媒介融合的理念指导新闻传播已成为越来越多的媒体的共识。随着改革的深化和措施的完善,这些难题可望在不远的将来得到解决,媒介融合将会显示出良好的发展前景。

二、新闻编辑面临的新课题

媒介融合变革了新闻生产方式,必然而且已经向新闻编辑提出了一些新的课题。目前主要表现在以下三个方面。

一是技术层面。技术的挑战并不是最重要的,也不是最难应对的,却是新闻编辑首先遇到的。在媒介融合的状况下,编辑人员经常要负责一篇报道的多种版本,包括印刷版、视频版、网络版或者手机版等等。这并不只是一种设想,在美国《华盛顿邮报》等媒体已经成为现实。这就意味着,报纸编辑不仅要会处理文稿、图片,还要懂得视频、音频新闻的编辑,不仅要会设计报纸的版面,还要懂得网络版、手机版的编辑。

为了适应这种变化,一些新闻媒体及采编人员已经或正在做这方面的努力。据介绍,《华盛顿邮报》的不少采编人员通过自学、参加短训班等方式,学习视频节目制作技术。2010年3月,《经济日报》报网互动协调小组专门发文,明确要求所有采编人员须尽快熟悉新媒体业务,分期分批到网站工作一段时间,掌握网络视频访谈、现场报道、快讯抢发等业务。

二是内容层面。媒介融合之后,不同媒体之间的内容生产如何协调,如何做到分合有方,各适其宜,相互带动,实现共赢,这是远比技术重要,也是不易解决的一个问题。它需要编辑部更新观念,转变思路,积极探索跨媒体运作的模式。比如,强化议程设置,通过前端策划来统筹采编、整合资源,就比过去显得更加重要,而且要从单媒体运作向多媒体联动转变,即每个选题的策划都要同时考虑不同媒体的报道方案。这种新的报道策划类型,要以不同载体的共性和各自的个性为依据,围绕同一主题或事件,选取不同的报道角度和重点,运用不同的报道形式;只有这样,才能同中显异,各展所长,避免同质化竞争,提升不同媒体各自的影响力。

成都传媒集团"结对联动"的实践,提供了有益的启示。2009年5月,这个集团启动"媒体结对运作、部分新闻联动"的运行模式,以破解内容生产难题。它选择报纸、电台、电视台、网站四种不同形态的媒体结成联动对子,同时将实行联动的新闻分成三类:一是党和政府中心工作的报道;二是重大突发事件性新闻;三是各家媒体独家策划的重要报道。对第一类报道,不仅注意"围绕中心、同题竞技、差异表达、形成合力",而且更加讲究前期策划和表现形式的创新。对第二类报道,不同的媒体各有侧重,电台、网站抓第一落点,电视突出事件进程展示,报纸注重报道的深度和背景。对第三类报道,联动的其他媒体积极跟进,及时推介。总体而言,各媒体对同一主题或事件的报道,都力求体现自身的特点和优势;同时在传播过程中互为依托,即"上家"为"下家"打"预告","下家"为"上家"作"呼应"。这就深化、搞活了重大主题和事件的报道,增强了不同媒体各自的竞争力。都江堰举办"汶川大地震周年纪念活动",四川省广电集团电视台与成都传媒集团电视频道都作了全天直播,但后者的收视率为4.0%,反而超过前者1.63%。省广电集团分析原因时,将此归功于成都传媒集团实行新闻联动[①]。

当然,内容生产需要不断创新编辑方法。美国《华尔街日报》导读栏用图片提示每个栏目的网络版链接,报纸上刊登的是报道的"精简版",网站上展示的是报道的"完整版"。《日本经济新闻》则相反,网站通常只用报道内容的三分之一,网民想看全部内容就得读报纸。这种繁简有别、互相推广的做法,构建了新闻报道的产品链和价值链,产生了共赢的效果,有一定的实践价值。

三是角色层面。媒介融合将编辑的"角色扩容"也提到了议事日程上。在一些媒体,部分编辑已兼任新闻节目播音员或主持人。例如,2005年《江西日报》与大江网合作,推出报网互动视频直播栏目"江报直播室",采取网上实时直播、报纸刊发访谈主要内容的形式,由编辑、记者担任节目主持人,通过现场访谈,直接与嘉宾和受众沟通。2010年上海世博会前夕和期间,中国经济网邀请外国驻华经济参赞谈世博,到5月底,已有土耳其、巴西、澳大利亚、荷兰、韩国的经济参赞先后到访,主持视频访谈的都是该网副总编辑谢宁(见图1.2)。

如果编辑的外在形象和口头表达适宜于出镜和播音,由他们兼任新闻节目的播音员特别是主持人,不仅可以节省报道成本,更重要的是能够发挥他们熟知情况的优势,减少中间环节,提高报道的效率和效果。正因为如此,有些媒介集团要求在报社采编人员中培养播音员和主持人,并专门组织在线访谈主持人大赛等活动,让一批适应媒介融合的人才脱颖而出。

随着媒介融合的发展,编辑必然还会面临一些新的挑战。这将对编辑人员提出更高的要求,也会进一步显示出编辑工作的价值和生命力。

---

① 黄志祥:《"媒体融合"的成都选择》,《新闻实践》2010年第1期。

图 1.2

第四节　新闻编辑的基本修养

新闻编辑工作的性质和特点,决定了编辑人员不仅应当通晓新闻业务,掌握采、写、编、评、摄的本领,了解新媒体技术,还必须具有良好的综合素质,尤其是高度的责任意识、广阔的知识视野和执著的探索精神。

一、高度的责任意识

新闻媒体是社会的利器,历来为各个阶级、党派和政府所重视。当今时代,新闻媒体的种类空前增多,传播范围遍及世界各个角落,对社会的影响无处不在,无时不有,达到了前所未有的广度和深度。在新闻传播过程中,编辑人员处于把关的地位,操有新闻报道的调控权。这就更要求编辑人员必须具有高度的责任意识。

高度的责任意识,首先表现为始终坚持社会效益优先的原则。在我国由计划经济向社会主义市场经济转变的今天,新闻媒体不考虑经济效益,就会缺乏巩固和发展自身的物质基础。但是,不能由此生发出唯经济效益是从的理念。新闻报道毕竟不是物质消费品,而是精神消费品,它会影响人们的思想、道德和价值观,进而影响社会的稳定和进步。只讲经济效益,不讲社会效益,新闻报道就很难引导人们健康向上,甚至会腐蚀人们的思想和意志。一些青少年受黄色书报、录像毒害而走上违法犯罪道路的严酷事实,就是一个明证。这对于社会的稳定和进步显然是不利的。因此,要把经济效益放在恰当的位置上,当经济效益与社会效益发生矛盾的时候,前者要服从于后者,而不能以牺牲后者来换取前者。也就是说,报道什么,不报道什么,怎么报道,都要遵循为人民服务的宗旨,都要有利于社会主义现代化建设,都要本着对社会负责、对受众负责的精神。是不是把社会效益放在第一位,这是检验编辑人员是否具有高度责任意识的最显著的标志。

当下强势凸现的网络是一个开放性媒体,它不仅吸纳了来自各种机构和组织的大量新闻资源,而且允许、鼓励网民个人发表意见和提供信息。这是传播领域一个巨大的进步。从总体上看,它有利于扩大公众的知情权、监督权,也有利于形成生动活泼的民主氛围,但这并不等于说可以对此"照单全收"或放任自流。无论新闻网站还是综合性商业门户网站,它们都具有大众传媒的属性,都需要承担社会责任。这就意味着不能"有闻必报",而要兼顾网民需求和社会效果。实际情况表明,不管来自网民个人的意见和信息,还是来自机构和组织的新闻资源,都或多或少存在着鱼龙混杂的现象。毫无疑问,对于网民喜欢而又有益无害的新闻,应该积极开发,大力传播,这是把关的题中应有之义;但同时也应该抵制有害的或不健康的新闻,否则就会损害社会的文明与稳定,也会给广大网民带来不利。

当然,网络新闻编辑的把关要十分讲究艺术性,尤其是对于电子论坛,更要注意因势利导。广大网民参与讨论,发表意见或提供信息,是他们的民主权利,也是他们关心和支持媒体的表现,这种积极性是很宝贵的。有些网民的意见有片面性或过激之处,但只要不是出于恶意,就不要轻易删除或横加指责,而应采取与人为善、心平气和的态度,说明是非,晓以利害,以理服人。2003年年初,深圳市市长与《深圳,你被谁抛弃?》的网文作者进行了两个多小时的对话,他并不同意"深圳被抛弃"的说法,但对作者关心深圳发展的热情给予了充分的肯定,并坦率地发表了自己的看法,使作者消除了许多疑虑。2009年7月,江苏网民"认真"在常州中吴网等本地论坛发帖,反映当地北塘河有黄水排放,但环保工作人员接到举报后行动迟缓,因而认为环保局局长必须引咎辞职。这条帖子一发出,立即引起许多网民的关注。常州市环保局次日便在网上作出回应,欢迎网民监督和批评。随后,他们查出了违法排污的企业,并对其进行了处罚。2010年3月中旬,环保局局长在常州中吴网发帖,找到"认真"本人,亲自给这位网民颁发了2 000元的"网络监督奖"。这些认真听取网民意见、宽容对待批评的做法,有利于及时化解矛盾,使舆论朝着积极的方向发展,对网络新闻编辑的把关不无启发意义。

  高度的责任意识,要求着力维护新闻报道的真实性。新闻报道的生命和魅力在于向受众反映客观外界变动的真实情况。真实是新闻报道赖以发挥良性作用的基础和前提。新闻报道传播虚假信息,不仅会失去受众的信任,损害新闻媒体自身的形象和利益,而且会助长弄虚作假的恶习,污染社会风气。在我国,多数新闻媒体是作为党和政府的喉舌出现的,新闻真实与否,还涉及党和政府的形象如何的问题。从长远来看,新闻传播之后即成历史,新闻真实与否,又涉及对历史是否负责的问题。所以,编辑人员要从政治的高度、历史的高度来看待和维护新闻报道的真实性。

  虚假、失实是新闻报道的致命伤,但在网络新闻中,这恰恰是一个突出的问题,而且是一个顽症。据中国互联网络信息中心的调查,2002年网民对"信息真实性"不太满意和很不满意率超过四分之一。到了2007年年底,网民对网络新闻不相信的比例仍接近40%。2009年的调查发现,大学生将互联网作为重要信息渠道的比例极高(90.5%),但是他们对互联网信息的信任程度却又极低(37.1%)[1]。在受众的心目中,网络已经成为假新闻和失实新闻的多发媒体。

---

[1] 中国互联网络信息中心发布的第11次、第21次、第24次中国互联网络发展状况调查统计报告。详见http://research.cnnic.cn。

应该说，假新闻和失实新闻一般非编辑人员所为，但这类新闻进入传播渠道却毫无例外地必须通过编辑这个环节。从这个意义上说，编辑人员识别和抵制假新闻、维护报道真实性的责任更为重大。

假新闻和失实新闻都有较强的隐蔽性，对于不了解内情的编辑人员而言，本来就不那么容易识别，网络编辑工作的放量和提速，更是给识别这类新闻增加了难度。为了确保报道真实无误，编辑人员一定要增强责任感，多用质疑的眼光审视新闻，尽量不让假新闻和失实新闻进入传播渠道。美国《芝加哥论坛报》强调这一条规定：慢比错好，即使最后一个报道也在所不惜①。这种理念耐人寻味，不无可取之处。常言道：百密难免一疏。如果鉴别出现了失误怎么办？不能泰然处之，行若无事，而应有错必纠，及时发布更正或采取有效的补救措施，以示对受众和社会负责。

由于管理的困难，目前网络中宣扬色情、凶杀、暴力、愚昧、迷信和暴露个人隐私等有损人们身心健康的内容还是时有所见。中国互联网络信息中心2007年的调查显示，网民对互联网信息丰富性的满意度超过80%，而对内容健康性的满意度低于40%，形成了明显的反差②。所以，网络新闻编辑人员更应该注重新闻报道的品位和格调，激浊扬清，给网民提供洁净的新闻食粮，保持大众传媒良好的道德形象。"德不孤，必有邻。"社会公德是人心所向，编辑应该坚信它的力量。美国一位著名的新闻教育家指出："报纸在伦理方面不应该只满足于达到读者的平均水平。在伦理上不能高于社区平均水平的人都不应该从事新闻专业。"③这对所有大众传媒的编辑人员都是有益的警示。

高度的责任意识，要求着力消除新闻报道的副作用。副作用是指随着主要作用的产生而附带发生的不好的作用。这种情况在新闻报道中并不少见。报道农民富裕，说明党的农业政策的威力，但是有些媒体一段时间集中报道"农民造别墅"、"农民购汽车"、"农民捐巨款"，使人产生"农民富得不得了"的感觉，造成城市一些居民心态失衡。而实际情况是，还有相当多的农民尚未脱贫。报道社会问题，旨在引起人们

---

① 〔美〕杰克·富勒：《信息时代的新闻价值观》，新华出版社1999年版，第4页。
② 中国互联网络信息中心发布的第20次中国互联网络发展状况调查统计报告。详见http://research.cnnic.cn。
③ 〔美〕利昂·纳尔逊·弗林特著：《报纸的良知》，中国人民大学出版社2005年版，第373页。

的重视,但有些新闻报道触及某些远未具备解决条件的问题,结果引发了人们的不满情绪,使有关方面的工作反而造成被动。报道反对迷信无疑是正确的,但有的新闻报道使人觉得是在影射某个民族的习俗,以致引发了社会不安定因素。拓宽报道面符合受众需要,但有些新闻报道泄露了政治、经济、军事机密,使国家利益蒙受了损失。如此等等,都是属于"所利不能药其所伤,所获不能补其所亡"。这些问题的产生都与思想认识上的片面性联系在一起。因此,编辑人员应该辩证地看待和处理问题,不盲从,多质疑,从新闻的检验到配置,都要尽力消除其中可能产生的负面影响,做到如人民日报社曾提出的"讲成就而不引起怀疑,讲缺点而不引起泄气,讲发展而不引起攀比,讲调控而不引起忧虑,讲先进而不引起反感,讲问题而不引起恐惧"。

　　高度的责任意识,包括多方面的要求。大到报道的宏观把握,小到资讯的点滴修改,编辑人员都要聚精会神,一丝不苟。凤凰卫视资讯台总编辑在 2009 年年底与凤凰网同行交流的时候,希望新闻界后辈在工作中对待"每一个细节都要认真",这样展现的东西才会"跟别人不一样"。这句话很值得编辑人员深思。编辑工作无小事,"小有不足,所系甚大"。编辑人员既要有"吕端"的"大事不糊涂",又要有"诸葛"的"平生唯谨慎";务举大纲,也为小察。

二、广阔的知识视野

　　新闻报道涉及大千世界各种各样的事实,当代新闻报道更是扩展到了前所未有的广度和深度。这就对编辑人员的知识提出了更高的要求。知多易识新,知多易辨错,这是已被实践反复证明的真理。美国著名编辑卡尔·范安达蜚声全球,与他具有超常的知识是分不开的。他领悟了爱因斯坦工作的意义,在《纽约时报》上大力宣传相对论,也正是他发现了爱因斯坦方程式中的一个在黑板上抄错的数字。当美国媒体报道发现图坦卡蒙陵墓的消息之后,他不但看懂了象形文字,还发现了其中一件 4 000 年历史的赝品[①]。"窗含西岭千秋雪,门泊东吴万里船。"编辑人员要开启这样的"窗"和"门",不断拓展知识的时空跨度,形成多元化、立体化的知识结构,以便准确地判断和把握新闻报道,

---

① 〔英〕马丁·沃克:《报纸的力量》,新华出版社 1987 年版,第 239 页。

赢得新闻报道的主动权。

编辑人员要不断扩大关于报道对象方面的知识。这是编辑人员最常用、最急需的知识。众所周知，马列主义、毛泽东思想、邓小平理论、"三个代表"重要思想和科学发展观，是指导当代中国社会主义现代化建设的理论基础，党的路线、方针、政策是这一科学理论体系与现阶段实践相结合的产物。传播这一科学理论体系和党的路线、方针、政策，是当前我国社会主义主流新闻媒体的首要任务。编辑人员必须把这方面知识的学习放在首位，以利于全面、准确地传播其精神实质，促进社会的进步。从另一层意义上说，只有抓好这方面知识的学习，夯实理论基础，提高政策水平，才能深刻认识事物本质，正确判断是非曲直，增强新闻报道的竞争力和影响力。

对自己所负责的报道领域的知识，编辑人员一定要注意不断的学习和掌握，力求成为这方面的专家。2003年当"非典"肆虐的时候，卫生部流行病学专家组组长曾光认为：我们的媒体在公共卫生领域很缺乏高水平的专业新闻工作者。这种不专业体现在报道中就是容易满足于一知半解，使传递的信息不准确，有时候还会造成不太好的影响。对于"非典"的影响，他的解释是比流感的传染性弱，也比重症流感的死亡率要低。所谓重症流感是指流感合并肺炎，它与普通的流感是有区别的。但有些媒体予以报道时却弱化甚至删除了"重症"两字，曾光认为这在专业上是说不通的。虽然有的媒体为此作了道歉，但是负面影响已经产生，很难挽回。这个教训值得编辑人员三思。

当今社会，行业和专业之间的互动和渗透明显加剧，新闻报道中跨行业、跨学科的因素不断增多。经济报道涉及生态理论，体育报道涉及产业理论，这在过去的报道中见所未见，如今却都出现了。至于经济报道涉及法律知识，法制报道涉及科技知识，科技报道涉及经济知识，更是屡见不鲜。新闻报道中接触和运用复合知识的频率日趋加大。面对这种情况，编辑人员应当力求掌握多学科的知识，不能满足于本行业或本专业的知识。知识是不断更新的。新兴知识如今层出不穷，诸如知识经济、生态农业、虚拟教学、绿色营销、智能建筑等新概念令人目不暇接。早在2001年2月，一位参加了10多年人代会报道的新闻工作者，忽然感到如今采访人大代表时越来越不适应了，许多代表嘴里说出来的尽是些新名词。比如一位代表在比较"十五"计划与"九五"计划时，脱口而出的便是"装备工业阶段"、"产业链中的'中场'"等一串名词，还有诸如"公共财政框架"、"第三代同步辐射光源"等等。她感叹自己需要多学些新知识,否则连对话都会发生困难。新兴知识既从原有知识中产生,又对原有知识产生强大的反作用,已经成为新闻报道中新的生长点。编辑人员应当不断关注、学习新兴的知识,不能满足于原有的知识。

编辑人员还要懂得外语和计算机知识。对外开放的扩大,国际交往的增加,互联网的发展,越来越显示出掌握外语的重要性。有位新闻工作者曾在报纸上袒露自己上网的"苦恼":"我是搞新闻的,上网的第一件事,就是想看看国外的同行在干什么。于是,鼠标一点'出国'了。我先到英国的BBC广播公司转了转,之后,'跨洋过海'又到了美国的《纽约时报》,这两家新闻机构的主页,画面颜色鲜艳,生动有趣,很富吸引力,可就有一样,文字说明看不懂。"当然,随着自动翻译软件的开发与使用,互联网上的语言障碍将逐渐减少,但由于许多文字因上下文不同会有不同意义,软件翻译结果往往需要人的参与及修正。所以,要胜任当代新闻编辑工作,不能没有较高的外语特别是英语水平。至于懂得计算机的一般知识,则是编辑工具电子化的必然要求。

当代新闻编辑需要了解、掌握的书本知识和社会知识是大量的,然而编辑人员的时间和精力毕竟是有限的。这就涉及如何"充电"、吸收的问题。作为编辑部门,应当创造条件,给编辑人员以进修的机会;而作为编辑个人,则应当讲究学习方法,不仅要善于挤时间,还要善于选择学习材料。根据一些资深编辑的经验,要特别注意选择那些综合性、前沿性和权威性的刊物,如《新华文摘》、《百科知识》、《世界博览》等,以收到以一当十的效果。我国实行改革开放以来,出版了大量的年鉴,如《中国百科年鉴》、《世界知识年鉴》、《中国统计年鉴》、《中国经济年鉴》、《中国新闻年鉴》等。这些年鉴内容十分丰富,资料具有权威性,同样不失为编辑人员扩大知识面和备以查考的良好读物。

三、执著的探索精神

新闻报道的面貌从粗放走向现代的过程,是新闻工作者顺应社会发展不断进行探索的过程。新闻文体由少到多,报道内容由窄到广,表达方式由浅到深,版面编排由粗到精,传播时效由弱到强,无不留下了新闻工作者上下求索的足迹。

没有探索,就没有突破,就没有发展,就不可能使新闻报道充满生机和活力。过去是这样,今天更是如此。当今时代,复杂多变的编辑环境,日趋激烈的新闻竞争,向新闻工作者提出了许多新的问题。面对大量的新问题,满足于现有的经验和方法很难济事,唯有进行不懈的探索,寻求新的对策,新闻报道才能保持旺盛的生命力。20世纪90年代,中央电视台陆续推出"东方时空"、"焦点访谈"和"新闻调查",创造性地将深度报道引进电视新闻领域,在广大观众中产生了积极的影响,留下了深刻的印象。这充分说明探索精神具有十分重要的现实意义。编辑人员要勇于探索,坚决冲破一切妨碍发展的思想观念,坚决改变一切束缚发展的做法和规定,坚决革除一切影响发展的体制弊端。

新闻报道作为一个总体概念,其内涵的构成是多元的,又是通过一定的载体以集合产品的形式向受众传播的。各类新闻内容如何整合,如何出新,都会影响新闻传播的效果。探索应当全方位展开,整体推进。进入21世纪以来,不少报纸采用了双头版或多头版的编辑方式,增加了要闻版的数量,使中央要闻与地方要闻、指令性报道与自选性报道各显其要,强化了报纸的个性特征,较好地满足了不同读者的需要。《南方日报》在2009年创刊60周年之际设立封面版(见图1.3),改变原来编辑党报头版的思维定势,实行市场化选稿,简要介绍和解读当天的大事,而原先的要闻版变成封面版的第一纵深版(见图1.4)。这种整合方式,既能提高新闻报道的吸引力,又能保证正确的舆论导向,应该说是有益的探索。

随着网络媒体的大量增长和信息搜索的日益便捷,网络新闻的竞争更为剧烈,要在这种异常激烈的竞争中胜出,更需要编辑人员的创造性劳动。创造,这是对事物的结构、形式、关系等等的改变[①]。在变革这些因素方面,网络新闻编辑工作已经有不少实质性的举措。从新闻来源的开辟,反馈模式的更新,到独特的页面显示,可以说取得了一系列可喜的成果。正因为如此,网络新闻才赢得了越来越多的网民。

但是,网络新闻传播模式尚未成熟,探索、创新仍需继续。从现状来看,有不少课题值得进一步探讨。比如,不同时段刊登的内容是否应该有所侧重。英国《每日电讯报》网站早晨版以时政等严肃新闻为主,中午版突出体育和文化,晚间版强化娱乐新闻。从网民需求的多样性

---

① 周农建:《决策学的新视野》,贵州人民出版社1986年版,第162页。

图 1.3　　　　　　　　　　　　图 1.4

和调节工作压力看,做这样的尝试不无现实意义。再以开辟新闻来源为例,目前许多网站注意从网民的反馈中搜集信息,这是很好的做法,有利于扩大报道面和提高时效性;但同时是否还应该重视对网民的新闻传播知识教育。进行这方面的教育,不仅可以提高网民的媒介素养,还能够使他们提供的信息符合一定的规范,进而从源头上保证新闻的质量。应该说,网络利用互动社区和征集新闻线索的空间,开展这项教育并不困难。与新闻来源有关的另一个问题,是如何发挥通讯员的作用。通讯员是传统媒体的生力军,但目前不少网站却没有给予应有的重视。经过媒体选拔的通讯员,了解新闻职业规范,又分布在各行各业,他们的耳目作用是一般网民所无法替代的。编辑人员可以利用网络的有利条件,通过提供个性化的信息服务,提高通讯员的向心力和忠诚度,使之成为扩大原创新闻的一个重要渠道。

在探索中,要密切关注现实生活中发生的变化,及时捕捉新闻的生长点,不断开拓新的报道领域。从 2000 年起,我国一度每年有 114 天的节假日,占全年近三分之一,并且形成了前接后连的 3 个各有 7 天的长假。如何使人们在假日里生活得充实、愉快、轻松、优雅,使人们的休闲更有格调、更有品位,这是新闻报道面临的新课题和新需求,也是新闻报道可以有所作为的新天地。《人民日报》抓住机遇,在当年年初即推出了"假日生活"周刊,引导消费和时尚,提供娱乐和服务(见图1.5)。这一举措,及时拓展了报道领域,有利于促进"假日经济"的发展和精神文明建设,也有利于党中央机关报贴近生活、贴近百姓。

图 1.5

探索为受众所喜闻乐见的报道形式,也是不可忽视的一环。这方面的天地是十分广阔的,新闻媒体在实践中已经取得了不少成功的经验。中央电视台在报道伊拉克战争期间,把新华社电讯稿直接接到主持人的电脑中,设置了一个可称为"第二主持人"的岗位,做整理、归纳、提纯信息的工作,同时担任英语同声传译;在直播中常常采用"一个窗口、多种信息"的显示方法,将直播间、连线记者、字幕新闻、双画面加字幕同时提供给观众,并且经常直接切转一些来自外台的现场画面信号。这些在央视的直播史上都是前所未有的,获得了观众的普遍认可。2010年全国"两会"召开之际,新华社"新华视点"栏目首次将微博引入"两会"报道,开设了"两会微读"、"现场微报"、"两会微照"等常态化栏目,迅即播报民众感兴趣的新闻和话题,受到许多网民的追捧,每天有上万新"粉丝"加入,反响之大超出了预期,不仅准确、及时、生动地传递了"两会"的声音,而且强化了"新华视点"的品牌效应。这些做法所体现出来的探索精神都是值得提倡的。

新闻报道中旧的矛盾解决了,新的矛盾又会产生。探索不能一曝十寒,而应当持之以恒。新闻报道遇到困难的时候,要励精图治,奋力探索;新闻报道进展顺利的时候,要居安思危,超前探索。从一定意义上说,报道的长盛不衰,取决于探索的持久不断。探索难在坚持,贵在坚持。

新闻报道是集体行为,探索要发扬团队精神。编辑人员一方面要勇于当好探索的主角,集思广益,联合攻关,虚心地听取别人的意见,以人之长补己之短,提高探索的效率和质量。另一方面,要善于当好探索的配角,主动献计献策,热情协助其他编辑进行探索。还要尊重和保护记者、通讯员的探索精神,不要轻易否定他们的创造性成果。

探索带有试验的性质,可能成功,也可能失败。因此,探索的态度一定要积极,要有"不待扬鞭自奋蹄"的热情,要有"众里寻他千百度"的韧劲。但是,探索的实施一定要慎重,要遵循新闻规律,要遵守社会规范,要注意社会效果。积极不是盲目蛮干,慎重也不是缩手缩脚,而是要求把握好探索的方向,讲究探索的艺术,优化探索的效果。

高度的责任意识,广阔的知识视野,执著的探索精神,是当代新闻编辑应该具备的最基本的修养。它们相辅相成,缺一不可。同时,编辑人员所处的层级越高,这方面的要求也就越高。新闻媒体总编辑的综合素养应该为全体编辑人员做出表率。

思考与练习

一、问答题

1. 新闻编辑工作的基本属性是什么？
2. 编辑把关具有哪些特点？
3. 网络与传统媒体相比，其编辑工作发生了哪些变化？
4. 网络新闻编辑工作具有哪些特点？
5. 媒介融合的含义和作用是什么？
6. 媒介融合对新闻编辑提出了哪些新的课题？
7. 新闻编辑应具备哪些基本修养？
8. 新闻编辑为什么必须要有高度的责任意识？这种意识的主要内涵是什么？

二、讨论题

1. 媒介融合遇到哪些新情况和新问题？它的发展趋势如何？
2. 近年来，在新闻编辑业务领域有哪些探索的热点？

三、思考题

阅读下列报道，思考它们给新闻报道带来的机遇与挑战。

从互联网时代到"物联网"时代
——解析美国"智慧的地球"科技战略

奥巴马就任美国总统后，1月28日与美国工商业领袖举行了一次"圆桌会议"，作为仅有的两名代表之一，IBM首席执行官彭明盛首次提出"智慧的地球"这一概念，建议新政府投资新一代的智慧型基础设施，阐明其短期和长期效益。奥巴马对此给予了积极的回应："经济刺激资金将会投入到宽带网络等新兴技术中去，毫无疑问，这就是美国在21世纪保持和夺回竞争优势的方式。"

此概念一经提出，即得到美国各界的高度关注，甚至有分析认为，IBM公司的这一构想极有可能上升至美国的国家战略，并在世界范围内引起轰动。

该战略认为，IT产业下一阶段的任务是把新一代IT技术充分运用在各行各业之中,具体地说,就是把感应器嵌入和装备到电网、铁路、桥梁、隧道、公路、建筑、供水系统、大坝、油气管道等各种物体中,并且被普遍连接,形成所谓"物联网",然后将"物联网"与现有的互联网整合起来,实现人类社会与物理系统的整合,在这个整合的网络当中,存在能力超级强大的中心计算机群,能够对整合网络内的人员、机器、设备和基础设施实施实时的管理和控制,在此基础上,人类可以以更加精细和动态的方式管理生产和生活,达到"智慧"状态,提高资源利用率和生产力水平,改善人与自然间的关系。

"物联网"概念的问世,打破了之前的传统思维。过去的思路一直是将物理基础设施和IT基础设施分开:一方面是机场、公路、建筑物,而另一方面是数据中心、个人电脑、宽带等。而在"物联网"时代,钢筋混凝土、电缆将与芯片、宽带整合为统一的基础设施,在此意义上,基础设施更像是一块新的地球工地,世界的运转就在它上面进行,其中包括经济管理、生产运行、社会管理乃至个人生活。

该战略预言,"智慧的地球"战略能够带来长短兼顾的良好效益,尤其是在当前的局势下,对于美国经济甚至世界经济走出困境具有重大意义。在短期经济刺激方面,该战略要求政府投资于诸如智能铁路、智能高速公路、智能电网等基础设施,能够刺激短期经济增长,创造大量的就业岗位;其次,新一代的智能基础设施将为未来的科技创新开拓巨大的空间,有利于增强国家的长期竞争力;第三,能够提高对于有限的资源与环境的利用率,有助于资源和环境保护;第四,计划的实施将能建立必要的信息基础设施。

研究人员还列举了新技术在实际中的运用。例如,现有的城市交通管理基本是自发进行的,每个驾驶者根据自己的判断选择行车路线,交通信号标志仅仅起到静态的、有限的指导作用。这导致城市道路资源未能得到最高效率的运用,由此产生不必要的交通拥堵甚至瘫痪。而智能的城市交通基础设施可以将整个城市内的车辆和道路信息实时收集起来,并通过超级计算中心动态地计算出最优的交通指挥方案和车行路线;再比如,现有的电力输送网络缺少动态调度,从而导致电力输送效率低下。据美国能源部的统计,使用传统电网,大量上网电力被消耗在输送途中。而智慧电网通过先进信息系统与电网的整合,把过去静态的、低效的电力输送网络转变为动态可调整的智能网络,对能源系统进行实时监测,根据不同时段的用电需求,将电力按最优方案予以分配。

  IBM前首席执行官郭士纳曾提出一个重要的观点，认为计算模式每隔15年发生一次变革。这一判断像摩尔定律一样准确，人们把它称为"十五年周期定律"。1965年前后发生的变革以大型机为标志，1980年前后以个人计算机的普及为标志，而1995年前后则发生了互联网革命。每一次这样的技术变革都引起企业间、产业间甚至国家间竞争格局的重大动荡和变化。而互联网革命一定程度上是由美国"信息高速公路"战略所催熟。20世纪90年代，美国克林顿政府计划用20年时间，耗资2 000亿—4 000亿美元，建设美国国家信息基础结构，创造了巨大的经济和社会效益。而今天，"智慧的地球"战略被不少美国人认为与当年的"信息高速公路"有许多相似之处，同样被他们认为是振兴经济、确立竞争优势的关键战略。该战略能否掀起如当年互联网革命一样的科技和经济浪潮，不仅为美国关注，更为世界所关注。(《光明日报》2009年2月23日)

柔性显示器亮相城市未来馆
未来"电子报纸"可折叠

  本报讯 你见到过可以弯曲折叠的电子书、电子报纸吗？日前，世博园内举行了一项活动，美国有家公司在城市未来馆里展示了他们研发的柔性显示器等科研成果。

  据介绍，柔性显示器的玻璃基板厚度小于0.2毫米，它的有机半导体材料具有高度柔性，且十分轻便，在电流通过时会发光。这些特性，使得柔性显示器能像薄薄的纸张那样弯曲，并与液晶显示屏一样显示电子文本和图像。这项技术成熟并投入实际应用后，电子阅读器将变得更易携带，人们可以像看纸质报纸那样阅读"电子报纸"。

  研发人员还表示，柔性显示器的灵活性使"低碳成卷法生产"成为可能，这种生产方法的能耗很低，因此柔性显示是一种"绿色"技术，将会为人们的生活和生产带来很大改变。(据《新闻晚报》2010年7月8日)

第二章

报道的定位

报道定位,是新闻媒体编辑部对新闻报道的价值取向和个性特征所作的总体规范。它从根本上决定了新闻报道的方向、特色和质量,是新闻报道乃至新闻媒体安身立命的基石。对新闻报道进行正确的定位,是新闻编辑工作首要的、也是最重要的任务。

报道定位作为新闻报道的基准,是记者和编辑行动的指南。掌握了报道定位,就可以知道该从哪些地方着力,如何创新制胜。

第一节 报道定位的依据

新闻报道的定位,不是根据编辑人员的主观臆测,而主要是根据媒体自身和受众对象方面的实际情况。

一、媒体因素

媒体因素涉及许多方面,包括媒体的性质、层级、属地、物质条件,以及面向的行业与领域、传播的范围和时间,等等。这些因素对需要报道什么,能够报道什么,怎么报道,都起着或多或少的制约作用。这些因素不同,报道的任务、要求和优势也不尽相同。报道的定位首先要从媒体自身的这些因素出发,这样才能扬长避短,行之有效。

(1) 以媒体的性质而言。具有机关报性质的媒体在政治、思想、政策导向方面,担负着更为重要的任务,同时又容易掌握来自权威部门的重要信息。根据这些因素,报道应在鲜明的导向性和信息的权威性上下更多的工夫。《新华日报》提出"顶天立地"的办报理念,强调对党和政府的重大决策要"报深、报活、报到位",强调"离中心再近些、离基层再近些、离热点再近些、离民生再近些",并将它作为指导新闻报道的方向。应该说,这一定位体现了对党和人民负责的一致性,体现了对权威性和导向性的高度重视,是党报的正确选择。再如,政协是中国人民爱国统一战线组织,主要职能是政治协商和民主监督,而提案是政协人士参政议政的一种重要方式。《云南政协报》充分挖掘这一独特的优势资源,将政协委员的提案作为报道的重点,特辟"画说提案"专栏,以漫画配提案的表现形式,生动、形象地报道提案的内容及其产生的实效,有力地促进了实际工作,深受广大政协委员和普通读者的喜爱(见图 2.1)。这种在报道定位中做强、做优提案报道的思路,也是十分可取的。

图 2.1

(2) 以媒体的层级而言。媒体所处的层级越高,报道的视野应当越广,报道的要求也应当越高。早在 1995 年,《中国青年报》曾推出"中国青年看世界"大型民意调查报道,引起国内外广泛关注。欧美各国主流媒体予以集中报道和评论,美国政府和国会为此多次举行听证会。2008年,该报延伸这一品牌,开设"中国青年看世界"记者专访栏目,以对话形式集中采写普通中国青年在国外的旅居经验及其印象、观感,聚焦中国青年关注的各国教育、就业、生活方式、文化特色和对华关系等内容,赋予报道更多个性色彩和丰富细节。专栏推出一年多来,共编发60篇报道,涵盖53个国家和地区。许多报道一经推出,就引起了较大的反响。这说明,《中国青年报》作为共青团中央机关报,加重、搞活国际报道不仅是可能的,而且是必要的,在报道定位中应该给予充分的重视。

多年来,《人民日报》的领导同志反复强调报道要"高出一筹",不能满足于"单兵作战"和打"遭遇战",而要善于组织指挥"总体战"、打"大仗"。该报编委会一再要求各部门应当研究大局,抓对全局具有重大影响的"重磅炸弹",不能在全局性问题上缺少应有的发言权。2005年1月,《人民日报》推出"声音"专栏,坚持"高端发言、决策视角",以省部级以上领导干部在公开场合的讲话为内容,锁定那些见思想、见风采的精彩片段,不避锋芒,不说套话,关注大局和大众,引起了海内外媒体广泛关注和转载,也赢得了高层与读者的共同认可,成为提升舆论引导水平的崭新平台。在2009年的扩版改革中,《人民日报》进一步提出要把新闻宣传与舆论引导放到国内国际两个大局中去考虑,科学把握国际事务中的中国因素和中国工作中的国际因素,以适应扩大国际影响力、建设国际一流媒体的需要。这种"高出一筹"的报道定位,反映了党中央和广大读者的共同要求,也有利于发挥《人民日报》的优势。

(3) 以媒体的物质条件而言。中央电视台是电子媒介,又具有国内一流的技术装备和资金保障,它以"第一时间、第一现场、第一需要"作为新闻频道的基本定位,常常对国内外重大事件进行现场同步报道。例如,2003年8月15日凌晨,美国东北部和加拿大部分地区发生大面积停电事件,引起世界关注。当天晚上,中央电视台新闻频道迅即安排了2小时的《美加大停电特别报道》,不仅有电话采访和专家的跟踪分析,还直播了纽约市区和火车站等地的交通实况,以及纽约交易市场开市等场景,反应之快速、信息之鲜活令人惊叹。这样追求报道的时效性和现场感,在中央电视台是可行的,而对于目前的报纸和物质条件较差的电视台来说,显然是不现实的,后者应在其他方面发挥自己的优势。

以《温州晚报》为例,它突出人文关怀的报道取向,倾力办好主要为弱势群体排忧解难的专栏——"雪君工作室"。在全国优秀新闻工作者郑雪君的主持下,专栏把报道重点聚焦在群众最关心、最直接、最现实的利益问题上,敢于面对、善于化解各种矛盾和困难,很好地发挥了政府与群众之间的桥梁和纽带作用。最有说服力的事例是:"雪君工作室"发现市区不少老房子存在电线老化问题,而居民中有不少是贫困户,便与电业部门一起开展"除隐患、保安全"活动,并以《你家的电线老化了吗?》为题,采编了10多篇连续报道。这次活动共为低保户、特困户、残疾人家庭更换了16 800多米电线,650多套插座、灯管等用电设施,受到市民的称赞。"雪君工作室"创办5年来,发稿5 500多篇,通过专栏的呼吁、沟通以及与有关部门的合作,解决了当地民工看病难、贫困生上学难、山区困难群众缺医少药等不少实际问题,赢得了社会各界的好评。有的专家说,《温州晚报》的这一做法"开创了一条以人文关怀为主要特色的民生新闻之路"。

(4) 以媒体的传播时间而言。晚报与日报的互相仿效,导致两类报纸的趋同性日益明显,但是它们在传播时间方面的差异却变化不大。清晨到午间作为日报的弱势时间段,正是晚报可以大显身手的时候。天津《今晚报》较早提出要让今日新闻唱主角。对于第23届奥运会上许海峰夺得第一枚金牌的报道,这家报纸奋力争先,比中央人民广播电台播出的时间还早。

《羊城晚报》开设的"昨夜今晨"专栏,更鲜明地体现了与日报打"时间差"的竞争策略。晚上10时至早上6时是大多数人的休息时间,也是新闻报道的薄弱点。而从实际情况来看,这一时段的新闻资源不少,医院、车站、机场、日夜商店、旅馆、酒家等为大众服务的场所都可能出新闻,而且夜深人静之际违法犯罪案件也容易发生。"昨夜今晨"专栏瞄准这一优势,着力开发此时段的新闻资源,经过记者、编辑和读者的紧密配合,这个专栏当天新闻和独家报道频出,增强了对读者的吸引力,成了与日报竞争的一个"拳头产品",荣获首届中国新闻名专栏奖。改版后,该报进一步发挥"时间差"的优势,推出了每日一版的"今日连线",与读者报料互动,成为报道的一个新的增长点。

面对这种局面,一些晚间出版的报纸积极开发下午和晚上的新闻,必要时甚至推迟截稿时间,抢发凌晨新闻。如1997年11月7日凌晨2时38分,中国与沙特足球队争夺小组出线权的比赛结束,国脚再次痛失冲出亚洲的机会,许多报纸迅即予以报道。《申江服务导报》试刊第一期的第一版以这篇今日新闻亮相,力求给人追求新闻报道时效的"第一印象",获得好评。

由此可见,媒体的情况不同,报道的定位也应有所区别。不从媒体自身的特点和长处出发,报道定位就很难形成竞争的优势。

二、受众因素

新闻媒体的存在,以具有一定数量的受众为前提。离开了受众,新闻媒体的生存就失去了意义,发展就更谈不上了。报道的定位无疑应当十分重视受众因素。

任何新闻媒体的受众,在性别、年龄、籍贯、职业等方面,都不同程度地表现出庞杂性、多样化的特点。报道的定位应当主要依据基本的受众群体。

基本的受众群体被称为"标准受众"、"目标受众"或"优势受众"。基本受众群体的把握,应当借助于大规模的受众调查这种比较科学的测定方法。进入20世纪90年代以来,不少新闻媒体运用这种方法,掌握了受众群体的主要特征。

如《北京青年报》于1994年3月委托中国人民大学舆论研究所作的读者(4 015人)调查表明,这份报纸的"标准读者"是:一个居住在大城市中的男性读者,年龄约27岁,属于刚刚参加工作不久,略带一点书生气的"白领"职员。研究人员认为,这是《北京青年报》为之服务的"上帝"的基本长相,报纸的影响力、吸引力主要表现为对这类人员的影响力和吸引力。

又如南京师范大学新闻与传播学院于1995年7月至8月对《扬子晚报》所做的读者(584户)调查表明,这份报纸的"标准读者"是:年龄在35岁左右,高中文化程度,中等收入,有一定的购买力,但不是太高,城市企事业单位的普通干部职工,自费购买或订阅,基本上天天看,每天看半小时左右,还经常看电视、听广播,有时看其他报刊。读报目的主要是及时了解国内外大事,了解有关日常生活实用知识和工作、学习信息,同时要求晚报有一定程度的增长知识、娱乐消遣和丰富业余生活的功能。研究人员认为,《扬子晚报》的办报模式、办报风格和办报方针的制定,很大程度上应以这部分人的阅读兴趣为参照系。

报道定位应当尽力固化基本的受众群体,在此基础上,再想方设法吸纳潜在的受众群体。不能以满足后者的需要,而牺牲前者的利益,做得不偿失的事情。

为了解读者需求,找准报道定位,《北京日报》在全国党报中率先设立舆情调研部门,组建了一支以基层宣传干部为主体、覆盖全市各区县的兼职调研队伍,围绕编辑部报道中心设定调研课题,组织舆情反馈,并采取自主与委托、专题与专项、经常与典型相结合的方式,使舆情调研逐步走上科学化、规范化、系统化的轨道。2001年,该报通过了解读者结构的发展变化,从读者对各版面、各栏目的知晓率、阅读率、喜读率和阅读程度中,查找差距,进行改版和扩版,使自费订阅和报摊零售量比往年上升了11.2%。这一结果,说明了《北京日报》的经验是行之有效的。

媒体因素和受众因素是报道定位不可或缺的两个主要依据。这些因素有稳定性,但也不是一成不变的,而是随着主客观条件的变化而发生相应的变化。因此,报道定位既不能朝令夕改,也不能一劳永逸,而应当根据实际情况的变化适时地加以调整和改进。

上海《新闻晨报》在进入21世纪后发展较快,与报社注重调整新闻报道定位有很大的关系。该报前身是1999年元旦创刊的《新闻报晨刊》,经过不断接受市场与受众的反馈信息和专项调查,该报在2000年6月改版,着重明确了读者定位,确定基本读者群是有消费能力的市民阶层,其基本特征为:20—40岁的男性;具有较高的文化水平,大多接受了大学教育,正处在一生中的黄金时期,拥有较强的购买力;重视经济信息,包括个人理财、消费、股票等内容;比较讲究生活品质,并且具有追求这种生活的经济能力,相应地对能够提升生活品质的消费类、生活指导类信息较欢迎。报社强调要了解基本读者群的价值观、生活方式、困惑和关心的问题;要围绕他们的生活、工作的领域,从每个节点上揣摩细节,展开报道,防止从自我出发。这次改版在上海报业市场和许多市民中获得了认可,确立了该报的地位和影响力。2001年9月,报社在总结一年多改版得失的基础上,进行第二次改版,明确了自己的新闻理念,即"追求最鲜活、最实用的新闻",并且把它固定在报头下面,每天向读者宣示。报社强调第一报道,要求力争比别的日报早动手,晚截稿,并新设了"晨报热线"版面,鼓励读者报料,以及时、广泛地捕捉"冒热气"的新闻;强调现场采访,要求新闻尽可能有"细节",有"声音",有"画面",多用直接引语。与此同时,专门设置实用新闻版和民生新闻版,在报道中注重化远为近、化大为小、化官本位为民本位,而且将实用的理念贯穿到所有新闻版面上。随着营销等措施的到位,2002年,这家报纸的广告额达2亿元,挺进全国报业20强。

现在党政机关报的老年读者在自然减员,如何吸引年轻读者的问题日益突出。有的党报的负责人提出,必须下工夫研究年轻人的心理、眼光和口味,否则报纸就无法受到他们的喜爱。要在保证党报应有风格的前提下,有所创新,创造出一种能够把握现代化建设脉搏的风格,既庄重大方,又活泼高雅;不但内容应该充满时代气息,版面形式也应反映时代特点,跟上人们审美眼光的变化。1998年起,《人民日报》增设经济周刊,版面编排与设计趋于活泼、醒目,增强了对读者的吸引力。这种对于报道定位的调整,应该说是及时的、必要的。

第二节 报道定位的要领

坚持正确导向,满足受众需求,体现自身特色,这是报道定位应当把握的基本要领,三者缺一不可。

一、坚持正确导向

新闻报道面向社会大众,影响社会舆论,事关国家和民族的利益,事关人类和社会的进步。因此,报道的定位必须坚持正确的导向。

所谓正确的导向,就是要求新闻报道传播和体现科学的理念、高尚的精神与健康的情趣,扶正祛邪,激浊扬清,营造积极向上的舆论氛围。这是新闻媒体的社会责任所在。

这种导向意识,应该隐含于日常报道中,同时还应通过主动设置议程,包括开设专栏或专题,以显性方式予以强化,提高其引导力和影响力。中央19家主要新闻单位于2006年4月共同推出的"劳动者之歌"专栏,集中报道了数百名(组)在基层奋斗、奉献的普通劳动者,报道范围覆盖全国31个省、市、自治区,涉及交通、气象、铁路、水利、建筑、环卫、地质、邮政、文化、卫生、公安、民政等众多行业和部门以及军队、武警系统,有力地倡导了"崇尚劳动、尊重劳动者"的主流价值观,在社会各界引起热烈反响,获得广泛好评。北京市有一工人下岗后在一家社区做保洁员,由于存在自卑心理,一直瞒着家人和邻居;读了山西殡葬工李桂红的事迹报道后,她十分感动,拿着报纸和上高中的儿子长谈了一次,母子俩都感动得哭了。她说:"'劳动者之歌'里李桂红的事迹鼓舞了我,让我体会到了劳动者自食其力的光荣,不再觉得丢人了。"朴实的话语,从一个侧面显示了这一专栏对于净化人们心灵的威力。

《新华日报》于2007年3月创办的"百姓故事"专栏,同样以最贴近、最具亲和力的方式弘扬主流价值观。它聚焦普通百姓的感人故事,撷取寻常人的精神亮点。例如,2009年11月25日刊登的《无以为报 唯有"捐躯"》,记述南京郊县一对贫困母子,坚持要以捐献遗体的特殊方式回报社会。他们不是通常意义上的典型,但在引人向善方面却具有很强的感染力。专栏推出以来,已发表了300多篇新闻故事,有数百位普通百姓亮相头版。因为开辟了这个栏目,一些平时不看党报的退休职工、家庭妇女、大中学生等,也开始阅读《新华日报》,可见其起到了良好的引导作用。

《长江日报》的品牌栏目"长江监督",通过揭露不法行为和抨击不正之风,实施正确的导向。自2008年4月开设至2009年年底,专栏共刊发这类新闻、评论360多篇,直指违章建筑、毁坏耕地、无证经营、欺诈销售、违规收费、开"黑车"等众多乱象,不仅打击了歪风邪气,教育了民众,而且促成了一系列民生问题的解决。例如,专栏报道武汉城市重点工程附近出现的"抢建风"之后,引起该市主要领导的高度重视,要求严肃查处,决不能让违法建房者获利,并依照有关规定,追究相关人员的责任。有关部门依法迅速行动,最终铲除了这批大规模的违法建房,产生了很好的社会反响。

正确的导向,对于机关报性质的媒体而言,具有特殊的重要性。它们作为领导机关的喉舌,承担着引导群众、凝聚人心的使命;如果不坚持正确的导向,就不能完成这样的使命。但是,这并不意味着生活娱乐类媒体可以对此放松要求。事实上,在生活娱乐方面,也存在着先进与落后、正确与错误之分。从现状来看,低俗、庸俗、媚俗的新闻信息,在一些生活娱乐类媒体上较为多见,因而这些媒体同样需要在新闻报道中坚持正确的导向。

网络作为一个开放式的媒体,其互动传播不限人群、不分国度。从理论上说,只要具备上网条件,任何人都可以在任何地方参与其中。《人民日报》一位负责人认为:网上论坛"是极其敏感的政治晴雨表,每逢重大事件或者尖锐政治斗争的敏感时刻,境内外敌对势力以及极少数别有用心的人就要在网上兴风作浪。对此,我们一定要克服麻痹松懈情绪,保持清醒头脑和政治警觉,保证论坛正确的政治方向和舆论导向,不给有害帖文和不良言论提供传播渠道"。① 早在 2000 年,中国新闻代表团赴美考察发现,美国当时就已经对网站 BBS 和论坛加强了管理。在美国,开设 BBS 或论坛的各网站都张贴告示规定,不得违反美国法律,不得使用冒犯民族或种族的语言,保护个人隐私;网站有权删除违规信息,接受举报,制止违规行为。网站还采取了授权志愿者删除不良信息等措施。由此可见,在网络新闻的传播中,坚持正确的导向也是十分必要的。

二、满足受众需求

为人民服务是我国新闻工作的根本出发点和归宿。满足受众需求,即满足人民群众日益增长的新闻信息需求,保证人民群众的知情权、参与权、表达权、监督权,是为人民服务的具体体现,也是报道定位的核心。

满足受众需求,就应当认真倾听民声,关注民意,想民所想,急民所急,帮民所需,解民所难。近年来获得中国新闻奖的不少栏目,都显示了这一鲜明的特点。例如,《安徽日报》的"热点透视"专栏,以"关注民生、贴近民心、聚焦民情"为定位,总编辑亲自领衔,举全社之力捕捉百姓关心、关注、关切的热点问题——刊发的稿件 90% 以上是民生题材,并通过深入剖析来引导舆论、寻求对策,积极促进民生问题的解决,读者因此来信、来电称赞"党报是群众的贴心人"。河南人民广播电台的"政府在线"栏目,邀请厅局级以上领导干部到直播间发布政策和政令信息,围绕百姓普遍关注的热点、焦点问题释疑解惑,在政府和群众之间搭建了一座互动交流的平台,成为"政策直通车"、"民情晴雨表",受到听众的普遍关注和喜爱,农村的一些群众自发组织起来,每天早上集

---

① 张虎生:《坚持正确导向,凸现网络特色》,《新闻战线》2002 年第 7 期。

体收听。贵州电视台的"百姓关注"栏目,坚持"主流媒体、百姓情怀"的报道定位,既做党委、政府的"发言人",又做群众的"代言人",脚踏实地为老百姓办实事,4年中收到群众自发赠送的锦旗100多面,收视率位居全国同类节目的前列。

湖南红网的"百姓呼声"专栏,设有"投诉举报"、"咨询求助"、"建言献策"、"呼声回音"等10多个子栏目,积极反映群众心声,开展舆论监督,化解社会矛盾,取得了人民群众的信任,得到了社会各界的支持。2007年,该栏目突破了"三个一千",即各级领导在红网《舆情转达函》上批示超过一千,各级职能部门回函回复处理超过一千,律师回复网友提问超过一千,其经验和做法得到了全国同行的肯定。此外,河北人民广播电台的"阳光热线"、江西人民广播电台的"政风行风热线"、新疆人民广播电台的"新广行风热线"等栏目,也都因积极替民众监督政风行风而赢得了普遍好评。这些事实充分说明,爱是被爱,亲是被亲,新闻报道只有关注和亲近民众,才能为受众所关注和亲近,才有影响力和生命力。

满足受众需求,还应注意对这种需求加以细分,以增强新闻传播的针对性和有效性。以大中学生、年轻从业人员和进城务工者为例,他们大多处于人生成长的关键时期,在学业、情感、就业等方面存在较多的困惑和较大的压力,普遍渴望有一个公共空间给予解惑释压、抚慰心灵,而午夜恰好是人们最为放松、最易交流的时段。正是基于这一分析,中央人民广播电台从2005年起,以这一群体为主要对象,开设新闻性午夜互动谈话栏目"神州夜航",其主打子栏目是"当下社会看点"和"所以生活"。"当下社会看点"从新闻事件和社会热点切入,围绕一个特定的话题,邀请新闻当事人或专家做客演播室,或通过电话连线参与节目,分析人情、心态、理念,拷问社会道德和群体意识,提出切实可行的建议。同时,开放手机短信平台与听众实时互动,并适时插入与节目相吻合的音乐和歌曲,让听众在多种元素营造的温馨氛围中思考人生、陶冶情操。"所以生活"每次围绕一个话题,由主持人以微型广播剧的形式,演绎生活中真实发生的一个故事,在主人公需要做出选择的每个关键时刻,请听众用短信回答主人公应该如何应对,以培养听众在人生十字路口的决断能力。由于话题贴近听众,形式新颖活泼,栏目开播以来一直受到广大年轻听众的信任和喜爱,每天都有数以千计的短信、电话或邮件与主持人交流、与节目互动。听众赞扬"神州夜航"总能带给他们深刻的人生思考和启迪,把它比作"静夜中一个贴心又智慧的朋友"。这一栏目荣获中国新闻奖。

三、体现自身特色

如果说上述两点显示的是报道定位的共性,那么,体现自身特色就是突出报道定位的个性。彰显这种个性,是媒体在竞争中取胜的关键所在。这有赖于媒体根据自身优势、社会需求和市场机会,勇于和善于开拓创新。

20世纪90年代后期,全国继"晚报热"之后又出现了"都市报热",使省委机关报面临更为严峻的挑战。如何摆脱广告和发行量连年下滑的局面?能否通过社会新闻、明星绯闻来增加党报的可读性,从而走进千家万户?《南方日报》领导层认为,国内大众化报纸发展到今天,已进入了微利时代,真正有发展空间的,应当是以意见、解读和视角取胜的主流报纸。省委机关报的优势在于权威性、公信力,在于时政新闻、经济新闻和权威的政策解读,独到的视角、独特的思考、独特的观念才是其赢得读者、赢得市场的立身之本。2002年8月《南方日报》改版,即把经营好主流新闻作为报纸改革的目标,提出的口号是:高度决定影响力。高度,指的是做主流新闻;影响力,指影响到有影响力的人群,进而增强报纸的核心竞争力。报纸用对重大社会现象的理性阐释,对新出台法规政策的权威解读,对权威人士、政要人士的访谈与对话,对社会和经济现象的专业化描述,对海量信息的筛选梳理,为读者提供更具见地、更有价值的信息精品。同时,摒弃那些低俗、鸡零狗碎的社会新闻、明星绯闻,舍弃那些言之无物的空话、套话、官话、假话,真切地关注生活变化、关注社会脉动、关注经济走向,站在社会公正的立场,站在客观公平的角度,反映真实的社情民意。经过一段时间的改革实践和反复探索,该报找到了发挥自身优势办好党报的全新思路,不但在重大节庆的成就报道上屡屡出彩,就是在日常的宣传报道中,也做得有声有色[①]。

作为媒体专门刊播特定内容的单元,专栏是凸显报道定位个性的重点,尤应精心研究,倾力打造,铸就品牌。在这方面,不少新闻媒体提

---

① 杨兴锋:《以全新思路抓好主流新闻》,《中国记者》2003年第1期。

供了有益的经验。

在迎接改革开放30周年、新中国成立60周年之际,《光明日报》开设了"中华民族大家庭巡礼"专栏(见图2.2),首次系统、全面地向世界展示了我国56个民族的悠久历史、优良传统、灿烂文化和时代风貌,为各民族树新碑、立新志、写新传。栏目大体上每周刊出一期,每期介绍一个民族,均由文字和图片两部分组成。其中,图片部分至少提供15个场景画面,包括:今日全家福、民族之花、服装服饰、婚丧民俗、生

图 2.2

产劳作、房屋建筑、生态环境、节庆活动、集市贸易、学校教育、传统信仰、民间医药、特色饮食、工艺绝活和标志风光。这一专栏视野开阔,别开生面,对于维护民族团结,更是意义重大。它在广大读者特别是少数民族干部群众中产生了热烈的反响,许多读者到处收集刊有专栏的报纸,称这一大规模的民族新闻报道,非常有珍藏价值。

  面对当今多元化的传播语境,《解放日报》大胆创新评论的题材和形式,于2003年5月开辟"对话"专栏,从社会焦点、热点问题出发设置议题,由记者与国内知名专家学者进行对话,力求理性、客观、生动可读。以往党报可能绕开的话题,如芙蓉姐姐现象、超级女声、网络谩骂等,专栏都没有回避,而是拿出较多篇幅与专家进行探讨。主创者认为,党报要切实发挥舆论引领的作用,就必须不放过热点、不回避焦点,否则只能在网络舆论的包围中被边缘化。栏目从一开始就定位为"社会风向的监测者",关注社会思潮和人心所向的重大问题。例如,2009年11月底,江苏一位老太拾到1 700元交给失主后,反而被对方告上法院,要求其返还另外的6 500元;联想到此前热心人搀扶老太、孕妇反被判赔偿或被讹诈的案例,主创者敏锐意识到,今天该不该做好人、如何做好人,已是一个不容回避的重要问题。他们在网上大量搜集民意,力求全面把握问题,然后与颇有哲学修养的教授深入长谈,多角度探索,提出了"不能算做好人的成本"这一切中时弊又富有个性的观点。评论认为,在不道德的现象面前,自己该怎么做,不能靠功利的盘算,不能算做好人的成本,因为无论别人如何,自己以善意待人,这才是自尊、有道德的表现。在社会转型的大潮面前,可能会出现各种意想不到的人和事,但是无论如何,每个人都要坚守起码的道德标准。虽然这是一篇哲理探讨,但是论述贴近现实,有血有肉,引起许多读者的共鸣。加强舆论引导力,改进文风也是关键之一。专栏用对话形式行文,一扫单调刻板之风,常见口语之趣、交锋之势。由于内容和形式新颖脱俗,专栏几乎每期都会被人民网、新华网、新浪、搜狐、腾讯、网易等国内知名网站转载,不少被放在评论头条位置,许多论坛和个人博客也予以转帖,产生了较为广泛的影响力。

  人民网是国家重点新闻网站,它以权威性、大众化和公信力作为新闻报道的定位,强调在权威性和大众化的结合上寻求突破,通过大众化的手段实现权威性,把权威性落实在大众化上,以此形成报道的特色和优势。"地方领导留言板"专栏是这一理念的集中体现。2006年创办的这一栏目,以架设民众与地方政府间的沟通桥梁为己任,致力于疏通与拓宽民意渠道。它为全国省、市、自治区60多位党政第一把手、近千位副省和地市级党政正职官员,以及一千多位县委书记分别开通留言页面,供网民即时反映情况和问题。留言板开通以来,吸引了广大网民踊跃参与,民众大量的疑难问题通过编辑的整理、疏通和跟踪,引起了相关领导和部门的高度重视。仅2008年一年,就有11位省、市、自治区党政第一把手先后公开回复网民留言,并建立回复留言固定机制,600多个网民留言问题得到当地政府或地方官员的正式回复和落实,使大量有可能演变激化、引发社会矛盾的问题在萌芽状态下及时得到重视和解决,社会各界给予广泛肯定。"有事上人民网地方领导留言板反映,领导会看"——如今,变"上访"为"上网"成为群众的新选择;而"从留言板上获取社情民意",已成为领导干部新的工作方式。事实证明,权威性、大众化和公信力三者是可以统一的。人民网的创新实践为我们提供了成功的范例。

新闻报道定位具有编辑方针的性质,是指导编辑工作的基本思想和原则。新闻报道定位一旦确定,编辑人员必须严格遵守,并在编辑工作的各个环节,即从报道的筹划到报道的合成,自始至终认真加以贯彻。这是报道成功的根本所在,编辑人员务必充分注意,切不可掉以轻心。

思考与练习

一、问答题

1. 新闻报道定位的含义是什么?
2. 新闻报道定位有何重要意义?
3. 新闻报道定位的基本依据是什么?
4. 新闻报道的定位应当把握哪些要领?
5. 新闻报道定位的核心是什么?
6. 编辑人员应当如何对待新闻报道定位?
7. 报纸上哪些内容直接表明新闻报道定位?
8. 从人民网的定位中得到哪些启示?

二、辨析题

分析下列新闻说明了什么问题。

韩国政府警告国内媒体不要破坏首脑会晤

法新社汉城 2000 年 6 月 11 日电 韩国政府今天警告说,该国媒体一些报道可能会破坏朝韩两国本周举行的历史性首脑会晤。这个警告是在朝鲜决定推迟一天举行首脑会晤后发出的。

韩国总统府发言人朴俊莹重申了早些时候就媒体报道提出的警告,即"有关对金大中在北韩停留期间的会议地点、行走路线和与会人员的猜测性报道可能会对首脑会晤产生不良影响"。发言人说:"南北韩还没有最后确定议程。"

官方的联合通讯社后来撤销了一则有关金大中总统在朝鲜期间行程的报道,这样的举动是罕见的。

过去几天,几乎所有的韩国主要报纸都详细披露了金大中总统的行程。但韩国官方还没有公布行程。

英政府机密上了街头小报　布莱尔大光其火

本报综合消息 英国政府正在就一份备忘录泄露事件展开调查,这份被泄露的备忘录被登上了街头大小报纸的封面,布莱尔首相为此大为光火。

这份备忘录只发给了与布莱尔首相非常接近的几位政府官员,这位首相怎么也不会想到就是这些人也会出卖他。在这份备忘录中,布莱尔首相承认政府在对一些问题的处理上显得过于软弱,尤其是在处理家庭问题,对付犯罪以及国防政策等问题上更是如此。同时这份备忘录表明布莱尔更关心的是他的公众形象而不是应该采取的态度。

尽管这起泄露事件让布莱尔首相很不舒适,但参与调查的官员们更担心的是泄露事件本身。英国内阁大臣里查德·威尔逊负责这次调查工作,他到目前为止还不能确定究竟是那位官员有意泄露了这份备忘录,还是政府电脑系统遭到黑客袭击并把这份备忘录公布于众。

最让布莱尔头痛的是近一段时期以来泄密事件不断发生,就在 7 月的头几天一份政府内部希望加入欧盟的报告不胫而走,让唐宁街极为震怒,布莱尔首相发出警告,要将负有责任的家伙踢出唐宁街。

(《扬子晚报》2000 年 7 月 18 日)

日电视台故意删去就侵华问题的对话

本报讯 正在日本访问的朱镕基总理前晚出席了日本电视节目。朱总理接受日本观众提问在当地获得好评。不过,日本电视台在播出时故意删去了朱总理答复有关日本侵华历史的一段。

历时一百分钟的节目之中触及敏感的历史问题。有大阪的观众问总理,中国经常要求日本就二次大战道歉,要到几时才足够。朱总理回答说,日本政府从来没有就侵华战争向中国人民道歉,而且南京大屠杀的事实也不容否认。但事后,日本电视台在播出时删剪了这一段。

(《广州日报》2000年10月16日)

第三章

报道的策划

20世纪90年代中期起,我国新闻编辑工作中出现了一个颇为风靡的字眼:报道策划。从印刷媒体到电子媒体,从全国性媒体到地方性媒体,从综合性媒体到专业性媒体,从总编辑到一般编辑人员,报道策划的概念已为越来越多的人所接受,报道策划的意识逐步渗透到日常的编辑行为中。进入网络时代之后,报道策划日益向主动设置议程和多媒体联动运作发展。

第一节 报道策划的概念

作为新闻工作领域出现的新概念,我国现有的新闻学辞典中尚无"报道策划"这一条目。新闻界对此还在探讨之中,包括使用的术语也有些不同。有的称之为"报道谋划",有的称之为"报道筹划",也有不少称之为"新闻策划"。

一般认为,报道策划是新闻工作者根据新闻规律,对报道运作诸环节的预先谋虑,即对报道什么和怎么报道的思考与设想。它追求创意和良谋,着眼于报道效果的优化。

报道策划的现象其实早已存在。20世纪初,世界上一些有影响的报纸就已经注意对重要事件的报道进行谋划。

《纽约时报》关于豪华游船"泰坦尼克号"沉没的报道,是这方面有代表性的例子。1912年4月15日凌晨,该报收到了美联社发出的第一份关于这艘游船触撞冰山的提要。虽然泰坦尼克号巨轮被誉为"一艘不会沉没的轮船",但是编辑部主任卡尔·范安达了解到它的无线电报在第一次呼救后半小时已不再发声,便估计它已经沉没。在凌晨3点半以前,范安达已经组织好这次报道。在船上的2 200多人中,有许多著名人物,于是根据乘客名单准备了一篇背景介绍,还准备了供头版用的泰坦尼克号的照片。当天上午,其他报纸关于这一事件的报道还是不确切的,而《纽约时报》却以通栏标题报道了泰坦尼克号已经沉没的消息,惊动了世界[①]。

在我国,20世纪五六十年代关于报道的设想和计划已为数不少,通常被称为"报道提纲"或"报道计划",也有的文章冠以"报道设计",并定义为"对一件事情在整体规模上的报道谋划"。

应该说,报道策划是这些概念的继承和发展,是对类似现象的最新概括。从内涵来看,报道策划更强调谋略性和创造性,着一"策"字,谋意、创意尽出。从使用范围和频率来看,报道提纲或计划侧重于报道的整体设计,通常一年、半年或一季度制订一次;而报道策划的对象已扩大到报道的个体,时间已缩短到以月计、以旬计甚至以天计。从施动者来看,报道策划已不限于总编辑、编委、部主任、组长,也包括一般采编人员,参与对象明显增多。

报道策划在当今兴盛不是偶然的现象。我国实行改革开放以来,新闻事业迅速发展,对外交往日益增多,受众选择信息的机会大大增加了,要求也如"水涨船高"。随着经济体制的转型,新闻业同样要接受市场的检验,由此加剧了新闻媒体之间的竞争。优胜劣汰,适者生存。过去那种"报不报由我,看(听)不看(听)由你"的状况难以为继。新闻媒体要巩固和扩大自己的受众群体,必须提供更多更好的新闻,必须提供尽可能多的精品。这就迫切需要采编人员充分发挥主动性和创造性,加强报道的研究与设计,着力改进报道的内容和方式、方法,不断地推陈出新。《解放日报》原总编辑秦绍德认为:在新闻竞争日益激烈的今天,哪个媒介要不在策划上下点工夫,没有自己的一手,就势必在竞争中失败。

报道策划正是在这样的宏观背景下产生的,是新闻竞争的必然结果。社会环境的宽松和理论文化资源的丰富,也使采编人员的主动性

---

① 《美国新闻史》,新华出版社1982年版,第377页。

和创造性得以发挥,进而使报道策划成为可能。

质量杠杆原理表明,在不同的阶段着力,取得的质量改进效果明显不同;在越是上游阶段加力,质量改进的效果越大[1]。报道策划重在先期的智谋投入,其明显优势是有利于掌握新闻报道的主动权,提高新闻报道的有序性和有效性。以往的编辑工作较多的是处在新闻报道的后道关口,而报道策划将编辑工作的范围扩展到新闻报道的前道关口,即从新闻报道开始之前就介入运作。这样,编辑思记者所想,参与记者的选择;记者想编辑所思,参与编辑的选择。双方通过情况沟通、意见交换、思想碰撞和创意追求,使潜能得到释放,优势得到互补,报道思路得以开阔,报道方法得以改进,就能够克服新闻报道的盲目、散乱和平庸,使之有章法,有冲击力。

策划好,大有益,这已成为新闻界的共识。许多新闻媒体已把报道策划提上重要的议事日程,使之经常化、制度化。

《人民日报》原总编辑范敬宜提出:总编辑的主要任务,一是把关,二是策划,即根据中央总的宣传方针政策,结合本报实际来安排组织报道。他认为,对于体现中央某一时期重大方针、政策的报道,重大会议、重大纪念活动和重大典型的报道,总编辑需要亲自参与策划。

《新民晚报》原总编辑丁法章提出了"编辑策划本位论"。他认为,对参与新闻策划的主体,要打破传统观念,赋予新的认识。诚然,主管新闻宣传的社领导和采编部门的负责人,对新闻策划尤其是重大报道的策划,负有不可推卸的指导责任。但是,经常的、大量的新闻策划工作,真正使新闻策划付诸实践、见诸版面的工作,主要还是靠采编人员。而新闻改革的成功经验表明,编辑在新闻策划中的本位职能必须强化,新闻采编将一改过去重采轻编的现象,逐步走向以编辑策划为中心、记者采写为依托的联合运作机制。

《羊城晚报》原总编辑曹淳亮认为,现代办报极需策划。他对于新闻竞争策略的核心用"策划"两字来概括:"公开新闻",各新闻单位同时获知消息的事件,通过策划,使报道能与其他新闻单位抢时间、比深度;"隐性新闻",即存在于社会生活中但未为各界重视、揭露的现象,则比开发、组织报道的广度和力度。

据中央电视台新闻评论部介绍,该台推出的"焦点访谈"等 4 个栏

---

[1] 秦观生主编:《质量管理学》(第二版),科学出版社 2008 年版,第 37 页。

目,都有自己的专家队伍,定期召开策划会,就栏目的成绩与不足、未来发展等方面进行研讨。新闻评论部许多好节目都是经过精心策划才出台的。

《新华日报》建立和强化了以新闻策划为重点的采前会制度。采前会主要分析比较同城媒体当天报道内容,确定二度开发的对象;介绍权威和有影响报纸的动向,从中获得借鉴和启示;提供网上舆情特别是热点话题,为报网互动提供线索;分析近期读者来信来电,掌握基层情况,把握报道方向和尺度;各部门自报选题,讨论、确定选题及其操作方法;回顾前天策划的效果,总结经验教训。这些环节都责成有关部门专人负责,以免流于形式。《湖南日报》把精心策划、精心采写重点报道,作为发挥党报优势,提高报纸品位的重要手段,明确要求编委、部主任将主要精力放到策划和带头抓典型报道、宏观报道和深度报道上来。《新京报》根据策划的水平、见报的反响、付出的工作量给策划打分,所给的分数对应的就是额外的策划奖金。《哈尔滨日报》较早实行了重大报道无策划追究制。随着制度建设的加强,许多媒体的报道策划水平有了明显的提高。

事实表明,报道策划正日益成为新闻工作尤其是编辑工作的一个十分重要的组成部分。

第二节　报道策划的原则

报道策划的积极作用并非自然而然地产生,而是以遵守一定的原则为前提的。这些原则主要包括取信原则、立异原则、应变原则和集思原则。

一、取信原则

实事求是,取信于受众,这是报道策划应当遵循的首要原则。报道策划不是目的,而是手段,目的是增强报道的责任感、使命感,是向受众提供精美的新闻报道,是使新闻报道更好地贴近实际、贴近群众、贴近生活。这就要求报道策划从实际出发,注重调查,搭准社会的脉搏和受众的需求,不能脱离实际,闭门造车,硬做文章。同时必须维护新闻的真实性和纯洁性,不能弄虚作假。

业内有人认为报道策划就是制造假报道,这种将报道策划与造假等同起来的看法固然失之偏颇,但是报道策划确实应当注意打假。

这表现为两个方面:一方面,不能任意摆布报道对象,导演事实。据有的文章披露,某市报曾在大雪天要求房管局派人去孤寡老人住处翻修屋顶,并告之已写好了消息。尽管房管局的人员认为薄雪不可能威胁到住房安全,倒是雪天易滑使维修者无谓地面对危险。但在报社执意要求下,他们勉强派出维修人员去了几家有代表性的家庭。后来,一篇《雪中送炭》的新闻被记者关在屋里炮制了出来。

又如2002年3月至5月间,在上海、南京等地发生闹市街头当众砸毁"双菱"空调的事件,警方提供的材料表明,这次事件是一些别有用心的商人和江苏某报一个记者"精心策划"的。那个记者先后发表了《噪音超标被处罚,客户索赔200万—84台双菱空调惹麻烦》和《双菱空调惹麻烦有续闻—业主停业索赔300万元》两篇报道;后又趁3.15消费者权益日之际,来了一个"砸空调、泄民愤"的"新闻策划"。"砸空调事件"经媒体传播之后,双菱公司遭遇大量退货,并且面临产品滞销、生产停顿的困境。2003年7月,上海市中级人民法院终审判定他们的行为属于捏造并散布虚假事实。很显然,这些做法根本不是报道新闻,而是在玩弄新闻,是对报道策划的一种亵渎。

另一方面,不能以报道策划为名,行商业策划之实,"挂羊头,卖狗肉"。有些商家出于扩大影响和节省费用的双重考虑,在挂牌开张、推销商品之际,想方设法通过新闻报道达到宣传自己的目的。而有些采编人员经不起物质利益的诱惑,甘愿为之出谋划策,使新闻报道成为金钱的附庸。这种策划所产生的,其实已不是真正意义上的新闻,而是变相广告或曰伪报道,是对受众的一种欺骗行为。

从实际情况来看,后一种现象比较流行。因而有的学者呼吁:对于商界推向社会的种种活动,新闻媒介必须保持应有的清醒,独立判断其新闻价值和宣传价值,该报道的不管有无赞助都应报道,不该报道的即使赞助巨资也不能报道。这是社会主义新闻媒介以及一切正直的新闻界人士应该具有的品格和原则。

二、立异原则

"奇石尽含千古秀,异花长占四时春。"报道策划的生机和魅力在于立异,在于出新。报道策划最可宝贵的品格是拒绝平凡,追求创意。这是报道策划的精髓和灵魂。报道策划要有所突破,有所超越,不仅要超越别人,而且要超越自己。

综观成功的报道策划,无一不是充满个性和创意。1996 年春节期间,《羊城晚报》的一个案例报道产生了轰动效应。案件记述河南泌阳某教师被一怀孕少女诬为强奸而气病身亡,其妻四处奔波为夫申冤,最后经过有关部门所作的血亲鉴定和调查取证,终于在广州查明真正的作案者。这个案件最早是北京一家报纸报道的,《羊城晚报》总编辑看到后,认为报道之外还有大量内容可挖掘,情节的曲折和动人的情感都可展开叙述,便决定用"新闻连载"的形式加以报道,并派较有采写经验的记者执行。为了增强报道的时效性和接近性,要闻部编辑将连载的标题确定为《泌阳奇案广州洗冤 1987—1996》。富有个性的内容和形式,使这一报道成为广州市民当年的"拜年话题",新闻媒体纷纷转载或准备拍成影视片。

2000 年,上海《青年报》策划了一次"牵手行动",5 位记者前往医院与艾滋病患者握手,非常轻松地和病人交谈,并向他们送鲜花,情景十分感人。在 12 月 1 日世界艾滋病日当天,报纸组织了一个专版,以通栏标题《我们和艾滋病人手握手 消除歧视增加关爱从我做起》,刊登了这些记者的体会以及与病人握手的照片,对读者产生了很大的感染力。

《解放军报》时事周刊的报道策划比较注重"角度突破"。2001 年,国内媒体都在围绕纪念西藏和平解放 50 周年进行宣传,周刊编辑部了解到,1956 年 27 岁的新华社记者杨昌明随中央代表团从北京出发,经西宁、跨唐古拉山进入西藏,进行了为期 3 个月的采访;而 45 年后,同样 27 岁的《解放军报》记者刘化迪正在西藏采访。年龄、地点上的巧合,使编辑部找到了独特的报道切入点。5 月 18 日,时事周刊请杨昌明老人到编辑部讲述他当年的采访见闻,并拨通了刘化迪的电话,让两代记者进行了一次关于西藏发展变化的对话。第三天,时事周刊发表了《见证西藏——两代记者跨越时空的对话》,由于角度新颖,给读者留下了较深的印象。

美国《普罗维登斯日报》网站在预知某一新闻事件到来之前,提前策划,布置选题,发动读者提供信息,参与报道。例如邀请读者拍摄即将到来的大风雪照片,然后从中选择精彩照片制成"幻灯秀"上网,受到网民的追捧。

因此,报道策划应当不拘一格,大胆探索,尽可能在报道的内容、形式、角度、参与对象等方面求异求新,出奇制胜。

三、应变原则

报道策划要讲究灵活性,随机应变。策划是对未来将发生的情况作当前的决策。为了提高决策的正确率,应当对未来情况作出尽可能周密的预测。但由于未来情况不是静态的,而是动态的,包括社会环境、报道主体、报道对象和受众都存在某种变化的可能性或某种不确定性,因而即使看似很全面的预测,也难免会出现偏差。所以,报道策划所形成的方案需要有一定的弹性,在报道的内容、范围、时间、方法、形式以及人、财、物的配置等方面,不能规定得太细太死,算得太紧太满。特别是对于那些时间跨度大、涉及范围广的战役性报道,更要考虑到可能发生的意外情况,留有足够的余地,以免造成被动和损失。此外,报道策划要根据情况的变化,及时修正原有的方案,以增强适应性。

《新民晚报》对董建华先生当选香港首任行政长官的快速报道,很能说明报道策划之应变的重要性。1996年12月11日,香港人民第一次行使自己的民主权利,选举产生香港特别行政区首任行政长官人选。在此之前两天,这家报社的新闻部向社领导汇报了准备抢发选举消息的设想,当即得到支持。于是,编辑们与新华社、《深圳晚报》以及上海驻港有关人员取得联系,请求及时提供有关信息。当天早晨的编前会上,社领导决定留出头版头条地位,虚位以待。但是到了11时,选举结果尚未揭晓,而离平时报纸压版时间只有半小时了。这时,社领导当机立断,先将新华社关于香港特别行政区第一届政府推选委员会召开第三次会议的最新消息作为头条,尔后用"又讯"的形式等待选举结果,以免延误出版时间;并要求电脑照排中心和印刷厂做好一切准备,采取应急措施,用后道工序的高效弥补等稿失去的时间。12

时许,香港传来董先生当选已成定局的消息。考虑到选票统计结果尚未出来,留下尾巴未免可惜,总编辑决定再等。统计结果揭晓后,又有消息说钱其琛副总理将要宣布当选结果。这样,一直等到12时27分,当钱其琛副总理宣布一结束,编辑旋即将最后消息排上了版面。尽管是只有几十个字的"又讯",但报纸当天下午在香港出现后,获得了良好的反应。

诚然,没有策划,没有事先的准备,这一报道显然出不来;但是有了策划,如果不能随机应变,这一报道也不一定出得来;即使出来了,也不会是现在这样的面貌,不会收到现在的效果。

四、集思原则

报道策划的对象主要是战役性报道、专题报道,以及重要事件、重要活动和重要典型报道。这些报道涉及社会环境和媒体内部的众多方面,难度系数大,靠个人的智慧不容易策划好。同时,报道策划追求创意,是一项创造性劳动,而报道所要求的时效性,又决定了报道策划是快速决策,时间比较紧。这就需要通过集思广益,优势互补,提高报道策划的质量和效率。

俗语云:"稻多碾得出米,人多讲得出理。"复杂的矛盾最容易在集体的努力中找到良善的解决办法,而创造性的火花也最容易在意见的交换和碰撞中迸发出来。可以说,大凡成功的报道策划都是集体智慧的结晶,都是群策群力的结果。

在集体策划中,要充分发扬民主,重视不同意见包括反面意见,以利于方案的周密和完善。在时间允许的情况下,还要注意问计于受众。1996年,《人民日报》为进一步搞好国有大中型企业的报道,曾召集全国各地石油、化工、钢铁、交通、煤炭、电力等行业46家知名大中型企业的代表进行座谈。代表们提出了许多很好的意见和建议,对于提高这类报道的权威性、指导性、可读性起了积极的作用。

《现代快报》副总编辑赵磊认为,策划不仅仅是编辑、记者的事,它需要开放的心态。这家报社曾尝试在网上征求策划意见,先在网上提交一个策划方案,当成靶子,由网民提出意见,不断修改完善,从中发现选题。例如,报道盐城的策划方案放到网上之后,网民提出扬州盐商、盐城博物馆等新东西。报社采纳了网民的建议,使报道富有新意。

第三节　报道策划的类型

报道策划因主体、对象、功能等因素的不同而可分成多种类型。类型不一，要求也有区别。把握这种区别，有利于策划到位。根据目前的情况，报道策划一般分为阶段性报道策划、专题性报道策划和即时性报道策划。

一、阶段性报道策划

这类策划是对一个时期的报道作总体上的部署与安排，通常形成书面方案，以便采编人员实施。这是新闻媒体最重要的策划。新闻媒体的整个报道要做到高潮迭起，环环相扣，有声有色，必须首先做好这类策划。

就我国内地的现实情况而言，主流媒体的阶段性报道策划要与党和政府一个时期的中心工作相对应和适应。特别是具有机关报性质的媒体，更应把党和政府的中心工作作为这类策划的指导原则。党和政府的中心工作是根据人民群众的当前利益和长远利益确定的，因而从根本上说，与受众的要求是一致的。党和政府的职能部门通常根据中心工作的要求，对一个时期的报道提出原则性的意见。在阶段性报道策划中，这些意见有直接的指导意义。

阶段性报道策划的主要任务是：阐明指导思想和总体思路，确定报道要点和重要选题，并根据竞争态势，提出创新举措和创优项目。对阶段内将要发生的重要事件和活动也应提上日程，以便早做准备。这类策划宜粗不宜细，以给记者、编辑留有发展的余地。

阶段性报道时间跨度大，少则一季度，多则一年度，而且涉及范围广，覆盖社会众多领域和媒体内部的各个方面。对这类报道策划更需要有超前意识和宏观视野，总揽全局，审时度势；更需要集思广益，通力合作。通常由新闻媒体领导亲自挂帅，各部组负责人共同参与。

二、专题性报道策划

专题性报道是围绕某一主题或事件所做的系统报道。这种报道有强度,有声势,为新闻媒体所广泛采用,而且往往最能体现新闻媒体的报道特色和水准。正因为如此,这类报道策划使用频率最高,也最值得研究和探索。

专题性报道策划首先要选准题目。来自新闻工作第一线的许多采编人员都有这样的体会:好的选题是报道成功的一半。独家或独到的选题是新闻媒体摆脱被动地位的重要途径。选题要有普遍意义,应对准社会生活的热点、实际工作的重点和受众关注的焦点。这是专题报道产生吸引力和影响力的基础。为此,应尽可能将受众调查作为专题性报道策划的有机组成部分,充分把握社会的脉搏和公众的需求。

2009年全国"两会"召开前夕,新华社在全国东、中、西部分层抽取15个省市实施问卷调查。调查围绕应对金融危机、政治建设、农村发展改革、生态环境保护、汶川灾后重建、医疗卫生改革、就业、社会保障、住房、股市、食品安全等社会关心的话题,列出了上百个相关问题和情况的选项。结果显示,反腐倡廉、司法公正、医疗改革、收入分配、就业等仍然是"两会"最受关注的话题,而全球金融危机、新中国成立60周年等背景,使百姓对政府宏观调控作用和货币政策基调更为关注。同时,受众希望"两会"报道更多地"关注民生"、"倾听民声"、"反映民心",更多地将笔头和镜头对准基层代表、委员,充分展现"普通公民与代表委员的互动及参政议政情况"和"代表委员的活动和意见建议"。被调查者不仅对报道什么发表看法,还对怎么报道提出建议。例如,希望通过个人化的故事和感受体现"两会"报道的平民化视角,用审议、讨论的过程和参政、议政的生动场面体现民主政治;在加强新医改方案的宣传方面,希望做具体、形象的解读,要有故事、有细节,不要概念性的官方表述;对于农民工就业问题,希望以一些见人见事的报道真实客观反映当前形势,推出农民工创业典型事迹的系列报道,提供好经验、新创意等。这种及时、周密、务实的调查,对于提高"两会"专题报道的针对性和有效性,无疑大有助益。

事实上,除了突发性事件,专题报道的选题一般在阶段性报道策划中已经确定,这类报道策划的主要任务是把既定的选题细化,增强其可操作性。要考虑报道范围,报道时机,报道形式,报道方法;对于大中型专题报道,还要考虑如何启动,如何展开,如何深化,如何应变,如何总结,以及报道人员如何安排,社会力量如何借重等等。这些方面一一谋划过了,成竹在胸,操作起来才能有条不紊,应付裕如,报道才能增强有序性和艺术性,形成竞争的优势。

《人民日报》关于中国共产党第十五次全国代表大会的专题报道提供了成功的范例。为了做好十五大的宣传报道工作,报社编委会总结了以往历次重大报道的经验,多次召开会议进行专题部署,并按照"政治强、业务精、纪律严、作风好"的要求,挑选35名记者、编辑组成专题报道组。

报道组对计划从十四届七中全会开幕时开始刊出的6篇重点报道,以及刊登"特邀代表访谈录"、"党代表风采录"等专题报道,设立专版和开辟"党代表论坛"、"十五大感怀"、"世纪之交话伟业"等10个专栏,一一作了具体布置,做到定题、定人、定交稿时间,责任到人,各司其职,层层负责。十五大开幕之前,新华社陆续播发了一批图片和图表。报道组按照预定计划,认真搜集,并及时与国家统计局等单位联系,同时组织记者及时拍摄若干有价值的必需镜头,蓄势待发。

由于精心组织,精心筹划,精心实施,从1997年8月6日到9月20日,《人民日报》共推出15个系列、110多篇重点报道、6个新闻图片专版,使十五大报道全面、充分、热烈、有序,有声势、有力度、有深度、有章法,受到社会各界的好评。

三、即时性报道策划

即时性报道是指突发事件或突发信息的报道。事件或信息的突发性,决定了对它们的报道不可能事先进行策划。而从实际情况来看,这类事件或信息由于是突然发生的,往往具有很高的新闻价值,是新闻媒体竞相报道的对象。这就需要临场加以策划,以利于在竞争中取胜。网络媒体出现以后,突发信息日益增多,这就使即时性报道策划越来越显得重要和必要。

即时性报道策划很受时间的制约,难度不小。如果畏难怕事,缺乏责任心,可遇而不可求的好机会也很容易丧失。所以,这类策划既需要功力,更需要积极进取的敬业精神,是对编辑人员综合素质的一种检验和考验。

1991年1月17日《解放日报》的头版头条是《海湾战争可能在24小时内爆发》,这种打破常规的大胆处理在我国内地报纸中独树一帜。而这与夜班编辑发挥主动性和创造性是密不可分的。

当天凌晨1时,在安理会规定伊拉克从科威特撤军的最后期限到来之后12小时,该报从值班领导到责任编辑都在思考着战争会否发生这一世界瞩目的问题,版面安排的构想尚未形成。他们紧紧地跟踪新华社发来的电讯,不断地将它们进行由表及里、由此及彼的分析,渐渐地感到战争的可能性在加大。但是直至凌晨2时,他们仍然没有十分的把握,以致第一版和国际版的版面还是空白,尽管此时已到了平时出大样的时间。他们继续观察事态的发展,不到万不得已,不放弃最后的努力。不一会儿,新华社传来日本记者发自华盛顿的消息,说海湾战争可能在24小时内爆发;另据来自以色列的消息,该国总理说海湾战争"很快"会打响。根据此前的分析,大家立即认可了日本记者的报道。时任值班顾问、高级编辑陆炳麟毅然拍板:把《海湾战争可能在24小时内爆发》搬上头版头条! 为了防止意外,在国际版头条位置安排了《最后期限到来时 海湾地区无战事》的综合消息。

是日上午9时,当报纸到读者手中的时候,海湾战争真的打响了。广大读者对《解放日报》的大胆之举投以敬佩的目光。时至今日,它仍然被作为范例在报界传扬。这是对知难而进、勇于开拓的褒奖。

突发性事件有时发生在临近截稿之际甚至组版以后,对于日报来说,这时编辑部通常只有夜班编辑在工作。为了争取时间,赢得主动,夜班编辑不仅要快速决策,还要尽可能及时补位采写,把策划和采写结合起来。

1996年11月9日晚近10时,南黄海发生6.1级地震,上海地区有明显震感,市民纷纷拥向街头。当时,《劳动报》夜班编辑部的负责人正在看要闻版的大样,获知地震消息,即与有关记者联系,无奈电话忙音不断,无法接通。于是,编辑部当即派出3名值班的编辑人员执行采访任务。由于编辑人员及时出击,在第一时间赶到了市地震局,掌握了大量的第一手资料,为报纸作出快速反应奠定了良好的基础。第二天,这家报纸以通报、消息、通讯、资料和图片等多种形式,对这一突发性事件进行了详细、生动而富有特色的报道,与上海三大报相比毫不逊色,受到读者和同行的赞赏。

报道策划的类别不止上述。近些年,电视界有的人士提出报道策略的策划,认为它远重于具体节目及节目形态的策划,并列举中央电视台采取主持人品牌策略报道"两会"大获成功加以说明,给我们以有益的启示。

第四节　报道策划的方法

报道策划有许多方法,其中系统方法、参照方法和逆向方法是比较常用的。这些方法互有联系,通常综合加以运用。

一、系统方法

报道对象的形成都有一个发生、发展的过程,并且都与周围其他事物存在着互动关系。同时,报道对象的传播涉及采写与编辑的诸多环节,并且多少与周围其他媒体存在着竞争或合作的关系。所谓系统方法,就是对报道对象所涉及的各种关系和各个环节,进行全方位的思考。社会热点,工作重点,重大事件,重要典型,涉及的关系和环节更多、更复杂,十分需要运用系统方法进行统筹考虑,以促使报道充分、全面、深刻,提高吸引力和影响力。

在这方面,新华社对于1992年巴塞罗那奥运会报道的谋划提供了好的经验。

社领导首先从国际形势和本届奥运会的特点出发,站在建立世界性通讯社的高度,分析了搞好这次报道的重大意义,并且从社内外和主客观方面分析了报道的有利条件、不利因素以及面临的严峻挑战。

在此基础上,提出了报道的指导思想、战略重点和竞争对策。指导思想涉及报道宗旨和报道方针,战略重点涉及采访重点和供稿重点,竞争对策涉及报道流程的各个环节。从派遣"先遣队"率先赴外采访以求先声夺人,到改变零点截稿、凌晨关机的习惯,实行24小时发稿;从多渠道、多层次供稿,到搞好供稿前服务,提供次日要闻预告,以及征求各报台所需的"菜单",都一一作了安排。

同时,通过总结以往奥运报道的经验教训,明确了这次报道应当突出的特色,包括与西方四大通讯社相比,要有人弱我强、人少我多、人无我有的内容;要着力加强新闻述评和解释性新闻,精心经营好"赛前预测性述评"、"重大事件述评"等5种新闻述评等等。在报道力量的安排、前方报道组和后方编辑部的配合等方面,也都进行了部署。整个报道方案"纵向到底,横向到边",为准确、及时、立体地报道奥运会的进程和全貌奠定了良好的基础。

湖南红网创办的"改革开放30年——中国志"专栏,也是运用系统方法的成功之作。它由30个小专题组成,以人物志、地理志、文化志、行业志为主要脉络,采用数字、词典、语录、百姓讲述等丰富的表现元素,并配以"画墙"的形式,将30幅画卷卷动呈现,全面、生动地再现了1978年至2008年我国改革开放的风雨历程和主要成就。这个专栏是同类媒体中策划最早、跨度和影响最大的改革开放专题集群,设计风格也成为地方新闻网专题中的一个范本,在网民中产生了广泛的影响。

二、参照方法

报道策划是新闻竞争的产物。竞争必须知己知彼,而参照正是达到知己知彼的途径。作为创造性的模仿,参照方法是以别人成功的经验和失败的教训为基础,通过对比、评估获得最有价值的信息或观念,并将其运用于自己的实践,因此不会或很少会犯创新者犯过的错误,创新风险大大降低。

美国学者库普斯和莱布兰德在调查美国和加拿大的1 600家公司后得出结论:一个企业要想在市场竞争中取胜,最好的方法是创造性地模仿行业内的领先者。时至今日,参照已成为西方一种新的管理方法和管理理论,为越来越多的企业所采用[①]。

实践表明,报道策划中运用参照方法同样可以获得成功。1998年初,《文汇报》推出了新闻性的调查专版,引起了许多读者的关注。其实在这之前,有些报纸开设新闻调查专版已有多时。新闻调查作为量化报道形式,不仅有新闻性,而且有科学性,有较强的说服力。《文汇报》正是通过参照,看到了这种报道形式的优势和潜力,才大胆加以引进。与较早开设这类专版的报纸相比,《文汇报》的调查专版具有明显

---

① 人民日报社主办的《市场报》1997年7月24日"环球市场"专版。

的个性。前者以聚焦型为主,报道两三个专题的调查结果,稿件长,易读性较弱;后者以发散型为主,报道众多方面的调查结果,稿件短,易读性较强。从这个专版的第一、二期看,半个版面发表各不相同的调查报道分别达10篇和13篇之多。题材的广泛性,有利于满足多种读者的需要和读者的多种需要。在栏目设置、刊头设计、版面编排等方面,后者新颖、灵巧,同样显示出与众不同的特色,给人过目一新的感觉。

再如《华西都市报》每天有一个只讲一件事的专版,即"特别报道",自1996年7月1日设立以来,不断地受到读者的欢迎。这个版面每天用四五千字介绍一桩新闻事件,或分析一个热点话题,或报道一个新闻人物。这类栏目在许多报纸上都有,《华西都市报》的创新在于天天都有,从而形成了规模效应和定读优势,很多读者一拿到报纸先找"特别报道"。这一个性的形成也正是通过参照扬长避短的结果。

"学我者生,似我者死。"参照不是为了照搬,而是为了了解,为了拓展视野、获得启发,为了推陈出新。参照如果是跟在人家后面爬行,亦步亦趋,那就进入了误区,失去了意义。

三、逆向方法

逆向思维是报道策划中常用的方法。人往往有顺向思维的习惯,而任何事物都是对立面的统一。在报道策划中运用逆向方法,既可以给人新感觉,也有利于全面地反映客观事物。

20世纪90年代中期,各种新闻媒体竞相报道社会热点,以"热点"、"焦点"命名的栏目如雨后春笋,不断涌现。但是《中国青年报》却反其道而行之,开设了名为"冰点"的专栏,着重报道容易为媒体所忽略的普通人的生存状态。专栏一经问世,便为读者和新闻界所注目。有的学者评论道:"'冰点'从名称上看,是'热点'的对立面;然而从实质上看,'冰点'却与'热点'相通,'冰点'中蕴藏着'热点'……普通人的生存状态,往往能更深刻地反映出一个社会的真实面貌,又应该是'热点'。'冰点'从一定意义上说,是被人们忽略的社会热点问题。"这个栏目已被评为中国新闻名专栏。

逆向法可以运用于报道的对象,也可以运用于报道的主体。湖北长阳土家族自治县火烧坪乡靠高效农业——高山无公害蔬菜,靠优惠的开发政策,使昔日百里高山荒原成为致富的一方魔土,其中有个村仅白菜人均年纯收入就高达万元。《宜昌日报》于 1995 年 10 月对此报道后,该县有个村的党支部书记投书报社表示怀疑,询问这些报道"是真的还是记者吹的"。报社随即邀请这位读者实地采访、核实,并派一位副总编辑和 4 位记者、编辑陪同。经过两天的查看、访问和听取介绍,这位读者对报道心服口服,并表示要把这里的经验带回去,明年一定要改变所在村的面貌。事后,报纸以《实实在在不是吹》为题,详细报道了这位读者采访的经过和先前的来信,在读者中产生了很好的反响。有的读者说"让读者当'记者',在全国报界开了先河","体现了求真务实,对党对人民的事业高度负责的精神"。在中国新闻奖的评选中,这种做法和这篇报道都得到了评委们的赞扬。

中央电视台"焦点访谈"栏目关于联合国秘书长加利的专访,与上述事例有异曲同工之妙。访问之前,为了使节目突破旧的框框,创出新意,大家经过多次讨论,想出了这样一个主意:把采访的话筒主要交给孩子,交给普通的观众,让他们用自己的视角向加利提问。结果,面对孩子们的提问,一向严肃的加利变得轻松幽默,妙语连珠,中国观众与他的距离一下子拉近了。在 1996 年中国电视新闻奖评选中,这个节目获得了一等奖。

第五节　问题讨论的组织

这里所说的问题讨论,是指报纸编辑部就社会普遍关注并亟待解决的重要问题,组织读者在报纸上各抒己见的一种报道形式。它是报纸对公众舆论和社会生活进行引导和调控的一种有效手段,也是报纸深化和搞活新闻报道,贴近和争取广大读者的一条有效途径。

一、议题的确定

在我们的社会生活中,存在着各种各样的矛盾。矛盾就是问题。这些问题能不能成为报纸重点讨论的对象,通常要看它们是否具有以下"三性"。

(1) 接近性。报纸所重点讨论的问题,应该是与报纸的性质和读者对象相接近的问题。接近是吸引读者参与讨论的前提。比如讨论学术方面的问题,对《光明日报》、《文汇报》来说是合适的,因为它们是主要面向知识界和科技界的报纸,读者的文化层次高,对学术问题一般比较关心。而如果《农民日报》也去组织学术问题的讨论,效果可能会大打折扣。反过来,讨论如何减轻农民负担的问题,对《农民日报》来说是合适的,而对《光明日报》、《文汇报》来说,就未必是一个好的议题。接近是多元的,包括地理、心理、利益和文化水平的接近。确定议题的时候,要从这些方面一一加以对照分析,使议题贴近特定的报纸、特定的读者对象。

(2) 普遍性。报纸所重点讨论的问题,还应该是社会生活中较为普遍存在的问题。问题普遍,说明问题之大,也说明问题之难。正因为这样,才需要通过问题讨论这种重点宣传报道形式,发动群众,集思广益,协力攻克。如果问题不大、不难,报纸兴师动众加以讨论,就未免有些小题大做,造成版面内容和问题讨论这种形式的双重贬值。从另一个角度来看,问题具有普遍性,才能引起广大读者的关注,才有充分展开讨论的群众基础。

(3) 紧迫性。报纸所重点讨论的问题,还应该是当前迫切需要解决的问题。这是因为:社会生活中带有普遍性的问题是不少的,报纸的版面却是有限的,报纸的职能和读者的口味又是多样的,报纸不可能也不允许对这些问题一一展开讨论,而只能选择其中最急需解决的问题。

接近性、普遍性和紧迫性,是报纸选择重点讨论之问题的三个要素,它们相互制约,缺一不可。

这里需要强调的是,报纸的问题讨论影响大,组织起来难度也大。因此,确定讨论的问题必须深思熟虑,三思而行;否则,容易出现覆水难收、骑虎难下的被动局面。应当在编辑部内对将要讨论的问题进行充分论证。要考虑讨论的新闻价值,也要考虑讨论的社会效益;既要考虑讨论的必要性,又要考虑讨论的可能性。

在进行论证的时候,还应十分注意听取读者的意见。读者是实践者,又是问题讨论的主体。编辑部的选择是否正确,是否符合客观实际,读者最有发言权。听取读者意见,既可以检验问题讨论的积极意义和可行性,又能够打开编辑的思路和视野,完善问题讨论的方式和方法。

讨论的问题选定之后,要对问题讨论进行设计。考虑的要素包括:讨论的指导思想、主要议题、步骤和方法、时间和周期、特邀代表等等。周密的设计,可以保证讨论有条不紊和富有成效。

问题讨论可以由报社单独主办,也可以由报社和有关部门联合进行。《人民日报》开展的《灾后谈水利》的讨论,《经济日报》开展的《"卖粮难"引起的话题》的讨论,就是分别与水利部和农业部合办的。合办的好处是:可以发挥有关部门熟悉情况和组织便利等优势,把讨论搞得更加扎实有效。

二、讨论的实施

问题讨论的题目和设想确定以后,就进入具体的实施阶段。

1. 问题讨论的开头

好像一篇新闻的导语,问题讨论的开头应该力求吸引读者。这当然需要在版面的编排上注意突出、醒目,但更重要的是必须讲究开头的方式方法。

问题讨论的开头,常见的有两种方式:第一种是依托式,即依托新闻报道或读者来信,配发按语或评论,提出讨论的问题和目的要求。这种方式的好处是:提出的问题有具体实在的内容,读者可以感受,可以捉摸,因而容易展开讨论。依托读者来信,作为尊重读者意见的一种体现,还可以使读者产生亲近感,激发起讨论的热情。因此,不少问题讨论包括一些大型的问题讨论,都注重依托读者来信开头。例如《解放日报》关于《九十年代上海人》的讨论,《中国青年报》关于《艰苦奋斗与时代精神》的讨论,《工人日报》关于《怎样做一个跨世纪的"四有"职工》的讨论等,都是以读者来信为由头引发讨论的。

第二种是直陈式。它通过征文启事,直截了当地提出讨论的问题和目的要求。这种方式的长处在于简洁明快,一目了然。如果讨论的问题容易为读者所理解,就可以采用这种方式开头。《经济日报》开展的《我说房改》和《看市场议市场》的讨论,就是用这种方式开头的。

问题讨论的开头,不必拘泥于现成的方式,可以从实际出发推陈出新。《经济日报》记者曾写过一篇题为《"三角六"事件》的报道,记述某公司开除一名因贪污三角六分票款的职工的前前后后。这是一篇有争议的报道,因为在报社编辑部的编前会上意见不统一而两次暂缓见报。后来,编辑部领导认为,对这篇报道的不同看法,反映了对企业中的制度、管理、职工合法权益等问题在认识上的差异,这种差异在读者中同样存在,因此有必要发动读者参与评说。讨论如何展开呢？按惯例可以这样处理:刊出记者的报道,通过编者按提出讨论的问题和目的要求,再在栏题上点明讨论的问题。但是,这家报纸没有因袭旧套,而是根据实际情况,在刊登这篇报道的同时,破天荒地将编前会上的种种不同意见也公之于众,并且作了一个与众不同的栏题《一篇在本报编辑部引起争议的报道》。这样的开头,自然、新颖、充实,不仅对读者具有很强的吸引力,而且有利于讨论的具体化。

问题讨论的开头,可以只提出问题讨论的要求,也可以同时发表讨论文章。《人民日报》关于《灾后谈水利》的讨论,采用的就是后一种方式。这样做,可以使读者发表意见有所借鉴,也可以缩短讨论的周期,提高讨论的效率。讨论难度较大的问题,或者是出版周期较长的周报,采用这样的开头方式似乎比较适宜。

2. 讨论的展开

问题讨论一经启动,就应当向广度和深度两个层面展开。所谓广度,指的是参与讨论的读者要不断增加,有众多的数量。所谓深度,指的是参与讨论的意见要不断递进,有较高的质量。问题讨论的广度和深度如何,关系到问题讨论的影响力和指导性的强弱。由于读者参与讨论是自愿的,他们并不承担必须参加讨论的义务,因而讨论向广度和深度展开,有赖于编辑的组织和引导。

事先注意组稿。问题讨论开始之前,应注意组织一些稿件,以免可能出现的因来稿少而造成的被动局面。特别是讨论难度比较大的问题,事先更应该做好这方面的准备。现在有些问题讨论,问题提出来之后,来稿慢而且少,由于事先没有组稿,以致隔了十天半个月才有下文。这就降低了读者参与讨论的热情,不利于讨论的展开。

细化讨论题目。人们对问题的认识总是从具体到抽象,从个别到一般的。问题讨论的大题目提出之后,应该尽量加以具体化,列出几个小题目,以打开读者的思路,便于他们发表意见。《人民日报》在开展《产品积压怎么办》的讨论时,就提出了4个具体问题:第一,积压的产品还有没有市场？应该怎样打开积压产品的市场？第二,开拓积压产品市场有什么困难？应当如何解决？第三,如何看待销售在搞活企业中的作用？怎样调动销售人员的积极性？第四,工商之间如何协调进一步搞活流通？大题目化小了，不仅容易展开讨论，也容易将讨论引向深入。

及时报道动态。开展问题讨论，在可能的情况下，最好是在刊登讨论意见的同时，及时报道讨论的动态，包括报道读者对讨论的反应，基层组织讨论的做法等等。这样做，可以形成声势，感染读者，促进讨论的展开。《中国青年报》发起《艰苦奋斗与时代精神》的讨论后，不少团组织通过征文、演讲、英模报告、社会调查和团日活动等形式，积极组织团员青年展开讨论，收到了良好的效果。对这些好的做法，《中国青年报》及时加以报道，既强化了讨论的气氛，又为展开讨论提供了有益的经验。

充分利用来稿。读者参与讨论，是他们热情支持讨论的表现，对这种热情一定要倍加爱护。具体地说，就是要尽可能多采用一些稿件。有些稿件不能全部发，就发一部分；有些稿件不能单篇发，就将几篇综合起来发；几个读者观点相同或相似的，就把几个读者的名字都登出来。总之，要尽可能利用来稿中一点一滴有用的成分。这是关系到讨论能否展开的一个十分重要的因素。《经济日报》在讨论《启动市场从何着手》的过程中，曾多次摘发读者来信中的三言两语，有一次见报的读者有30多名。这对于调动读者的积极性，显然是十分有利的。

适当组织座谈。座谈给编者与读者、读者与读者提供了直接交流和详细谈论的机会，有利于讨论的细化和深化。有经验的编辑，在问题讨论的过渡阶段，或需要攻克讨论中的难点、疑点的时候，往往喜欢组织有代表性的人士进行座谈，用来指导面上的讨论。《工人日报》在开展《青工为什么不愿学技术》的讨论中，曾组织3次座谈会，分别邀请工人、领导干部和全国职工教育先进单位的代表，从不同角度探讨问题的症结所在以及应该采取的对策等等，有效地推动和深化了讨论。

重视不同意见。民主是问题讨论的必然要求。没有民主，也就无所谓讨论，也不可能搞好讨论。发扬民主的核心问题，是要重视不同意见。只要是在宪法和法律所允许的范围内，不同意见包括反面意见也应当给予发表。由于主客观条件的差异，人们对一个问题总会产生不同的看法。不同看法之间的交流乃至交锋，有利于人们深化和完善对一个问题的认识。讨论中的"一面倒"现象不符合客观实际，也不利于人们畅所欲言，会妨碍讨论的展开和深化，所以必须加以防止和克服。

问题讨论的结束，以读者比较充分地发表意见为依据。结束时，应该对讨论的情况进行认真的回顾和总结,包括综述来稿情况,归纳主要意见,阐明是非曲直,以加深读者的印象,巩固讨论的成果。对于一些尚有争议的问题,报纸不适合表态的,可以鼓励读者在今后的实践中继续探索。总结可以由编辑部行文,也可以邀请有关领导或专家撰稿。后者的长处是具有权威效应,读者容易产生认同感。

问题讨论结束后,如果遇到读者提出的意见或建议被有关部门采纳,应该及时加以突出的报道。这样做,可以使读者看到问题讨论的作用,激发今后参与讨论的积极性。

思考与练习

一、问答题

1. 报道策划的含义与作用是什么?
2. 报道策划要遵循哪些原则?最重要的原则是什么?
3. 报道策划最宝贵的品格是什么?
4. 阶段性报道策划的主要任务有哪些?
5. 专题性报道策划的选题原则和策划要点是什么?
6. 即时性报道策划的难点何在?怎样解决?
7. 报道策划诸种方法各有什么特点?
8. 问题讨论的选题依据是什么?

二、思考题

请分析评价下列报道规划。

《人民日报》社会版2010年报道规划

今年社会版,将继续立足民生报道,为推进社会体制改革、扩大公共服务、完善社会管理、促进社会公平正义,略尽绵薄之力。

抓事件、做监督,当好社会公共"预警器"

新闻界有句话流传甚广:一千个人的死亡是数字,一个人的死亡是悲剧。

《共产党宣言》中提出,每个人的自由发展是一切人自由发展的条件。关注民生,要抓具体的事件,要关注每个活生生的个体。

2009年以来,社会版陆续推出了南京徐宝宝事件、广西米粉事件、河南农民工非法讨薪事件、东莞爬窗免职事件、武汉信义兄弟感人故事等等事件型报道，社会反响很好。2010 年，社会版仍将继续抢抓民生领域的事件报道。挖掘细节，关注个体的命运，对于社会不良现象，力争做到敢于监督、善于监督。力争从建设性的角度展开批评与表扬，激浊扬清，既不漠视，又不煽动，做好社会的"预警器"和"减压阀"。

领域上，社会版的报道将集中在就业、收入分配、医疗卫生、社会保障、社会稳定、环保生态等社会建设领域的进展上。房价楼市、看病报销等等与老百姓生活息息相关的领域，毫无疑问，也将是我们的重点关切。

方法上，力争抢抓"第一落点"，多做"延伸追击"。在坚持抓独家新闻的前提下，在深度、权威上下工夫，力争做到"人无我有，人有我优"。在影响民生的突发事件面前，力争做到不乱语，不失语；在新闻竞争激烈、内容同质化严重的背景下，避免千报一面，在选角度和抓表达上下工夫。

重栏目、树名牌，擦亮社会观察"显微镜"

2010 年，社会版将继续打造好业已初具影响的品牌栏目，探索出独具特色的报道模式。

"民生三问"栏目以"显微镜"的姿态聚焦社会热点难点，突出深度分析，已成为社会版的拳头产品，转载率很高，在读者中间产生了很大影响。

这个栏目以当下老百姓最关心的民生热点为话题。围绕该话题，精心设计 3 个问题，采取编辑和记者对话的形式，对话题进行探讨和展开。从内容上看，体现了严肃报纸抓核心新闻的职责；从形式上看，是对电视媒体常采用的主持人和前方记者连线模式的借鉴。除有效引导舆论、使报道走向深入外，该栏目也有望成为培养名编辑、名记者的平台。

"民生观"栏目抢抓第一观点，力争成为社会舆论的定盘星。一般的言论栏目，在形式上往往侧重于突出观点，不能让读者一下子明白因何事而评。"民生观"将事件做进肩部，更好地做到新闻性和评论性的统一、报道事实与表达观点的统一。同时，栏目配以主题漫画的形式，增加了可读性。

"见解"栏目与经济、政治、文化已有的"感言"、"声音"、"新语"相匹配，刊发民生领域重要人物的思想观点，紧扣新闻，突出高端。"见解"栏目将改变以往零敲碎打的姿态,今年将紧扣新闻话题进行系统性包装,让权威者发声,争议者表达,引领社会舆论。

助民生、重参与,做好社会建设"助推器"

改革开放 30 多年,我国政治领域、经济领域、文化领域建设都取得了长足进步,社会建设领域方兴未艾。

社会版的创办宗旨,便是报道社会建设,推动社会建设。

2010 年,社会版将从社会公益切入,保持关注,并做好相关的研究和探索。

2009 年,社会版曾经形成了这样的公益报道模式:首先,发现典型的人物。比如"80 后最美乡村女校长"系列报道,便是由地方分社记者首先发现了女校长李灵这位符号性人物,进行报道;然后,着眼解决问题,进行下一步跟踪。报道推出的第二天,两家基金会立即承诺帮助李灵及留守儿童,河南地方政府及慈善人士的援助不断涌向李灵,社会版对此进行了追踪报道,使李灵学校境况得到改善。最后,将报道重点拓展到符号人物背后需要帮助的群体。在关注李灵的同时,其背后 5 000 万留守儿童的生态自然浮出水面,社会版推出《谁来点亮留守儿童的童年》,引起强烈反响与其他媒体的跟进。

今年,我们在关注具体事件的同时,对现代公益理念、公益组织的健康成长、社会事业的架构机制等深层次的问题,做深入的调研和了解,以期感受风向,把握趋势。

三、练习题

如果您是《交通安全报》的编辑人员,阅读下列稿件后,您认为下一步该怎么报道,请提出设想。

究竟该给多少分?

编者按 4 月 23 日,由局安监室和局机关党委牵头组织的船舶安全检查小组,对在港的 8 艘客、货、油轮进行了夜查。本报记者兵分四路随同查访,现将所见所闻实录于下。被查船舶在这次"突袭"中究竟能得多少分,读者自会评判。

开平、北票码头

18 时 15 分,开平码头"泰顺轮"。

梯口无值班一水,卸盐的各舱口及船首船尾,亦不见水手踪影。

机舱里,值班机匠涂醒正在察看设备运转情况;老木匠杨国清忙碌地在调整压舱水。

步出机舱,一船员匆匆跑来说,他是当值一水,名叫汤佩强,刚从船头看缆绳回来。当记者说已在船头看过并未见他时,他显得有点尴尬。

据值班大副顾岳云介绍,今晚是政委值领导护班船。当寻政委不见时,大副说政委去打电话了。这条船3月2日从上海开船,跑三角航线,当天刚抵上海。18点50分政委还未回船,检查组离开该轮。

19时,检查组在北票码头踏上"森海四轮"。

值班一水钱群豪迎面走了上来。问他为何没佩值班袖章,他连说忘了,下次一定改正。

机舱里,三管轮孟庆东和机匠鲍文斌正在修理辅锅炉的点火设备。

检查值护船班人员情况,均符合局有关规定。但是电匠杨自信的房里,见他正在用电茶壶放在塑料地板上烧开水。一旁的船员解释,该轮锅炉带病工作已8个月,厨房不能供应充足的开水,故只能自己烧开水喝。检查组来到厨房,打开保暖桶龙头,水较烫,约60—70度。在大副房间也发现电炉。

船尾国旗未降。

中华南栈、北栈

18时25分,检查组一行4人登上停靠在中华南栈的"振奋十二轮"。

该轮正在卸煤,当值一水问明情况后引见大副,但没有让来人登记。

大副李明余是这天刚上船的,他说当晚值护船班船员应有12名。经检查,实际甲板5人,轮机部3人,无电工。船领导应是轮机长值班,但他不在。政委约12时回船。检查组随大管轮下机舱,舱内无人。大管轮说:"机匠上去打水了。"10分钟后,值班机匠回机舱。查看车钟记录本,发现该轮3月30日海上遇雾,但未有减速记录。

该轮国旗未降。

18时15分,来到中华北栈"郑州轮"。

梯口无人。检查组上楼找到当班驾驶员二副曹忠耀,他是上个航次上船的。船上3领导都不在。问了其他船员后,得知当晚船领导应是轮机长竺祥本值班。当晚该轮甲板5个值班,机舱3人,无电工。

检查组下机舱,机匠唐铁兵在岗,机舱内油污较多。查看车钟记录,雾航有缓速记录。

汇山码头

18时25分,"方兴轮"。

佩带值班袖章的水手把检查人员引到房里,进行了来客登记。

18时32分至机舱,未见值班人员。打开放在桌上的辅机日志,应在18时填写的巡航记录没有登记;在机舱左后侧的消防箱内无皮龙带;工具板上无任何工具,但电话间里却堆满了剪刀、扳手、榔头等。查看辅机压力表,发现该轮还在沿用早已被国家明文规定不准使用的千克/厘米(平方)计量单位。

18时49分,值班机匠出来。问其:"到哪儿去了?"答曰:"打压舱水去了。"检查组问他:"如果机舱失火怎么办?"

这位叫张免根的值班机匠想了想说:"用F12或者1211。"而该机舱用的是二氧化碳灭火机。

19时12分,检查人员找到了当班驾驶员三副卢光达。问:"甲板部共有多少人员?"答:"23人。""今天应有多少人当班?""7人。"

随即检查组抽查了应当班的三厨郭和平,船员都说没看见郭。在检查过程中,发现该轮主要领导不在船。

20时检查人员来到"长自轮"。

20时12分至机舱,值班机匠奚彼德坚守在岗位。考其机舱灭火知识,只知要救火,却忘了报警方法,对机舱报警器在何地方也全然不知。在辅机日志上,老轨从3月20日至4月23日都未有签阅记载。尔后检查人员又找到了三轨:"今夜轮机员谁当班?"答:"四轨,我是代四轨值班。"而检查组同志在该轮机部护船值班记录簿上得出,这天应是四轨和老轨当值,可检查人员了解到,当天18时多,老轨已下船离去。

高桥炼油厂码头

18时35分,高桥炼油厂码头"大庆四十四轮"。

值班水手佩戴红袖章站在梯口,问明来意,请检查组在记录本上签名。

该轮船领导今晚无一人在船,当值驾驶员也不在船。见习船上葛永林对此现象如是说:"今晚本该是老轨陈健当班,但他有事,我就替他。二副小居是我要他回家的。因明天我派他去通信站换高频电话,可能要一天时间。小伙子还在恋爱,平时到船也没时间,反正今晚我在船。"

机舱锅炉间当值生火穿着拖鞋,经批评当即表示去换掉。

木匠朱斌守在卸油现场。检查组组长陈国平出了几道有关油轮安全的问题考小朱,小朱对答如流。

该轮甲板上皮龙箱的门大多有锈迹,很难打开。国旗未降。卸油时舱口未罩防火网。

19时25分,"大庆三十一轮"。

当值一水站立梯口,当值驾驶员二副王免三在电视室,但船领导无一人当班。二副王免三说,今晚该是船长的班,但船长楼裕明已调走,今中午12时与新来的船长厉兴邦办了交接。厉船长下午随班车离船,说是去取进江证书。检查组于20时30分离船,未见厉船长回船。该轮机舱当值人员均在岗。卸油舱防火罩没放。

第四章

新闻的确认

新闻的确认,就是确定哪些新闻可以传播。这是对新闻进行选择的结果。孔子认为:"可与言而不与言,失人;不可与言而与之言,失言。知者不失人,亦不失言。"同样,可报道而不报道会失去受众,不可报道而报道会失去原则,从这个意义上说,新闻选择的艺术,亦可理解为既"不失人"又"不失言"。

第一节 新闻选择的重要意义

作为新闻编辑过程的第一道工序,新闻的选择具有十分重要的意义。新闻媒体编辑部每天收到大量的新闻,有记者采写的,有通讯社播发的,也有通讯员提供的,其数量远远超过版面和节目的容量。互联网的问世,更是大大丰富了新闻来源。今天的时代,可以说是新闻"裂变"的时代。尽管当今报纸、广播和电视的容量已大为增加,但仍然无法兼收并蓄。为了解决新闻众多与版面、节目容量有限的矛盾,必须对新闻进行选择。网络空间当然比传统媒体大得多,然而面对网络新闻的汪洋大海,广大网民受时间和精力的限制,不可能一一涉猎,同样甚至更需借助编辑的挑选,了解哪些是最重要、最新鲜、最有用的新闻。正如一些学者所说:新媒介较大地拓宽了我们的选择,但是,当我们需要规划和指导时,太多的选择反而会让我们无所适从①。媒介、信息、图像、资料越多,产生错误或"贪污"的可能性越大,越需要职业中间人在信息与传播流中进行检查、分级和选择②。

总体而言,新闻选择的重要意义主要体现在以下三个方面。

一、实现报道宗旨的基本保证

任何新闻媒体的新闻报道都不是无谓之举,都是为一定的目的服务的。作为我国社会主义的新闻媒体,报道宗旨如果用一句话来概括,那就是促进社会主义物质文明、精神文明、政治文明和生态文明的建设。这个宗旨靠什么来实现呢?手段很多,但主要是通过新闻的选择来实现的,因为新闻本身是构成整个报道的基础。新闻选择得好,报道宗旨的实现才有可靠的保证。

湖北《孝感报》闻名全国的"杨小运报道"是一个很有说服力的事例。1981年8月29日,这家报纸收到一位通讯员的来稿,记述农民杨小运以超售万斤粮为条件,要求国家奖售给他一辆永久牌自行车。有关编辑认为,这位农民向国家提出交换条件,思想境界不高,不足为效;何况卖粮数字不大,不足为奇;再说来稿中一些数字也不太清楚,不足为用,于是把这篇稿件当作"废品"处理了。

时任总编辑张仲彩了解情况后,觉得这篇稿件不应该"枪毙",而应该"抢救"。他认为这位农民的想法是一种进步和勇敢的挑战;在刚实行农业生产责任制不久,有关部门和社会舆论都担心农民不愿将粮食平价卖给国家,这位农民作出了很有说服力的回答;至于稿件中的模糊之处,了解一下并不难。这样,他将稿件编发了。

消息一见报,在全地区引起了轰动。杨小运所在县的县委、县政府当即决定:凡超售万斤粮的农户,都可以享受名牌紧俏商品的奖售。随着这一报道的展开,这个县有1 100多户农民卖粮达到奖售标准。商业部门将原先"开后门"批的条子一律冻结作废,把库存的紧俏商品拿出来兑现奖售。

---

① 斯蒂芬·李特约翰、凯伦·福斯著:《人类传播理论》(第九版),史安斌译,清华大学出版社2009年版,第339页。

② Dominique Wolton, *Mensonges, médias et communication*, http://www.wolton.cnrs.fr.

不久,《人民日报》、新华社、中央人民广播电台同时报道了题为《农民兄弟要"永久""永久"工人要尽责》的消息,在全国掀起了"工农互相促进、各自挑起重担"的热潮。杨小运这位普通的农民成了全国的先进典型,连美国的通讯社也刮目相看,作了报道。这篇原先几乎弃之不用的新闻,对于促进生产、弘扬新风,无疑起到了积极的作用,后来被评为全国好新闻。这是成功的经验。

也有失败的教训。2010年3月28日,山西王家岭煤矿发生透水事故,150多名矿工被困井下,情况万分危急,广大民众每天都在期待矿工获救的消息。4月5日凌晨,经过数千名搜救人员7天多的昼夜奋战,首批9名矿工获救升井,创造了难以想象的奇迹。第二天一早,各大报纸、新闻和商业网站几乎都在显著地位予以报道,但是有一家重点新闻网站的首页,却没有刊登这篇重要新闻。以人为本、关爱生命,这是媒体的神圣使命。当广大民众都在关注着那么多生命的时候,媒体未能及时报道相关的重要信息,这不能不说是一个大的失误,它给网民留下的负面印象是可想而知的。

这些事例从正反两方面说明了新闻选择对于实现报道宗旨的重要性。

来到新闻媒体编辑部的新闻,就其所反映的事实或意识而言,有些是与一定的报道目的相符合的,有些却不尽然,有些甚至背道而驰。同时,这些新闻作为主观对客观的反映,总是或多或少、或明或暗地带着作者的定见,这些定见也并非都与一定的报道目的相一致。为了保证报道宗旨的实现,编辑人员首先必须在新闻的选择上把好关口。

二、形成报道特色的基本保证

任何新闻媒体都要求自己的新闻报道具有独特的个性,以吸引和扩大受众群,赢得竞争的主动权。

应该说,形成报道特色需要各道工序的配合,需要作出多方面的努力。因为报道特色作为一个总体概念,其构成因素是多元的,包括文字表达的特色、标题制作的特色、编排设计的特色等等。然而起决定作用的是新闻内容本身,是新闻的时效性、接近性、重要性、显著性、趣味性,以及各类新闻的结构与比例等内容方面的特色,否则其他特色就成了无源之水、无本之木。来到新闻媒体编辑部的不少新闻,往往不是专门为某一媒体采集的;即使定向采集的,也不一定都符合特定媒体的要求。因此,新闻报道的特色只有通过选择才能得到有效的保证。

美国《纽约时报》被认为是一份报道比较严肃的报纸,而这种报道特色在很大程度上取决于新闻的选择。例如,在英国王妃戴安娜车祸遇难两天后,这家报纸发了一条较简单的消息和一张照片,与《华盛顿邮报》等许多报纸形成了鲜明的对照。如果时间比较充裕,是不是报道会增加一些呢?当有人提出这样的问题时,这家报纸的总编辑微微一笑说:"老实说,我可能报得更少。"据《参考消息》报道,在美国报业普遍不景气的情况下,多数大城市的报纸采取减少版面或降低品位以吸引电视观众和小报读者,但《纽约时报》仍然是一份严肃且数量在扩大的报纸[①]。

三、提升报道水准的基本保证

新闻编辑作为一个加工过程,包括好几道工序。这些工序都承担着优化新闻报道的任务,然而其地位是不一样的。新闻的选择居于支配地位,它制约着新闻的梳理、标题的制作、报道的配置与合成等诸道工序;而其他几道工序处于从属地位,被新闻选择这个环节所左右。新闻选择得当,有了好的基础,新闻的梳理、报道的合成等才可能收到好的效果;否则就没有这种可能性,甚至还会帮倒忙。

试想,一篇社会效果消极的新闻,如果标题做得十分生动,版面、节目或页面给予突出处理,很引人关注,它的负面影响不就更大了吗?目前社会上流行的某些格调低下的小报,其煽情性的标题和刺激性的编排,正是起了"助纣为虐"的作用。

总而言之,新闻的选择关系到报道的方向、特色和质量。新闻编辑过程的各道工序都是在把关,而新闻的选择是带有治本性质的把关。它不仅在新闻编辑的工序上位居第一,而且就其重要性来说也是居于首位。《解放日报》原副总编辑陆炳麟认为:"选稿是'把关'中最难的一'关',是新闻编辑学中最难学的一章。"最重要又最难,这就更需要编辑人员予以重视。

---

① 《纽约时报总编的选择》,《参考消息》1997年10月7日第6版。

第二节 新闻选择的基本依据

新闻的选择既然如此重要,那么应当根据什么来确定新闻的取舍呢?对这个问题,国内一些专家学者作了认真的研究,发表了不少很有见地的观点和看法,其中影响较大的是"双重评价论"和"八看说"。

"双重评价论"是中国人民大学新闻学院郑兴东教授等提出的。在他们编撰的《报纸编辑学》一书中指出:编辑选择新闻,首先要对新闻可能产生的社会效果的好坏、利弊作出评价,即作出社会评价。作为社会主义的报纸,为最大多数人的根本利益服务,是对新闻进行社会评价的最根本的标准。其次,要对新闻进行新闻价值评价,就是要选出最具有新闻价值的新闻,而舍弃没有新闻价值或相对来说新闻价值比较小的新闻。

"八看说"是复旦大学新闻学院叶春华教授在《报纸编辑》一书中提出的。他肯定了编辑方针和各个时期的宣传报道要求对于选稿所起的决定作用,同时根据我国当前的实际情况,提出了一般报纸选择稿件的标准,并将它概括为"八看",即:① 看稿件是否反映有关党和国家的大事,或国计民生的重大问题;② 看稿件是否反映当前实际工作中迫切需要解决的重大问题,特别是政策问题、思想问题、理论问题;③ 看稿件是否反映广大人民群众一致而迫切的呼声、意见、愿望和要求;④ 看稿件是否反映当前各战线、各部门涌现出来的新成绩、新纪录、新成就、新创造、新发现;⑤ 看稿件是否反映当前实际生活中的新情况、新动向、新问题、新经验,并提出了新见解;⑥ 看稿件是否反映新人、新事、新道德、新风尚;⑦ 还要看稿件写得是否真实、扎实、朴实,言之有物,言之成理,言之成章等;⑧ 还要看稿件写得是否富有时效性、知识性、趣味性,是否与本地区、本行业、本阶层的关系特别密切等。如果是的,就要优先选用。

如果说"双重评价论"的特点是着眼于新闻稿件,理论色彩较浓,扼要易记,那么"八看说"的特点是可操作性强,通俗易学,还能为选择非新闻稿件所用。两者各有优势,具有较强的互补性,而且都适用于今天的情况。

这里准备从社会规范和受众需要的角度作一探讨。

一、社会规范

新闻的选择必须遵守一定的社会规范。社会规范是指导和约束社会日常活动的公共规则，是维护社会秩序的基本手段。不同的社会制度，具有不同的社会规范体系。新闻的选择只有遵守一定的社会规范，才能为一定的社会所接受。这里要求的是新闻报道不能"失言"。

1. 遵守政治规范

政治规范是社会规范的主导。在我国社会主义初级阶段，新闻的选择要遵循这一阶段的一整套政治规范。其中最根本的，是要服从社会主义的思想体系和领导核心。也就是说，要积极传播而不能违背马克思列宁主义、毛泽东思想、邓小平理论、"三个代表"重要思想和科学发展观，要始终坚持而不能背离共产党的领导，包括党所制定的路线、方针、政策。社会主义的思想体系和领导核心，集中代表了最大多数人民的根本利益。背离这一思想体系和领导核心，就从根本上违背了广大人民群众的利益，因而是不能允许的。

从现实情况看，在新闻的选择中，真正背离社会主义的思想体系和领导核心的做法是十分少见的。这方面的问题当然应继续引起高度的注意，但是对于党的机关报和具有相似性质的新闻媒体来说，更需要注意的是不能遗漏反映党和政府重大活动、重要主张的要闻，不能遗漏反映党和国家领导人重要活动和重要指示的要闻。这些新闻不但具有很高的新闻价值，而且传递党和政府的重要声音，具有很强的指导性。

同时，还要注意不能刊播与现行政策不相符合的新闻。1997 年 7 月 18 日，有家报纸刊登题为《一条路修通了干群心》的稿件，记述河北省有个村的领导班子通过修路，密切了干群关系。在说到筹集修路资金时，肯定了这个班子推行的"双田制"，即收回 1 000 亩承包田，一次收取两年承包费 20 万元，解决了修路的大部分费用。"双田制"实际上是取消联产承包制合同，把大部分土地从承包户手中抽回来，只给各户留下部分口粮田，谁要想多种田，就要再交钱。这种做法加重了农民的负担，动摇了党在农村的基本政策——联产承包制，发展下去不仅损害农业生产，还会引起社会的不稳定。中央有关部门对此提出了严肃的批评。

2. 遵守法律规范

法律规范是社会规范的主体。法律规范作为一个体系，有一定数量的外部表现形式。我国宪法明确规定了各级国家机关制定的主要规范性文件的名称，包括：宪法、法律（分为基本法律和法律），行政法规，指示，规章，地方性法规，决议，命令，自治条例，单行条例。同时，宪法还规定了它们的法律效力，以及它们之间上下左右的相互联系，并着重指出："一切法律、行政法规和地方性法规都不得同宪法相抵触。"这说明，新闻的选择必须遵守宪法，以宪法为法律规范的根本；同时还应当遵守与宪法精神一致的一切法律、行政法规和地方性法规。

根据2002年2月1日起施行的我国《出版管理条例》的规定，从总体上说，在新闻的选择中，不得选用含有下列内容的新闻：① 反对宪法确定的基本原则的；② 危害国家统一、主权和领土完整的；③ 泄露国家秘密、危害国家安全或者损害国家荣誉和利益的；④ 煽动民族仇恨、民族歧视，破坏民族团结，或者侵害民族风俗、习惯的；⑤ 宣扬邪教、迷信的；⑥ 扰乱社会秩序，破坏社会稳定的；⑦ 宣扬淫秽、赌博、暴力或者教唆犯罪的；⑧ 侮辱或者诽谤他人，侵害他人合法权益的；⑨ 危害社会公德或者民族优秀文化传统的；⑩ 有法律、行政法规和国家规定禁止的其他内容的。此外，以未成年人为对象的出版物不得含有诱发未成年人模仿违反社会公德的行为和违法犯罪的行为的内容，不得含有恐怖、残酷等妨害未成年人身心健康的内容。

根据2005年9月25日起施行的《互联网新闻信息服务管理规定》，有关新闻单位和非新闻单位①转载新闻信息或者向公众发送时政类通讯信息，应当转载、发送中央新闻单位或者省、自治区、直辖市直属新闻单位发布的新闻信息，并应当注明新闻信息来源，不得歪曲原新闻信息的内容。非新闻单位互联网新闻信息服务单位，不得登载自行采编的时政类新闻信息，包括有关政治、经济、军事、外交等社会公共事务的报道、评论，以及有关社会突发事件的报道、评论。互联网新闻信息服务单位应当记录所登载、发送的新闻信息内容及其时间、互联网地址，记录备份应当至少保存60日，并在有关部门依法查询时予以提供。

---

① 有关新闻单位是指新闻单位设立的登载超出本单位已刊登播发的新闻信息、提供时政类电子公告服务、向公众发送时政类通讯信息的互联网新闻信息服务单位；有关非新闻单位是指非新闻单位设立的转载新闻信息、提供时政类电子公告服务、向公众发送时政类通讯信息的互联网新闻信息服务单位。

根据 2008 年 1 月 31 日起施行的《互联网视听节目服务管理规定》，互联网视听节目不应存在《出版管理条例》规定不得含有的内容；互联网视听节目服务单位播出时政类视听新闻节目，应当是地（市）级以上广播电台、电视台制作、播出的节目和中央新闻单位网站登载的时政类视听新闻节目；互联网视听节目服务单位不得允许个人上载时政类视听新闻节目，在提供播客、视频分享等上载传播视听节目服务时，应当提示上载者不得上载违反本规定的视听节目；任何单位和个人不得转播、链接、聚合、集成非法的广播电视频道、视听节目网站的节目。互联网视听节目服务单位对含有违反本规定内容的视听节目，应当立即删除，并保存有关记录，履行报告义务，落实有关主管部门的管理要求。

配合法律规范的实施，中央有关部门对新闻报道还会作出一些具体规定，或提出一些具体要求。这些规定和要求体现了法律规范的精神，而且针对性和可操作性强，对新闻的选择具有直接的指导意义，编辑人员应当认真地加以掌握。

例如关于涉密报道，根据国家保密局等制订的《新闻出版保密规定》，新闻出版单位对拟公开出版、报道的信息，应当按照有关的保密规定进行自审；对是否涉及国家秘密界限不清的信息，应当送交有关主管部门或其上级机关、单位审定。对涉及国家秘密但确需公开报道、出版的信息，新闻出版单位应当向有关主管部门建议解密或者采取删节、改编、隐去等保密措施，并经有关主管部门审定。中央有关部门还规定，新闻出版单位不得擅自公开引用、发表新华社有密级的内部刊物上的任何材料。如果认为新华社内部刊物中的某些材料确实有必要公开报道、出版，有关单位应书面向新华社提出解密建议，并征得新华社同意后方可使用。

又如关于公安报道，中央有关部门曾明确规定，正在侦查的案件一般不作报道，个别影响较大必须报道的，需经案件侦查部门及上级主管机关审核同意后，可先发消息，案件终结后再作详细报道；不得刊播卖淫妇女以及被拐、骗的受害女性的照片（正面）、姓名及图像；各地发生的火灾、交通事故，涉及国家机密的不得公开报道。

再如关于民族宗教报道，中央有关部门曾指出不要随意涉及民族和宗教问题，必须涉及的，应征求民委或宗教事务管理部门的意见。

这些规定和要求，是有关法律规范在新闻报道操作中的具体化，同样应当成为新闻选择的依据之一。由于这类规定和要求面广量大,并且随着实践的发展变化而有所增减和完善,编辑部门应及时向编辑人员传达,而编辑人员则应经常主动地加以了解。

新闻不合法律规范的现象,有些是明显的,容易发现;有些却是隐蔽的,不容易发现。而且,随着法制建设的深入发展,法律规范不断增多,需要防范的现象有增无减,更增加了发现的难度。为了解决这个矛盾,编辑人员在新闻选择的过程中,必须用是否符合法律规范这一标尺去衡量每篇新闻,必须多考虑新闻内容的合法性。

前些年,有些报纸刊登了这类消息:《农民"报人"施福明自办小报为乡亲》,《十年辛苦词晶莹——记〈小水珠词报〉创办人郁义秋》,《徐虎事迹图书集和宣传画出版》。据调查,这些消息涉及的出版物都没有办理正式出版手续,都是不符合出版法规的。像这类新闻内容的不合法性,就具有一定的隐蔽性。编辑人员只有常备不懈,才能有效地防止选择的失误。

这里还需要一提的是,在新闻的选择中,不能忽略图片新闻的合法性。如今,新闻照片所具有的视觉优势,使图片新闻数量激增,而图片新闻中同样存在着不合法现象。

在《未成年人保护法》实施以后,有家报纸曾刊登一幅新闻照片,反映某工读学校一名管教人员深入寝室,与一名失足少年促膝谈心,做思想转化工作,其情景很感人。然而,在管教人员的右手上却夹着一支点燃的香烟。依照《未成年人保护法》的规定,任何人不得在中小学、幼儿园、托儿所的教室、寝室、活动室和其他未成年人集中活动的室内吸烟。可见,这张照片中"抽烟"的细节是不合法的行为。又如,早在1987年开始实施的《中华人民共和国渔业法实施细则》明确规定:"禁止使用电力、鱼鹰作业。在特定水域确有必要使用电力或者鱼鹰捕鱼时,必须经省、自治区、直辖市人民政府渔业行政主管部门批准。"而前些年却有好几家报纸刊登鱼鹰在非特定水域准备捕鱼的照片,这也无形中报道了一种不合法的行为。

新闻照片引人注目又通俗易懂,它所传播的内容的不合法性可能比文字报道更容易产生负面影响。因此,在选择新闻照片时,也要注意用法律规定加以认真的检验。

编辑把好法律关还要有勇气和主见。对于不合法的稿件,不能因为领导拍板而放弃责任,也不能因为其他传媒已经报道而盲目行事。

一次,某省成立一所民办大学,有领导出席挂牌仪式,所在省的大报和中央有关报纸都发了消息,但该省教育报的编辑了解到国家有关部门没有下发准予办学的批文,就顶住压力,不予发表。这种坚持原则、敢于维护法规尊严的精神是值得倡导的。

3. 遵守道德规范

道德规范是社会规范的重要组成部分。各行各业都有职业道德作为自律的准则。我国新闻职业道德体现了各行业道德的基本精神,是新闻确认应遵守的基本道德规范。新闻职业道德内涵丰富,从目前情况来看,在新闻选择这个环节上,尤其要力行其中的实事求是和清正廉洁。

实事求是是我国新闻职业道德的基本要求,也是新闻报道取信于民的根本所在。实事求是的对立面是弄虚作假、哗众取宠。多年来,新闻媒体刊播虚假新闻的现象并非个别。如:《屠夫使尽招数 肥猪百杀不死》,《兰溪老翁嗜喝墨汁》,《活蛇从口钻进胃 射阳一农妇丧生》等等。这类假新闻屡禁不绝,严重损害了新闻媒体的形象。究其原因,从编辑工作角度来看,有些是由于客观上难以识别,但也有些是由主观上的猎奇心理造成的。

有一个很典型的事例:1990 年代中期,深圳一家杂志曾刊登数则以"预透社新闻"为来源的消息,并加按语说明这些并非是发生的新闻。在刊登《第一个犯有"见死不救罪"者被判刑》这一消息时,该刊同时注明"预透社新闻 NO.010 1998 年 6 月 9 日深圳电"字样,文中写道:"深圳市中级人民法院判处见死不救而被起诉的林自强有期徒刑两年,这是我国施行'见死不救罪'以来第一个被判刑的人。"按理说,这是一篇明白无误的虚构新闻,即使不知道我国现有刑法中根本没有"见死不救罪"这一条款,看了奇异的电头特别是远未到达的日期,也会发现其中的问题。然而,全国有多家新闻媒体包括有的著名的新闻媒体都予以转载,并且省略了电头,也未加任何说明,使不少受众误以为是真实的新闻。这种明显传播虚假新闻的现象,可能是由多种因素造成的,但一味猎奇以致无视事实真伪不能不说是一个重要原因,而缺少实事求是的态度是其思想根源。

也有正面的事例。一次,《扬子晚报》有位副总编辑看到一篇记述某老人钓鱼获宝的新闻。其中说到这位老人钓鱼无获欲回家时,感觉钓竿突然拉不动了,以为钓着了大鱼,便慢慢拉上来,结果是一个夜壶,壶里有一条鱼;于是敲开夜壶,把鱼带回家;等到剖开鱼腹,竟发现一枚金戒指。这位副总编辑觉得事情太离奇,就把稿件压了下来。可是数天后,全国多家报纸刊登了这篇稿件。他想难道是自己漏了一篇好稿?便派记者下去调查,终于查清了事实。原来这个作者多次投稿不中,就编造了这个故事,多处投寄,果然有效。这个事实再次说明,奇闻是假新闻的高发区,猎奇取宠心理容易被造假者利用,只有坚持实事求是的负责态度,才能有效地抵制假新闻,维护新闻媒体的信誉。

防范虚假新闻,必须注意消息来源的可靠性。美国纽约十一频道电视台2007年1月29日接到一名观众投诉称,她发现在布鲁克林区"新福建"餐馆购买的外卖"芥蓝鸡肉米饭"中有老鼠肉。当天,该电视台在未经任何检验求证情况下,以《令人作呕的食物》为题播出独家专题报道,结果使中餐馆蒙受损失,遭到纽约华人的集体抗议。美国广播电视新闻制作人协会对消息来源的评估提出这样一些问题:消息来源是如何获得信息的?是否能通过政府档案或其他文献证实消息来源提供的信息?是否能通过进一步的报道或别的消息来源来核实这一信息?消息来源过去的可靠性和声誉如何?消息来源提供信息的动机是什么?记者同消息来源的关系如何?为什么使用此消息来源?此消息来源的使用是否过度?记者是否会被此消息来源操纵?还有别的人能帮助记者查证消息来源提供的信息吗?路透社认为,两个或更多消息来源要好于一个消息来源。该社规定,使用单一匿名消息来源的报道应是例外,并需经主管批准,其信息应受到特别详细的审查,以保证不被消息来源操纵①。这些做法和经验,对我们具有一定的参考价值。

这里还需强调,在报道科技成果时,不能满足于研究人员自己的描述和上级领导的肯定,而必须按照国际科技界的惯例来判断这项成果的真伪和水平高低。按国际惯例,一项成果在权威的学术杂志上发表才算是初步正式确认,因为它在发表前得到了该领域权威们的审校。如果仅在新闻发布会或在普通国际会议上宣布某项成果,这一成果的可靠性通常要受到怀疑。也就是说,在科学家就有关问题的论文在相当级别的学术刊物发表前,新闻媒体不要轻易报道这一事件。

清正廉洁对于新闻的选择也十分重要。清正廉洁要求秉公取舍稿件,不以稿谋私,这就可以有效地防止有偿新闻、偏袒新闻等病态新闻

---

① 张家东:《西方媒体防范虚假报道的做法和经验》,《中国记者》2009年第5期。

进入传播渠道,从源头上保证新闻的公正性和纯洁性。

有偿新闻是一种以获取被报道方钱物为特征的新闻。一个时期以来,尽管从中央到地方都三令五申,有偿新闻仍屡禁不止,有的新闻机构甚至愈演愈烈,发展到电视新闻明码标价,而且下发通知要求执行。这种稿钱交易、稿物交易的不正之风,与假新闻一样,祸及新闻单位的声誉,腐蚀社会风气,为社会所深恶痛绝。前些年有位总编辑说:"当前新闻媒体已成了社会'攻关'(公关)的焦点,把广告当新闻,请客送礼拉关系、争版面的事层出不穷。人情稿、关系稿能把报纸淹死。对这类稿子,今天'照顾'一条,明天'照顾'一条,这个报纸就完了。"产生有偿新闻的原因是复杂的,对这一顽症需要综合治理。而由于有偿新闻都是通过编辑人员的选择才得以刊播的,因此具体到编辑流程,首先要在新闻选择这个环节上严格把关。编辑人员应当摒弃拜金主义,不给有偿新闻开绿灯。

制止有偿新闻,需要编辑人员廉洁自律,也需要编辑部门提供制度上的保证,以规章制度促自律,以规章制度促治劣。

全国新闻系统"加强职业道德建设制止有偿新闻"示范单位新民晚报社,前些年为净化版面制定了一些新的规定:① 除体育版按政策可以适当接受社会赞助外,其他各版一般不得设立协办"头花",不搞社会和企业的赞助;② 不得以新闻报道的形式为企业或产品做广告;③ 新闻版面为读者提供的市场信息,重点应放在宏观指导、服务读者、具有普遍意义的信息上;④ 实行记者、编辑、部主任、副总编辑、总编辑把关责任制;⑤ 实行差稿、差版面评选制,凡内容有失公正、违反版面净化要求的稿件和版面一律评为差稿和差版面,并与处罚相结合;⑥ 在报社每天召开的编前会上,对各版面的净化工作进行评定,发现问题,及时纠正。

《华西都市报》也曾作出具体的规定:对于任何以新闻形式出现的广告稿件,每一关都有"枪毙"的权力。一旦在版面上出现,写稿编稿的记者、编辑、部主任及签发稿件的总编辑或副总编辑、版面编辑,每个人都按每字一元从重处罚。同时规定:凡无重要新闻价值,无可读性、一般读者不关心的一厂一店一种产品的新闻不能见报。综合报道中不能只突出一个厂家或品牌,至少须点名报道3家以上;不能点了厂家再点其品牌或点了品牌再注明厂家;不能详写厂家、品牌的地址、电话和该产品的全部特点;一个产品和厂家也不能出现两次以上;不能夸大某一产品,贬低某一产品。

这些规定,不仅责任到人,而且落实到稿件,具有很强的可操作性。实践的结果,有效地制止了"有偿新闻"。诚然,这两家报社的具体做法需要在实践中改进和完善,但是这种着眼于制度建设,着眼于规章制度的可操作性的思路,应该说是可取的。

所谓偏袒新闻,是指支持和保护错误一方的新闻。这种新闻数量很少,但传播出去影响很坏。新闻是以公正赢得社会认同的,对于偏袒新闻,编辑人员同样必须恪守职业道德,严加制止。偏袒新闻反映的不是光明正大的事情,因而往往要通过"走后门"进入编辑部,这就与有偿新闻发生了联系。从这个意义上说,抵制有偿新闻,也有利于抵制偏袒新闻。

按照《出版管理条例》的规定,出版物的内容不真实或者不公正,致使公民、法人或者其他组织的合法权益受到侵害的,其出版单位应当公开更正,消除影响。报纸、期刊发表的作品内容不真实或者不公正,致使公民、法人或者其他组织的合法权益受到侵害的,当事人有权要求有关出版单位更正或者答辩,有关出版单位应当在其近期出版的报纸、期刊上予以发表。

在遵守社会规范方面,还应十分注意摘转稿件的把关问题。2000年年初,国家新闻出版管理部门鉴于报刊摘转稿件中出现的一些问题,发出了《关于进一步加强报刊摘转稿件管理的通知》,提出了七点要求:

(1)报刊摘转稿件必须牢牢把握政治舆论导向,严格遵守新闻出版管理法规和党的宣传纪律,对所摘转的内容要把好政治关。不得摘转有悖于党和国家方针政策的稿件。刊载涉及国家重大政策、民族宗教、外交、保密等内容,应严格遵守有关规定,必要时要征询有关部门的意见。

(2)报刊摘转稿件应坚持把社会效益放在首位。不得摘转格调低俗、色情淫秽、凶杀暴力、封建愚昧等有害青少年身心健康的内容。

(3)严格遵守办报办刊宗旨,文摘类报刊不得擅自增期扩版或变相出版"一号多报(刊)",不得搞社外编辑部或个人承包,不得转让出版权。

(4)报刊摘转新闻报道或纪实作品等稿件应坚持真实性原则,对其摘转内容的真实性负有审核责任。摘转正式出版物的稿件也应核实真伪。稿件失实一经发现,应及时公开更正,并采取有效措施消除影响。

（5）不得摘转内部资料或非法出版物上的稿件。各报刊社凡摘转稿件，发稿前一律要与原发稿单位取得联系，认真核实，以杜绝非法出版物的传播。

（6）任何报刊不得任意摘转国际互联网上未经核实的新闻和信息。

（7）报刊社要严格实行编辑责任制度、总编（主编）终审制度。报刊社总编（主编）对所摘转的稿件负有政治责任，对其报刊摘转的重大失误或虚假稿件负有直接领导责任，并应得到相应的处分。

此外，最高人民法院2002年10月15日开始实施的《最高人民法院关于审理著作权民事纠纷案件适用法律若干问题的解释》规定，通过大众传播媒介传播的单纯事实消息属于著作权法第五条第（二）项规定的时事新闻。传播报道他人采编的时事新闻，应当注明出处。

二、受众需要

受众是新闻传播直接作用的对象；需要是刺激主体行动的决定因素。新闻的有效传播是以满足受众需要为前提的。这是新闻传播发展的一条基本规律。刊播的新闻不符合受众的需要，受众不愿读、不爱听或不喜欢看，新闻报道的导向功能和经济效益都无从谈起。西方有的学者认为："受众的兴趣是新闻定义的一部分。"[1]这是很有见地的看法。这里要求的是新闻报道不能"失人"。

在当前我国向社会主义市场经济体制转变的时期，新闻传播要接受市场的考验，更应当增强受众意识，更应当考虑受众的需要。满足受众需要应该成为新闻选择的主要依据。

1. 受众需要具有一致性和差异性

中国人民大学舆论研究所于1994年3月对《北京青年报》所做的读者（4015人）调查表明，读者阅读该报的首要目的依次是："增长知识，充实自我"，"了解天下大事，把握社会动态"，"了解各种观点，追踪社会思潮"。

南京师范大学新闻与传播学院于1995年7月对《扬子晚报》所做

---

[1] 〔美〕杰克·富勒：《信息时代的新闻价值观》，新华出版社1999年版，第136页。

的读者(584户)调查表明,该报读者的阅读需求排名前两位的是"了解国内外大事","了解实用信息,增长知识,开阔眼界"。由此可见,尽管报纸的读者对象不尽相同,在了解国内外大事和增长知识方面的需求却是一致的,而且都名列前茅。

《扬子晚报》的同项调查还显示,读者期望加强报道的内容居于前列的是:反映人民群众的呼声和要求(61.5%),追踪热门话题和热点新闻(46.2%),加强舆论监督(43.0%)。而复旦大学新闻学院于1996年1月对该校校报作的读者(358人)调查,也具有较相似的趋向,读者希望加强报道的内容依次为:校园热点问题(61.0%),学生生活报道(51.1%),批评性报道(33.0%)。

《南方周末》2000年所作的读者(62 756人)调查表明,读者订阅或零购该报的原因,居首位的是"内容好看、可读性强"(55.3%)。

在两年之后的2002年,复旦大学新闻学院对上海大学生(602人)进行问卷调查,结果显示大学生订购报纸最看重的因素,也是"内容好看、可读性强",选择该项者几乎占总数的二分之一(48.3%)。

从网站新闻排行榜的比较研究中,也可以发现网民的选择有不少共同点。对照分析人民网2002年8月1—12日的新闻排行榜,可以看到其每天点击率排名前10位的新闻,至少具有三个明显的特点:

一是反映热点事件。当时从世界范围来看,美国准备对伊拉克动武是全球最为瞩目的事件,这方面的一举一动往往触动着世界的神经。其次是美国的"9·11"事件,虽然时间已经过去将近一年,但由于未知因素较多,还存在不少悬念,因而与此有关的新闻也常常会引起世人的关注。就国内而言,台湾问题向来是敏感问题,台湾何去何从一直牵动着国人的心。在新闻排行榜上,反映这些热点事件的新闻数量最多,达34篇次,接近总数的四分之一,而且几乎每天"榜上有名",高峰时一天有5篇之多,占据了"半壁江山",呈现出明显的点击优势。

二是涉及大众利益。这类新闻包括行业新规定的实施、人才供需情况、户籍制度改革和高考录取信息等,与人们的利益存在或多或少的联系。它们在新闻排行榜中达26篇次,接近总数的五分之一,名列第二。

三是反映案件或灾祸。统计显示,这类新闻有18篇次,接近新闻排行榜总数的13%,位居第三。

当然,人民网是新闻网站,又是比较严肃的网站,其新闻排行榜的选择意向是否具有广泛的代表性,需要通过横向比较加以验证。对照分析网友浏览比较普遍的新浪的报道,发现在人民网和新浪同期的新闻排行榜中,有36篇新闻双双"金榜题名",其中绝大多数与前面提到的这些特点相一致,只是次序上有所不同。数量最多的同样是反映热点事件的新闻,共15篇,超过总数的40%。反映案件或灾祸的新闻上升为第二,共14篇,接近40%。涉及大众利益的新闻共3篇,占总数的8%,降为第三;究其原因,不是网友的价值取向发生了变化,而是由两家网站登载高考信息严重不均造成的;如果新浪像人民网一样刊登当年各地高考试题、答案和录取分数线等信息,两者本项的比例很可能也会十分接近。

应该说,两家网站的性质、风格和网民存在较大的差别,但为什么在这些新闻的选择上却出现了惊人的相似呢?

新闻价值理论告诉我们,受众选择新闻是依据其新闻价值的大小,新闻价值的大小决定了受众的多少。新闻价值由重要性、显著性、时效性、新鲜性和接近性等要素组成,这些要素越齐全、越有强度,新闻的价值就越大,吸引受众也就越多。前面这些反映热点事件、案件或灾祸以及涉及大众利益的新闻,不仅具有很强的时效性,在重要性、显著性或接近性方面,也有不同寻常的表现,凸显了新闻价值的多个要素。这是它们能够吸引广大网民的关键所在。

事实说明,受众的需求具有较多的共同性,这些共性的需求是新闻选择首先需要考虑的因素。

当然,不同的受众在需求方面也不尽相同。前述《北京青年报》的读者调查提供了较有参考价值的结论。这项调查认为:从性别上看,男性读者阅报的首要目的是"了解天下大事,把握社会动态",而女性读者则是"增长知识,充实自我"。此外,女性读者在"开阔眼界,丰富人生体验"以及"获得各种实用知识和技能"方面的要求强于男性,而男性读者在"了解方针政策"方面的阅读要求高于女性。

从年龄上看,26岁以上各年龄组读者均把"了解天下大事,把握社会动态"作为第一阅报目的,而25岁以下年龄组读者阅报的首要目的是"增长知识,充实自我"。

从文化程度上看,大学本科及以上文化程度的读者更多地倾向于从报纸上得到理论性、观点性的信息与解释,大专文化程度的读者更多地关注各种社会事件的变动,对于高中及以下文化程度的读者来说,

"增长知识,充实自我"是第一位的读报需要。这种在读报主要目的上由"社会思潮—社会事件—社会知识"的排列顺序,明显地反映出不同文化程度的读者不同的读报兴趣指向。

从职业上看,经济管理人员、机关工作人员、军人的第一读报目的是"了解天下大事,把握社会动态";而领导干部、教科文卫人员、高校学生的第一读报目的是"了解各种观点,追踪社会思潮";对于企业职工、中学生等读者群而言,他们读报的首要目的是"增长知识,充实自我"。

不同地域的受众,需求也并不完全一致。据《新闻出版报》1996年8月26日报道,有关机构对京沪穗深四市居民(6 408人)接触大众传媒的调查表明:北京人喜欢看政治新闻、国际事件、社会评论、健康医疗的比例最高,而关心股市信息的比例最低。上海人对股市信息的关心程度高于其他城市。广州人最喜欢看旅游方面的内容,而对政治新闻和股市信息的关心程度相对较低。深圳人较关心股市信息、经济信息,最喜欢看社会重大事件,但关心国际事件的比例却低于平均水平。广州、深圳喜欢看广告的人明显多于北京、上海。收看中央电视台节目的比例也相差很大,北京为85.3%,上海为62.0%,深圳为48.9%,而广州只有19.5%。

从上面引用的大量调查情况中可以看出,受众需要有共性,也有个性。编辑人员应该全面地把握受众需求,并在新闻选择时切实从受众角度考虑问题。

质量管理中有一种名为"顾客需求 KANO 模型",它给我们把握受众需求提供了新的视角。这一模型将顾客需求分为三类,即基本型、期望型和兴奋型。基本需求是顾客认为产品应该具有的基本功能,如果没有得到满足,顾客就会很不满意;相反,当完全满足这些基本需求时,顾客也不会表现出特别的兴奋。在市场上顾客经常谈论的表现为期望型需求。这类需求在产品中实现得越多,顾客就越满意;相反,当不能满足时,顾客就会表现出极度的不满意。兴奋型需求是那些令顾客意想不到的产品特性。如果产品没有提供这类需求,顾客不会不满意,因为他们通常就没有想到这类需求;相反,当产品提供了这类需求时,顾客会感到非常满意,产生兴奋感[①]。编辑人员掌握这一模型,有助于理

---

① 秦观生主编:《质量管理学》,科学出版社2008年版,第162—163页。

解、分析、整理和满足受众的需求。

2. 及时地、动态地了解受众需求的变化

受众需要有历久不变的一面,也有与时更新的一面。从1993年到1997年,零点调查公司每年都在全国大中型城市进行公众关注的社会热点的调查。结果表明,1993年居第一位的是住房改革,1994年是通货膨胀,1995年是社会治安,到了1997年是失业下岗。显然,随着岁月的流逝,受众关注的社会热点也在不断变化,新闻编辑只有及时了解,才能使新闻报道不断适应受众的需求。

需求虽然属于心理的范畴,是一种潜在的意识,但它必然会通过人们的行为反映出来。当下不少网站设置的新闻排行榜,正是即时、动态地反映受众需求的行为指标。它不仅起到了吸引受众的作用,也给选择新闻提供了重要而有效的参考。现在有些网站对所选新闻进入排行榜前列的编辑予以鼓励,促使编辑关注新闻排行榜,多选符合受众热点需求的新闻,这应该说是一种有益的尝试。

网络的普及和发展,给开展受众调查带来了不少便利,传统媒体要善于利用网络调查受众的需求。2010年2月25日至3月16日,《人民日报》在全国范围内开展读者有奖评报活动,采用报纸问卷和网络问卷两种方式同时进行,吸引了31个省、市、自治区的5万多名读者和网民参加。编辑部收到的两种问卷各占50%左右。评选结果表明,《人民日报》的评论、深度报道受到读者较多的关注,在10个"读者最喜爱的栏目"中,有6个为评论栏目;在30篇"读者最喜爱的新闻作品"中,有17篇为深度报道。同时,不少参评者认为,《人民日报》最应改进的是"提高贴近性"(48%),其次是"加强深度报道"(44%)和"增加独家报道"(31%)。在这次活动中,近2万名参评者还留下了意见和建议。这些留言既肯定成绩,又指出问题、提出建议。例如,有读者认为,《人民日报》应多一些曝光与批评,多一些问责与剖析,就目前人民群众关心的腐败、房价、教育、医疗改革等方面,从现实生活中实实在在的案例出发,分析产生这些问题的深层原因。有些读者建议,《人民日报》应多报道、关注民生,把那些发生在最基层的百姓呼声和民生事件报道出去,与民众的心更加贴近。该报专门组织人员对全部留言逐一整理,从近80万字的留言中汇总、归纳成10个方面的意见。这次大规模的综合性调查,有助于编辑了解所在报纸的核心优势、传统强项和薄弱环节,以及当今读者的阅读喜好,为及时改进工作、提高办报质量提供了重要的参考。

网络调查可以搜集网民的意见,但无法了解非网民的意见。因此,对于传统媒体而言,在进行受众调查时,应该尽量采取网上网下相结合的方法,扬长避短,以提高调查结果的信度和效度。

总之,为了在激烈的竞争中立于不败之地,我们应该通过多种途径,经常关注受众显性的和潜在的需求,并在新闻选择中努力予以满足。

这里还需强调一下认真对待群众来稿的问题。群众身处社会生活第一线,分布面又广,还往往具有旁观者清的优势。认真选用群众来稿,对于开辟新闻来源,扩大报道面,满足受众需要,是十分有利的。2002年6月《上海星期三》开设"上海消逝风景线"栏目,用老图片反映改革开放给上海市民带来的实惠和生活质量的提高,栏目中发表的图片都由市民提供,内容都是市民身边发生的变化,产生了良好的社会反响。

第三节　新闻选择的注意事项

新闻选择需要注意的地方可以列出许多项,这里择要介绍两项。从逻辑上说,这些注意事项与前节的内容有密切的联系,本可以合在一起,现单独列出,是因其重要,有必要加以强调。

一、要有全面的观点

这是就单篇稿件而言的。在新闻的选择中,要全面衡量一篇稿件的利弊得失。这里包括两层意思——

第一层意思是,不能只看到新闻中积极的一面,而忽视了其中可能存在的消极的一面。有些新闻,初看是有利的,仔细分析却发现利中有弊。比如下面这篇稿件:

义务造路十八载　藤桥岙底有愚公

岙底乡有一老"愚公",凭自己的双手,花了18年时间,在山间造了一条石岩路。老"愚公"今年75岁,名叫温周三,家住昏底江池村,村落处在海拔400米的山头,很是偏僻。这里离藤桥镇有15公里远,人们到集镇上办事都要翻山越岭。要翻此岭甚为艰难。这条山路长2.5公里,晴天路稀泥,学生上学都得有人送。

当时才57岁的老温伯看乡亲们如此受难,决心仿效愚公移山,造一条石岩路造福乡里。从此,他不管盛暑寒冬,都肩扛锄头、铁锹,挑石头修路。一次,连下了两天暴雨,将路泥冲垮一段,老人一连干了4天,才将路填平。一晃眼,18年过去了,一条齐崭崭的石路在山间蜿蜒着。

一位老人为了解决乡亲们上集镇和孩子上学翻山越岭之苦,前后花了18年时间,义务造了一条长2.5公里的石岩路,这的确是一件难能可贵的事情。这篇稿件新闻性强,又提倡了一种奉献精神,有积极意义。但是,新闻中看不到村委会和村民们的作用,使人不免心生纳闷:既然是一条要道,路又不短,为什么村委会不出面,村民们也不参与,而只是让一位年近花甲的老伯单干呢?这里存在两种可能性:一是作者为了突出老人的先进事迹而有意回避其他因素;二是村委会不关心群众疾苦,没有动员和组织村民一起筑路。如是前者,应该要求作者补充有关事实,在报道中适当加以交代,以真实地反映事物的本来面目,消除受众可能产生的误解。如是后者,就应当配发言论,在充分肯定老人义举的同时,对村委会的不作为提出严肃的批评,并举一反三,要求各级组织和干部关心群众生活,切实为民众办实事。有的报纸在选用这篇稿件时没有这样处理,其结果很可能是弊大于利。

这种弊端也曾出现在新闻照片中。有一家报纸刊登了一组反映青少年刻苦学习文化知识的照片,其中一幅叫《聚精会神》:几个女孩子一边啃着面包,一边演算着习题;另一幅叫《争分夺秒》:在颠簸晃动的公共汽车里,一个小伙子正看着一本技术书。作者的用意是好的,但反映的这些学习方法却存在缺陷,前者会削弱胃肠消化功能,后者会损害视力,都为学校的卫生守则所不允许。报道的结果,显然也是消极影响居多。

第二层意思是,不能只看到新闻中消极的一面,而忽视了其可以转化为积极的一面。有些新闻看起来是不利的,但通过适当的处理,可以化害为利,这就应该大胆地予以刊播。比如下面这篇稿件:

广西一妇女自己剖腹产婴

本报讯 广西南丹县芝场乡妇女杨胜鸾,怀孕9个月后自己剖腹产下一女婴。

这位产妇40岁,上月25日晚,她肚子剧痛难忍,便拿一把菜刀,自己动手在腹部割了一刀,刀口长达6寸左右。这时其丈夫外出归来,忙来帮助,顺利取出一个5斤重的女婴。

这篇新闻该不该采用?从前些年课堂讨论的情况来看,处理意见截然不同:有些学生认为应该采用,因为它非常少见,很有新闻价值;但多数学生持否定态度,认为新闻报道应该传播科学,倡导文明,这篇新闻反映了一种愚昧无知的行为,与报道宗旨不符,社会效果不好。的确,仅仅从新闻价值角度考虑而选用这篇稿件,可能会产生不小的副作用;但因此而弃之不用,也未必是良策。有的同学认为,如果经过核实,这篇新闻是真实的,可配上编者的按语,指出这件事情成功的偶然性,说明它可能带来的危害性,强调妇女应采取科学的分娩方法,并希望有关方面注意做好关心孕妇的工作。有的同学建议,为了有利于普及卫生知识,可以请妇产科医生谈谈对此事的看法。应该说,这些处理方法不仅有利于消除新闻的副作用,而且可以收到较好的社会效果,不失为变害为利的上策。

全面的观点,要求克服思想上的片面性和绝对化,用开放的态度和辩证的方法来看待事物。利与害作为一对矛盾,在一定的条件下会互相转化。编辑人员只有全面地观察和分析问题,才能趋利避害,对新闻作出恰当的取舍。

二、要有平衡的观点

这是就整个报道而言的。在新闻的选择中,通常要把握好这样一些平衡关系。

1. 重点与一般的平衡

事物的矛盾有主要与次要之分,主要矛盾中又有矛盾的主要方面与次要方面之别。新闻报道作为客观事物的反映,应该有所侧重,应该把事物的主要矛盾和矛盾的主要方面作为报道的重点,"避免使无足轻重的小事比关系公众利益的新闻吸引更多的社会关注"①。否则,就不能正确地反映事物所固有的内部诸因素的地位的不同,就不能击中社会关注的重心,就会大大削弱对社会的吸引力和影响力。当然,重点与一般是相比较而存在的,报道只抓重点,不兼顾一般,同样不能正确地反映事物的本来面目,不能适应当代受众日趋明显的多样化的需求,不利于巩固和扩大受众群,因而也会削弱对社会的吸引力和影响力。在通常情况下,重点与一般的比例以三七开至四六开为宜。

2. 领域、行业及其各构成要素的平衡

进入1990年代之后,我国许多报纸创办了文摘类专版,但其中不少专版选择的内容比较狭窄,有论者将此概括为"五多五少",即:国内材料多,国际材料少;奇闻轶事多,重大题材少;文娱体育多,经济军事少;生活常识多,科技知识少;古今名人多,凡人百姓少。这"五多五少"的现象缩小了报道面,限制了读者的视野,显然需要改变。

再以法制报道为例。全国人大及其常委会制定的法律为数众多,以宪法为依据制定的法律中,与人民群众日常生活关系比较密切的,除了刑法、刑事诉讼法之外,还有民法通则、婚姻法、继承法和各种经济法、行政诉讼、行政处罚以及涉及各有关领域的法律,如水法以及森林、土地、兵役、食品卫生、商标、教育、科技等许多法律法规。但是多年来,一些新闻媒体热衷于报道刑事案件中的大案、要案和奇案等,有些媒体中这类新闻的比例占法制报道的90%以上,而极少考虑贯彻宪法和与人民群众日常生活关系密切的有关法律的报道。不改变这种情况,对于以法治国是不利的。

3. 肯定性因素与否定性因素的平衡

在我们的社会中,先进的、光明的、积极的因素是主要的,报道应以肯定这些因素为主,以鼓舞士气,增强信心。但也不能因此而放弃对那些落后的、阴暗的、消极的因素开展必要的批评。不否定落后的、阴暗的、消极的因素,就难以有效地促进实际工作乃至社会的稳定与进步。中央电视台《焦点访谈》栏目受到上至国家领导人、下至普通百姓的喜爱,这与它加大批评报道的力度、敢于伸张正义是截然分不开的。从实际情况来看,这方面的平衡不容易做到。"家丑不可外

---

① 〔美〕利昂·纳尔逊·弗林特著:《报纸的良知》,中国人民大学出版社2005年版,第373页。

扬",被批评者一般总不会希望新闻媒体公开揭示自己的短处或消极面。这就要求编辑人员坚持原则,讲究方法。作为编辑管理部门,应当支持和激励记者、编辑采编批评性报道。南方日报社早些年就曾明确规定:每周必须有一两篇批评报道上第一版。这种决心和措施是值得肯定的。

当然,批评报道要注意普遍性、针对性和时机性,同时要加强建设意识,以人民日报社提出的"实事求是的作风、与人为善的态度、解决问题的愿望和心平气和的写法"处理批评性报道,力争做到阻力较小,效果较好。1997年11月,中央电视台《焦点访谈》对一些交警乱收费现象进行批评。过后不久,又对一些抗交税的单位和个人进行批评。这就使报道在整体上具有较强的说服力,因为事实上存在着两种截然对立的现象,光批评乱收费,不批评抗交税,不但不能服人,而且会带来很大的负面影响。这种报道方法实际上也是讲究平衡。

此外,还要在法律允许的范围内,注意报道对事物的不同看法。中央电视台英语专家戴维·拉斯本认为,很少有人关注中国的外宣刊物,有一个很重要的原因是西方文化传统中,对于不同观点的争论很重视,但是中国的外宣刊物争论较少,往往是一边倒地说好话[①]。这里虽然批评的是我国的外宣刊物,意见也未必全对,但对于国内其他新闻媒体而言,不无启迪意义。

报道平衡是对新闻媒体的共同要求。综合性媒体反映面广,涉及经济、政治、军事、科技、教育、文化、体育、卫生等各个领域,涉及工业、农业、商业、交通运输等各个行业,自然要注意报道平衡。但这并不是说专业性媒体就不存在报道平衡的问题。专业性媒体虽然反映的是一个领域或行业,但是在这个领域或行业内也涉及各种因素。比如教育,按教育层次分,有学龄前教育、小学教育、中学教育、大学教育,还有成人教育;按教育内容分,有德育、智育、体育、美育,还有劳动教育;按教育工作分,有教学工作、科研工作、后勤工作,还有思想政治工作,等等。这些项目中还可以分出许多小项,比如教学工作,又可分为文科教学、理科教学、课堂教学、课外辅导、教学评估、教学改革,等等。作为教育类新闻媒体在报道时,就不能不考虑和兼顾这众多的方面。

---

① 陈萌沧、商汉:《外宣突围》,《国际先驱导报》2003年8月1日—8月7日。

报道平衡,当然并不是说每天的报道都要兼顾各个方面。这事实上做不到,受众也不会提出这样苛刻的要求。但是,日报每天的报道应该兼顾较多的方面,每旬或每周的报道兼顾各个方面,这是应该做到的,也是可以做到的。

报道平衡,最终要通过版面、节目和网页体现出来,因而后期的编辑部门和人员必须对此引起高度的重视。但这并不意味着前期的编辑部门和人员可以不予考虑。相反,后期编辑是受前期编辑制约的,前期编辑不能提供多方面的新闻,后期编辑本领再大也无济于事。因此,前期编辑部门和人员同样需要增强报道平衡的意识,给后期编辑部门和人员提供尽可能多的选择余地。

报道平衡的前提是要有各方面的新闻,而来稿的分布往往是不均衡的。这就需要编辑人员主动与记者和通讯员沟通情况,及时调剂余缺,为报道平衡创造良好的先决条件。

最后有必要附带提及一个技术性问题,就是新华社播发的稿件有时由于种种原因而撤销。对于选用新华社电讯的媒体来说,编辑人员必须及时查看有没有这方面的告示,以免误选。

思 考 与 练 习

一、问答题

1. 新闻确认的重要意义体现在哪些方面?
2. 新闻确认的基本依据是什么?
3. 根据我国《出版管理条例》,含有哪些内容的稿件不能选用?
4. 根据目前情况,在遵守新闻职业道德方面,新闻的选择更需要坚持哪些原则?
5. 根据受众需求,新闻的选择首先要考虑哪些因素?
6. 新闻的选择应注意哪些主要事项?
7. 从"杨小运报道"的选择中得到什么启示?
8. 编辑人员在识别假新闻中的地位与作用如何?

二、辨析题

下列稿件已在有关媒体刊播。对这些媒体而言,它们都有时效性和接近性,您认为予以刊播是否合适? 为什么?

宁夏又获五个中国驰名商标称号

本报讯 近日记者在宁夏回族自治区工商局召开的新闻发布会上获悉,宁夏又有5个商标被国家商标局认定为中国驰名商标。至此,宁夏的中国驰名商标增至12个。

自治区工商行政管理局局长介绍说,宁夏虽小但近两年优势特色产业蓬勃发展。宁夏大力实施商标战略,注重商标的培育、管理和保护,相继出台政策和措施狠抓著名商标的创建。截至目前,拥有宁夏著名商标190件,证明商标1件,地理标志12件,集体商标10件。

"另类军人"张永刚

在海军大连舰艇学院,张永刚是个颇有争议的人。从外表看,张永刚不像军人,至少不是个标准的军人。不到一米七的身材有些"发福",背稍驼,说起话来手舞足蹈。要不是穿着军装,还真难把他和军人,尤其是一个军校的教官"挂钩"。

"不识抬举"的张永刚

其实,张永刚还没到舰院时,大家都已经知道他不是一个"卖乖"的主。当初,向学院领导举荐张永刚的人就有言在先:此人讲能力绝对没问题,但就是"毛病"太多。爱才如命的原学院吴院长也十分爽快地亮出"底牌":不怕他有毛病,就怕他没能力。

张永刚果然不是一个省油的"灯",他一条腿还没跨进军校门,就让舰院人见识了他的"毛病"。试讲是新教员的"入场券"。按规矩,他只有通过试讲才能正式成为舰院人。试讲那天,别的"新人"如临大战,准备都很充分,只有他还像在读博期间给地方大学生上课那样,夹着一本讲义,带着两页稿纸就上了讲台。结果可想而知。考核组经过综合评定后,给学院首长报告:不同意接收张永刚来院工作。原因有两条:一是他讲课条理不清,逻辑含糊,不适合当教官;二是他上课随随便便,手舞足蹈,不符合学院对教官的要求。曾一同参与听课的原学院吴院长在报告上批了一句话:张永刚优点突出缺点明显,特殊人才要特殊对待。院长关键的一票使张永刚如愿以偿穿上了海军蓝。

为了给这名学院历史上第一个引进的出站博士后创造更好的条件,院长还在全院教学大会上说:"我愿意当张永刚的公关部长、宣传部长!"按理说,张永刚应该"识趣"了。可让大家都没想到的是,他竟然"不识抬举"。

张永刚到舰院,首先面临一家三口的住房问题。按学院规定,新人调入两年内不分房。还没正式上班的张永刚找到有关领导责问:凭什么不给我分房?系领导说不分房是学院的规矩,张永刚却说自己是特殊人才应该特殊对待。两人僵持不下,最后还是张永刚的"公关部长"出面给他借了一套房子。可张永刚和妻子看过房子后的第二天又找到系领导:这别人挑剩下的又阴又湿又小的房子我不住。系领导一听火了:博士后有什么了不起?张永刚也火了,把钥匙往地上一扔:这房子我不要了,走人还不行吗?学院首长看到张永刚要走的报告后,在上面签了字:走什么走,给团职房,排第一位,今后新进博士一律给团职房。

当时还是营职的张永刚,终于"争"到了一套团职住房,也为以后进院的博士们争得了这一利益。有人想不通,张永刚要是为了这一套几十平方米的房子,干吗到部队来呢?像他这样学海洋工程的博士,在地方发展或出国,哪个会愁没钱?张永刚自己也说,他的同学现在几乎没有不开车的,住别墅的也有好几个。

"不守规矩"的张永刚

以中国的"西点"而闻名的海军大连舰院一向以严谨、有规矩著称。可新来的这名博士后,却显得不那么守规矩。

按规矩,教学大楼晚上9点半熄灯上锁,可看门的老大爷却迟迟等不到张永刚出来。无奈,老大爷关上电闸。张永刚气呼呼地跑下楼来:开灯,我正在做实验。大爷说这是学院的规定,张永刚说他正在进行海军的一项重大实验任务。几次"交锋"后,老大爷哪能耗得过年轻的张永刚,他只好为张永刚打开电闸,但却把楼门锁上了。等老大爷一大早起来开门时,却发现楼门早已打开,只是锁坏了。张永刚诡秘地一笑说:我把学院的规矩改了,现在教学楼不关灯也不锁门,看门老大爷可轻松了。

学院规定教官也要出早操,可张永刚说自己经常凌晨才入睡,哪能那么早起。因此他的名字经常上了早操缺席者名单。张永刚说他也特羡慕学员和其他教官那笔直的身板,也想和大家一起出操,喊着嘹亮的口号,可他实在没有时间。

张永刚的时间都到哪儿去了呢?知情的人说,张永刚除了参加海军许多重大科研项目外,正在张罗建立一门"军事海洋学"。张永刚说,我国海军的战略思想正在由过去的近岸防御向深海作战转变,海军的战场必将随之转向深海,这就需要海军指战员从军事的角度充分了解海洋环境。而这个了解则需要建立一门专门的学科——军事海洋学。张永刚说,这是中国海军的一项空白,大有发展前景。也正是这个原因才使他选择了海军,选择了舰院。从来舰院那天起,张永刚就开始"运作"这件事了。然而遗憾的是,很多人当时并不接受他的观点,尽管他在学院多方"进谏",但收效甚微。

于是,张永刚另寻"捷径",利用自己经常参加海军的科研项目而认识海军首长的便利,把可行性报告直接送到海军首长那里。首长被他的"游说"打动,答应为张博士的新学科"公关"。张永刚觉着这还不够,又拿着自己的报告,找到4位中国海洋学界的顶尖级专家院士:您作为国家级专家,理应支持国防事业。几位专家被他的报告所吸引。在前不久召开的全国政协会上,4位院士联名提交了一份有关此学科建设的提案。在张永刚的"运作"下,1999年9月,大连舰艇学院在全军开办了首期物理海洋本科班。

有了教学任务后,张永刚就想着如何进一步扩大规模。2000年,总部要设立一些军队特有学科目录。张永刚知道这个消息后如获至宝。当时,军队的学科目录里压根儿就没有军事海洋学。为了说服总部有关领导,他不厌其烦地反复解释着,一遍遍陈述自己的理由,说着说着他火爆脾气又犯了:"这门学科的重要性我已说过不止一遍。如果你们还不支持我,那是要负历史责任的。"机关的同志被他所感动,主动找专家对他建立目录的可行性报告进行研讨,最终使军事海洋学在军队特有的学科目录中总算占了一席之地。

"21世纪是海洋的世纪,而我国国民,包括一些领导干部,太缺乏海洋观念了。"研究海洋的张永刚对此很感慨,但更多的是着急。张永刚说自己也知道这样"越级"办事,在军队这个特殊的环境是会得罪许多人的,可又顾及不了那么多。

"没大没小"的张永刚

东海某海域,海军一次规模空前的大演习正在这里举行。在演习指挥部,一位将军把头转向身边的一名中校:明天的海况怎么样?我们的雷达视距是多少?中校不紧不慢地一笑,说:我敢跟您打赌,我说多少就有多少。明天的海况较弱。雷达大概能看到80至110公里。

这名担任演习技术保障的中校军官就是张永刚,而那位将军是此次演习的总指挥。在场许多了解张永刚的人不由替他担心：还没见过谁敢如此"没大没小"和这位以威严著称的首长开玩笑。再说了，这不是闹着玩，是一次大型军事演习，万一牛吹大了，可是要受军法处置的。"好，是骡子是马咱拉出去看。"首长对张永刚说。

其实，此次演习启用的海况预报系统，正是在张永刚主持下刚完成的一项科研。那是前不久总部、海军召开的一次专家会议，12 人出席，其中 8 位是院士，张永刚是他们中的小字辈。然而他却是主发言，在会上首次介绍他的研究成果——海况预报系统。他说海面上空因温度等原因，密度不同的冷热空气中间可以形成一个过渡带，且时强时弱，有时甚至没有。当光波经过这个过渡带时会发生折射，折回的光波到达海面时再次折射，如此反复呈连接起来的"W"形向前延伸，过渡带愈强，延续愈远，最远时可达 400 多公里。这正是海市蜃楼产生的原理。如果把这一自然现象加以总结利用，我们现有可视距离只有 40 多公里的雷达就可以看到 200 多公里的目标。这项成果还可用于导弹制导、卫星侦察等多项用途。

这次打赌当然是张永刚赢了。他成功预报出接连 5 天的大气波导数据。但他"没大没小"的群众印象更深了。

"不够成熟"的张永刚

几乎所有海军有关海洋的课题都由他来牵头，"张氏方程"获国际大奖，海况预报系统直接为海军提高了战斗力……几年来，30 多岁的张永刚"能力确实没问题"，但他的"毛病"也一个接一个地"发作"。

他妻子当时放弃在上海的工作和他一同来到大连，前几年一直在家待岗。其间，学院与地方进行了多次协商，都因没有合适的岗位未能如愿。张永刚沉不住气了，在去年大连市举行的"军嫂再就业洽谈会"上，他当着众多军嫂和几家大连新闻媒体的记者，质问前去参加活动的一位市领导："你们说自己拥军工作做得好，连博士后老婆的工作都安置不好，还谈什么拥军？"

当时的张永刚已经是学院物理海洋教研室的主任，可他还是不够成熟。后来还是学院特事特办，为他和另外一位博士后的妻子在学院内部安排了工作，这才解决了张永刚的这块心病。他说后院安稳了，自己才能安心搞科研。其实有这一个理由就足够了，可张永刚每次还强调他的另一个理由：我是博士后，我有特殊贡献，特殊人才应该有特殊政策。这难免让人有点难以接受。

性子急得上火,脾气倔得十头牛也拉不回,说话直得忘了听话人的感受,张永刚让人难以接受的地方多了。他说他自己也知道,许多"毛病"不改,人们对他的争议还将越来越多。

群鸡斗死黄鼠狼

本报讯 只听说黄鼠狼偷鸡,可在宝山罗店乡却出现黄鼠狼惨死在鸡棚的奇闻。

26日清晨,罗店乡罗溪六队张逸琪家中养的产蛋鸡棚内死了一只满身是血、眼睛爆突的黄鼠狼。据分析,这只黄鼠狼可能本想进入鸡棚偷鸡,但进鸡棚后,由于鸡棚四周用铅丝网围得严严实实,黄鼠狼难以活动,被两只凶猛的公鸡和十多只母鸡群起而攻之,这只贪吃的黄鼠狼终于被置于死地。

船老大追小偷　失窃物归旅客

本报讯 3月6日,市航运分公司502号客轮从德清站开出后,一旅客发现自己的行李被窃,顿时急得连话也说不清楚。船老大王明亮问清情况后,果断做出决定:船继续航行,自己离船去追!

王老大上岸后,一口气跑了近10公里,终于在洛舍附近追着小偷。旅客捧回失而复得的行李包,激动得只是重复地说:"你为我跑那么多路,好人,好人啊!"

河南虞城县不拘一格选拔人才
招聘10位农民出任乡领导

本报讯 河南省虞城县在干部制度改革方面迈出了可喜的一步,招聘10位德才兼备的农民出任乡领导。

这10位农民年龄都在35岁以下,最小的18岁,有的原是干部,有的是群众。这次招聘是经自愿报名,群众推荐,组织部门考察后进行的。这些同志上任后工作都很好。

中国拟以粤港澳申办2008年奥运会

本报讯 据外电报道,中国国家体委经过慎重研究后,发觉由广东省、香港和澳门组成的"三角阵线"联合申办奥运会的计划可以行得通。

报道还称,香港、澳门、广东省的珠海市和深圳市作为主要竞技地点的计划已经获得通过。而原本很有兴趣申办的上海市,已决定放弃申办,改为支持港、澳和广州联办。如果申办成功,广州市将主办开幕仪式,而于去年7月1日重归祖国怀抱的香港则负责举办闭幕仪式。可能的申办城市之一澳门则将于1999年脱离葡萄牙的统治,届时也将成为行政特区。

第五章

新闻的发掘

新闻的确认,主要着眼于选择本媒体记者、通讯员以及通讯社提供的尚未传播的新闻,而从实际情况来看,本媒体和其他媒体已经传播的有些信息,如果能够给予恰当的处理,对本媒体的受众还会或也会具有新闻价值。所谓新闻的发掘,不仅是对已传播的新闻进行深入采访和跟踪报道,也包括对已传播的有些信息进行再加工,使之成为新的原创新闻。本章讨论的是后者,因为前者固然也需要引起新闻编辑的关注,以利于集思广益,优化报道,但它毕竟更多地属于新闻采访所研究的课题。

第一节 新闻的综合与解读

当今时代,随着传媒业的迅猛发展,新闻竞争日趋激烈,各家媒体力求快报、特报新闻事实,以吸引广大受众。在这种背景下,有重点地综合其他媒体的新闻和评论或予以解读,不仅可以增加媒介的原创信息,也可以拓展某一特定媒体受众的视野。

一、聚焦热点话题

社会的热点,是受众关注的焦点。编辑人员可以抓住其他媒体在热点新闻和评论中出现的亮点,及时加以综合、分析或导读。

2010年4月26日，新华网刊登题为《重拳之下，楼市"混沌期"还能持续多久？》的专电，首次提出了引导房价"回落"到合理区间的看法。《扬子晚报》有关编辑敏锐地发现了这一变化，对这篇专电作了以下简要的分析、导读，引起不少门户网站和网民的高度关注。

新华社首提房价"合理回落"

从"新华六评"开始，新华社对楼市调控的评论就成为政策和市场的重要风向标。昨天，新华社在财经专线播发题为《重拳之下，楼市"混沌期"还能持续多久》的专电，在"混沌期"这个新概念之外，最值得注意的是，文章首次出现了引导房价"回落"到合理区间的字样！而此前，这方面的措辞一直是"遏制房价过快上涨"。从"遏涨"到"回落"的重大变化，是否意味着调控的又一次大发力呢？

这篇专电中开篇就给当前的楼市下了一个判断——"混沌期"。专电说，楼市新政策密集出台后，此前持续高涨的房价出现松动迹象。但众多地产中介对行情看法不一，市场进入"混沌期"，买卖双方的博弈白热化。正是在这一基础上，文章援引"专家建议"提出，楼市调控政策应持续发力，引导房价回落到合理的区间。

文章在分析了一线城市深圳楼市的一些现状后，认为"调控成效初显，个盘量跌价稳"。接下来，文章用小标题"博弈：政策须持续发力"提出了要加强政策调控的观点。

这篇报道发表的当天，百度、新浪、搜狐、网易和腾讯五大门户网站，都迅即在导航页或新闻首页的头条或显著地位予以转载。同日上午9点，这篇文章进入了新浪网新闻总排行第18位，到下午5点已提升到第3位，充分显示了其对网民的吸引力。还值得一提的是，这五大网站当天都没有转载新华网的专电，《扬子晚报》的报道对此起到了很好的推广和导读作用。

聚焦热点话题，包括国内外两方面。近年来，由于法国在涉藏等问题上严重干涉了中国的内政，导致两国关系的倒退，国内外对此都很关注。上海世博会开幕前夕，法国总统萨科齐访问中国，之后参加了这一盛会，法国媒体争相予以报道。中国之声《央广新闻》迅即加以综合，播发了下面这篇原创新闻。

法国媒体热议萨科奇访华　盛赞中国成就斐然

　　4月28日，法国总统萨科齐开始对中国进行正式访问，也成为第一个赶来参加上海世博会的欧洲大国领袖，这次访问引起了媒体的广泛关注。

　　萨科齐这次的行程，第一站是在西安，现在是在北京，明天会到上海出席世博会的开幕式。萨科齐从2007年5月出任法国总统以来，已经第3次来到中国，也是第2次对中国进行国事访问，反应最热烈的自然是法国媒体。法国国际广播电台28日的报道称赞中国取得了巨大的成就，强调中国的表现是无可指摘的；而27日，法国另一传统大报《费加罗报》头版头条的大标题写道：2010年世博会使上海成为中国强大的象征，在"思潮与辩论"专栏中也发表了中国驻法国大使孔泉的文章，指出上海世博会是掀起中法合作高潮的一个机遇。

　　法国《论坛报》则发表了对法国前总理拉法兰的一个专访。拉法兰认为，一个绿色中国对于法国企业的构成是一个非常可观的机遇。他在采访当中强调说，这次萨科齐访华的目标并不是签署合同，而是加强法中两国之间的战略伙伴的关系，其中包括基于法国科技领域一个重大成果方面的一些合作。萨科齐这次从西安开始的访华之旅也充分显示了法国总统比较重视中国文明和文化。

　　《世界报》发表了题为《中国觉醒与消费》的长文，文章两位作者是法国综合理工学院的教授、经济学家。文章说：中国经济发展成就斐然，作为经济强国崛起，对世界产生了重大影响。文章认为，中国希望自身的经济能够获得一个长久健康的发展，同时在国际上得到缓和的环境和平衡，并能够最终与西方强国在各个尖端领域展开竞争和抗衡。

　　这篇新闻提供的信息，应该说是我国广大听众欲知而未知的。而它所反映的法国主流媒体的态度，对于推动中法关系的改善，也起到了积极的作用。

二、聚焦重点报道

重点报道容易引起受众的关注,因而更具有跟踪和发掘的价值。从实际情况看,聚焦媒体重要报道已成为不少媒体的常用方法。无论浏览报纸、网站,还是接触广播、电视,都可以看到或听到带有"媒体争相报道"或"媒体热议"字眼的新闻。比如前段时间的一些例子:《外媒热议上海世博会》《世博会"山西周"独具特色,国内外媒体争相报道》《中国媒体热议校园安全如何长治久安》《香港媒体热议双英辩论》《德媒热议欧元兑美元汇率跌破》,等等。

从被聚焦的媒体数量来看,少则四五家,多则七八家,甚至更多。例如,在 2000 年悉尼奥运会上,我国女子体操获团体铜牌,事后国际奥委会查证,其中一选手的年龄有假,因而剥夺了这枚奖牌。判决结果宣布后,引起了强烈的反响,许多媒体纷纷发表评论,谴责造假行为,呼吁吸取教训。体坛网选取《扬子晚报》、《法制晚报》、香港《文汇报》等 9 家媒体的主要观点,发表了一篇独家报道,给网民全面地认识这一事件提供了重要的参考。

聚焦的方法也可以独辟蹊径。新浪对新闻周刊封面报道的开发,就是一个富有启发性的例子。

2010 年 4 月中旬,新浪开设特别报道栏目"深度之后",专门聚焦新闻周刊的封面报道。在开栏话中,编辑以生动的文笔道出了栏目的宗旨:

> 最艰难的采写,最系统的视角,最郑重的文笔——往往是在封面报道;
> 而资料准备最多,结构转变最多,素材放弃最多——往往也是在封面报道;
> 您读到的封面报道,往往只是"报道"的十分之一,甚至百分之一;让我们一起 Discover 那些 Cover Story 背后的 Stories。
> 呈现在您面前的,是本周(4 月 18 日到 4 月 23 日)最具深度气质的 10 本报刊的封面报道。
> 也许,它们所承载的内容太重,也许,我们所能记住的只是它们讲述的一个词,一个人,一场讨论;但它们的作者及编者却在字

句中深度记录这个世界正在发生的事实,又在字句的缝隙里解析人心和洞察世情——同样是事实。他们未写出的,远比我们已读到的要多!

我们的解读由您决定。投出您的选票,选出最想了解的刊物封面报道,我们将进行解读,为您推出新浪新闻中心特别报道《深度之后》。

在这个专栏中,新浪每次集中展示8—10家周刊的封面报道,并引入了受众评价、选择机制,即通过网民投票决定解读的对象。这一独到的做法本身,至少向网民传递了两类信息:一是组合产生的信息,即刊物的集中展现,可以显示它们最关心的是什么热点;二是选择产生的信息,即从它们的得票数中,可以看出网民最关心的是什么热点。且不说解读的展开,仅这"两最"所传递的信息,就颇有新闻价值。

第二节 网民反馈信息精选

网络技术的不断改进和完善,极大地激发了网民在思想、表达、交际和传播方面的热情和潜能,他们中的许多人既是新闻的"消费者",又是信息的"生产者",并且队伍在不断地扩大。仅人民网"强国论坛"每天至少有上万条网民的帖子,最高时达数万条。这是一项不可忽视的信息资源,从中不仅能够发现不少新闻线索,而且可以通过精心的选编,集纳成有价值的新闻。

一、精选新闻跟帖

新闻跟帖是网民对新闻的即时反馈,是网络优越于传统媒体的重要特色之一。这些跟帖,有的是对新闻事件的评论,有的是对新闻人物的褒贬,也有的是对新闻事实的补充或更正,其中不乏具有报道价值或网民感兴趣的内容,但是网民不一定有时间和耐心去逐一查看。如果编辑能够加以选编,在一定程度上也满足了网民了解新闻跟帖的需要。

网站新闻数量众多,跟帖也不在少数,从理想的角度而言,编辑最好对跟帖进行"拉网式"阅读,因为"天涯处处有芳草"。如果受时间和精力所限,也可以抓重点、走捷径,即多关注重要新闻、热点新闻的跟帖,多关注新闻排行榜特别是新闻跟帖榜,相对来说,这些跟帖的开发价值更大一些。

例如,著名相声大师马三立先生辞世的新闻发表后,许多网民纷纷发帖悼念这位德高望重的人民艺术家,新华网天津频道即以此为内容,编发了下面这篇十分生动而有意义的独家新闻。

一代大师驾鹤去　网民发帖寄哀思

新华社天津2003年2月12日电:"那个缺少娱乐的年代,因为有了'挠挠'而有了笑声;那个清贫的年代,因为有了'逗你玩'而变得富有;那个没有明星的年代,因为有了马三立这样的大师而值得怀念。"这是一位网友在惊闻一代相声大师马三立驾鹤西行时在网上留下的真挚感言。

马老辞世的消息在网上播发后,立刻成了网民们点击率最高的热门话题。类似这位网友的感言在各大网站比比皆是。网民们在各大网站纷纷设立灵堂拜祭马老先生,寄托自己的哀思。设计考究的灵堂、不同时期的照片、不计其数的"挽联",让我们深切感受到,马老仍然活在人们心中。

纵观网上的留言,不难发现,网民们谈论最多的是马老先生的人品和对中国相声发展前景的担忧。马老先生之所以赢得世人的尊敬,不仅仅是他一生留下了诸如《卖挂票》、《开会迷》、《开粥场》等至今听来还让人捧腹大笑的经典段子,还有马老那谦逊待人、朴实无华的人格魅力。从网友们的留言里我们可以深切感受到马老的为人:

"大家也许没有见过马老在养老院中的那套再简朴不过的房子,这样的身份住套别墅也不为过,可是就是这样简朴的房子他住了十几年,他的为人可想而知,养老院里的老人都知道有个平易近人的马三立,而不知道有个盛名盖世的马三立,这足以让当今所谓的艺术家们汗颜!马三立已经不仅仅代表一个伟大的艺术家,而是一种做人的标准!"

"'sei(谁)啊''逗你玩儿''倒霉孩子',买挂票,挠挠,我们总是听着收音机笑个不够,在天津,基本人人都能说上几句您的段子,各电台也不断循环播放着,如果欢笑有价,我猜您现在已经是百万富翁了,可在前面的帖子里看到您的遗嘱,不要告别仪式,不要兴师动众,不要铺张浪费,即使被称做'相声泰斗',您身上还保持着那份感人的朴素。"

刘宝瑞、侯宝林、高英培、马三立等一位位的大师都走了。带着老艺人的辛酸,带着时代的印记,带着万众的尊敬走了。他们的段子曾是不少人童年的乐,少年的笑,青年的喜。在相声艺术日益滑坡的今天,针对已然尴尬的传统相声,网友们纷纷发表自己的看法,虽然不免偏激甚至幼稚,但字里行间里传递着他们对传统相声的关注之情。

全国网友联盟在搜狐网站设立的灵堂里,一位网友留下评价德艺双馨的马老先生:"为什么一位民间艺人倍享哀荣?是因为他们身上及他们的艺术有极强大的素朴的'草根性',扎根于人民这块土壤,与大地紧密相连,吸收着大地的滋养。所以'离离原上草,一岁一枯荣',岁月磨不掉,大地永长青,即便一万年,百姓也爱听!"

第二天,《文汇报》选用这篇新闻时,还借用网民的诗句将原标题改为《即便一万年,百姓也爱听》,十分抢眼。网民发自肺腑、满怀深情的话语,耐人寻味,令人备受感染。

二、精选微博信息

微博作为微型博客,网民能以手机发短信的方式,随时随地将自己的所见所闻和所想所为,写成140字以内的短文上传网络,参与其中的互动。微博大大降低了网民进入博客的门槛,使信息量呈爆发性增长,而且内容无所不包,几乎涉及人类的所有领域。虽然其中不乏平淡甚至无聊的成分,但也的确包含着不少有价值的内容。特别是一些大型新闻网站的微博,善于设置热点话题,集中网民的思考,其信息更有开发价值。

2010年全国"两会"期间,人民网微博每天设定一个话题,让网友发表看法。这些话题大多为普通老百姓所关注,包括基层民主、高考改革、有偿家教等。为了发掘这一新闻资源,《人民日报》开辟了"微博

来客"栏目,用报道的形式提取网友博文中的精华,以飨读者。下面是其中的一篇:

网友热议"高考改革"

温家宝总理在政府工作报告中提出,推进高等学校管理体制和招生制度改革。人民网网友通过人民微博对高考改革踊跃建言。

网友"朱永平":主要问题有两个:一是社会用人制度,重文凭轻水平,重学历轻能力;二是高校招生制度,僵化落后,仍停留在追逐高分上。

网友"乡野闲人":寸有所长,尺有所短。我认为,不是我们没有人才,而是没有做到人尽其才。建议高考改革大胆摈弃旧有的传统模式,不以分取人,要善于发现考生的兴趣、潜能和特长而予以培养,确实做到不拘一格用人才!

网友"云横秦岭家":在高考制度无法摆脱"一考定终身"之下,公平比什么都重要。改革高考,期待农村孩子能通过高考公平选拔、正常升学,期待农村孩子也能获得公平的受教育权。

网友"指南鸟":高考改革关键是怎样以素质取人。分数能部分地反映考生的识记、分析、判断能力,但更重要的是需要反映考生的特长,让考生能被录取到自己有兴趣和有潜力的专业。否则毕业后改行将是教育资源的浪费。

网友"卞晓波":有关高考改革的争议已有多年,如果高考指挥棒不变,教考不分离、招考不分离,依旧以统一高考成绩为唯一标准,则难起到发展学生创新精神和实践能力的作用。因此,应当进行高考制度的配套改革,建立起多元录取体系,对学生进行多元化综合评价。

网友"五味先生":中国的高考,归根结底是竞争过度。所以,我们应该适度地降低这种竞争的程度。现在,一些省市已经单独命题,单独录取,这种做法很好。还应该将一些优质大学的指标分配到省,分配到市、县。根据平时的教育督导来决定名额的多少。对高中的评价尽量多元、客观、中立。

网友"扁舟不系":教育的改革关键看高考,高考的关键看公平,教育资源要全民共享,同一个标准很重要。

同年,新华社的"两会微博"每天选出一些精彩的博文及跟帖,首次将微博内容以通稿形式向全国播发,广受媒体用户的欢迎。这从另一个侧面显示了发掘微博信息的意义。

三、精选多个来源

对于热点新闻与话题,常常会引起不同媒体和不同渠道的共同关注。编辑在精选本站网民的反馈信息时,不妨关注、吸收其他网站网民的精彩观点。

2010年3月中旬,各大新闻网站和门户网站在首页突出位置刊登了一家报纸发表的一篇新闻:《订货单曝药品惊人差价:出厂价1.2元零售18元》。这引起了中国经济网有关编辑的关注,随即搜索了本网、新华网、搜狐、网易、凤凰网等多家网站网友的看法,编发了下列原创新闻。

流通环节利润巨大 "二八法则"能否适用引网友热议

中国经济网北京3月15日讯 "这跟高房价一样,其推手就是体制内的利益集团,要解决,必须从'头'查起。"这是新华网网友"36392940"在一篇名为《订货单曝药品惊人差价:出厂价1.2元零售18元》的新闻之后的留言。

15日一早,上述新闻便出现在各大新闻网站和门户网站的首页突出位置。该新闻称,有网友爆料,可能出厂价一块两块,甚至几角钱的药品,到我们病人的手中就是几块几十块。在记者随后的采访中,制药厂、药店、中间商乃至发改委都作出回应。然而,各方给出的解释并不能让众多网友满意。

谁是其中最大的受益者?

中国经济网一位网友恍然大悟,他说:"难怪我们这里一个镇就开了十几家药店。即便是一些普通的成药,在各家卖的价格都不同,这家卖7块钱,不远的一家却卖到17块钱,太离谱了。"

自称在药厂几十年,深知其中奥秘的搜狐网友"fda1943"现身说法:"药品出厂价和终端价格之间的差别岂止是十几倍。药品的差价都让中间环节得了,主要是医院和零售店。"一位网易网友则认为,现在的医药市场,就大中城市来讲,中间商和厂商都没什么利润,最大的受益者是终端药店。

一位新华网的网友觉得问题的根源还是在医院。这位名叫"龙~卫公子"的网友说,医院的医生开了药,患者一般都去医院药房拿药,而去那里拿药,就要按照他们划的价,就要被迫放血。公立医院要体现公益性质,就要放弃这种暴利意识。医院只要带好头,外面的药店不可能仍然维持原来的暴利。

此外,有些网友还对形成这种现象的原因进行了剖析。例如凤凰网网友"真的不理解"就认为,药监局大量地批准仿制和改剂型药物,造成企业间同品种竞争激烈。非独家品种,往往1折出厂(向发改委报高价,零售价10元的,1元给经销商)。最终在经销商和医药代表、医院手中,价格变成10元。

"二八法则"在此能否适用?

不过,还有另外一部分网友并不认为药品批零价格相差十几倍是很离谱的事。一位名叫"heyueyuan087"的网易网友就提出了"二八法则"的概念。他表示,20%的品种创造80%的利润并不稀罕。"还有种说法叫三三制,30%的品种是亏本卖,30%保本卖,30%高利润卖。不但在药品行业,其他行业也都是如此的。"

heyueyuan087补充说,在营销学里这是最普通的营销手段。最起码说明在市场经济的前提下,期望所有的药品都按同样的比例加价销售是过于天真了。这位网友认为,这事政府不能管,因为政府介入只会使问题更加复杂更加严重,约束它的最好的方法只能是消费者自身。

与上面那位网友持类似观点的还有凤凰网网友"zsp312",他举了去年一期"焦点访谈"说大白菜的例子:菜农销售价0.14元/斤,批发商0.58元/斤批发,零售商2.5元/斤售出。各中间环节包括运输费、油费、过路费、场租费、人员工资等,甚至还有货品损耗。他认为:"我们一定要明白商品在流通中是需要增值的,而且增值许多倍是正常的。一个产品价格降低,很多时候是因渠道的合理变革产生的,也是新销售模式产生的根源。"

然而,很快就有其他网友指出,大白菜在流通环节有不小的损耗,但是药品不可能有这么大的损耗。

搜狐网友"alex_1217"自称是海外华人,他表示,药品暴利在哪都一样,国外的药比国内更贵。药品之所以这么贵,是因为需要中间的利润来搞研究用。要不然,医学怎么进步?他认为,老百姓看病贵,药价不是主要因素。

网友"whrq138"反驳说,中国人的工资水平是多少,欧美国家工资水平是多少,中国的低收入人口是多少?这些你知道吗?不要单比医药费,要比国情。

一位中经网友留言表示,流通肯定要成本,有差价是正常的,只要合理就行。他认为,保证合理性需要从整体考虑,从上至下进行监管,从体制上着手,否则就是废话。

改革的手术刀伸向何处?

凤凰网网友"q12332112"认为,药品流通环节不改革,现有既得利益团体不打破,医改不会成功,只能是全民向利益集团输送钞票遮阳布。网友"马力本"则建议,国家药监局应明确规定:所有药品出厂时应在药盒醒目位置标明出厂价及指导价,违者一经发现给予重罚,甚至停业整顿或吊销营业执照。这样可以从根本上消除中介商牟取暴利。

搜狐网友"yangzhongbin_2007"提出,物价部门不了解药品生产工艺的成本,是导致药品从出厂价到零售价有几十倍上百倍差距的原因,"如果由专业部门按照其实际工艺投入制定价格标准更为妥善,亦能为基本药物制度的实施提供有效的保证"。

新华网网友"我爱网民"认为,真正解决老百姓看病贵的问题还得看能不能让公立医院真正公起来,使人民看得起病,而又不过多增加财政负担。

这种精选多个来源网友反馈信息的做法,不仅可以扩大信息量,也有利于丰富和完善对热点新闻或话题的看法。

第三节 异介质信息的转换

所谓异介质信息的转换,是指将某一介质承载的信息生成为其他介质显示的信息,以满足受众多样化的需要。这种转换,主要包括将文字、图片或图解报道生成为音响、音像报道,或者反过来,将音响、音像报道生成为文字、图片或图解报道。

一、自我性转换

这是对新闻媒体或机构自身传播的信息进行不同介质的转换,旨在提高新闻的利用率,丰富报道的内容和形式。

现在不少新闻媒体或机构采用这种做法。例如,中国广播网每天将中国之声《新闻和报纸摘要》、《央广新闻》的消息摘编上网,并注明报道的时间,如"据中国之声《央广新闻》23时41分报道",以强化时效性。新华社在2009年全国"两会"期间,专门开设视频报道文字版,将该社音视频节目的内容转化为文字通稿,形式新颖,被50多家报纸采用。目前,新华社每天发视频稿约200条,同时生成相应数量的文字稿。新民网的视频新闻,现在一般也有相应的文字报道。更具代表性的例子是,网站的直播或访谈节目普遍配上了文字实录,其中不少网站还即时从中摘编新闻发表。南非世界杯足球赛接近尾声之际,中新网特邀足球名帅金志扬作客网站,编辑根据访谈内容摘发了10篇新闻,其中7篇是在访谈结束前发表的,使网民能够迅速了解其中的要点和亮点。

二、引进性转换

这是对其他新闻媒体或机构传播的信息进行不同介质的转换,旨在为我所用,扩大新闻来源。

在引进性转换中,取材的对象可以是一家媒体,也可以是多家媒体。2010年7月初,华北地区连续高温,北京最高气温达到40.6℃,是近百年同期之最;天津连续4天日最高气温超过37℃,为近60年来不遇。北京、天津、大连都有汽车自燃事故发生,有的网站通过多家电视截屏,以《高温天气致各地汽车自燃事故频发》为题,刊登一组图片报道,十分引人注目,警示效应也更为明显(见图5.1)。

转换的内容可以是一篇报道或一档节目,也可以是其中一个有意义或有趣的细节。在2010年南非世界杯足球赛西班牙与巴拉圭的比赛中,中央电视台解说员刘建宏的表演与往常不同,新浪体育频道为此发了下面这篇文字特写,给没有观看电视直播的网民提供了一则趣闻,而且还可能会促使网民去观看相关视频的内容。

图 5.1

刘建宏解说再出新语录：进啦进啦进啦进啦

新浪体育讯 西班牙与巴拉圭的比赛在下半场第 57 分钟出现了高潮，两队先后获得点球机会，结果双双罚失。但在这期间，央视解说员刘建宏连呼多个"进啦！"，语调急促而短快的新解说风格让人耳目一新。

当时巴拉圭率先获得一粒点球，只可惜卡多索罚失；随后，西班牙方面比利亚制造点球，阿隆索率先罚进，刘建宏当时急速的连呼——"球进啦！进啦！进啦！进啦！进啦！"给不少观众留下了深刻的印象。不过，当值主裁判裁定此球西班牙球员先进入禁区，无效重罚。结果，阿隆索再罚被扑出。

值得一提的是，刘建宏在呼"进啦！"时语速很快，音调上扬，而且整体声音非常急促。他的这种解说风格，有可能是打造另一版的"goal！goal！goal！goal！"。

第 83 分钟西班牙打破了场上的僵局，佩德罗右侧距门 11 米处右脚推射击中左门柱内侧弹回场内，比利亚在门前 8 米处停球右脚弧线球击中右门柱内侧，再撞另一侧立柱弹进。刘建宏随即再一次连呼"球进啦！进啦！进啦！进啦！进啦！"让人再次感受到了他新的解说风格。

转换也不必拘泥于一种形式，可以是多种形式的综合，以利于发挥各自的优势。2010年7月上旬，河南大河网中国新闻名专栏"焦点网谈"，以《央视曝移动扣费乱象　话费清单随意改》为题，刊登了央视《新闻30分》曝光海南移动乱收费报道的文字实录，并配发漫画和"核心提示"，作为焦点话题，发动网民讨论，形式新颖，引人注目（见图5.2）。

图 5.2

搜狐关于广州一疑犯劫持人质被击毙的报道，也采用了多种形式。2010年夏季的一天晚上，一男子在广州市抢劫时遭对方反抗，遂持刀将其刺伤后逃跑。警方接报后迅速前往围捕，疑犯见势不妙，随即持剪刀劫持一名路过女子。警方派谈判专家与疑犯对话，但未能奏效，女子被疑犯连续捅伤。为确保人质安全，一位女民警乔扮送水工，接近疑犯，并抓住时机果断将其击毙。对这一突发新闻事件，广东主要媒体都迅速作了报道，《羊城晚报》和《新快报》还在有关文字新闻中插入多张电视截屏图片，展示女民警送水、掏枪、射击等关键画面，将主要情节直观地呈现在读者面前，各地不少报纸、网站纷纷予以转载。但搜狐的处理却与众不同，它除了转载文字报道和电视截屏图片，还将有关情节和场面绘制成图,并配上标题和文字说明,使之成为相对独立的图解新闻,明显增强了报道的易读性和冲击力(见图 5.3)。

图 5.3

第四节 新闻排行榜的运用

新闻排行榜具有价值发现功能,是对新闻的一种特殊的发掘形式。作为网民比较和选择的结果,新闻排行榜本身也传递一种信息,而且这种信息同样显示出新闻价值。尼葛洛庞帝甚至认为:"关于信息的信息,其价值可以高于信息本身。"①从一定意义上说,这种即时新闻排行榜是网络催生的新闻报道的一种新产品或新形式。

新闻排行榜来自网民的选择,可以较多地避免编辑的主观性,容易为网民所认同。在新闻报道供大于求的背景下,它给网民选择新闻提供了重要的参考,扮演了"新闻代理人"的角色,是解决网民注意力稀缺的一个路径,因而引起了不少网民的兴趣。根据 2010 年上半年对北

---

① 尼葛洛庞帝著:《数字化生存》,胡泳、范海燕译,海南出版社 2002 年版,第 177 页。

京、上海百名大学生的问卷调查,关心和较关心新闻排行榜的接近三分之二,而首选原因是"省时间、效率高"。运用好新闻排行榜的必要性由此可见一斑。

如今,国内外新闻网站和商业网站设置新闻排行榜十分普遍,处理的方式、方法也多种多样。

一、新闻排行的周期与分类

新闻排行的周期,目前按时、日、周、月、季和年显示的均有,其中以日为周期最多,以时、季和年为周期都很少。

从扩大信息量的角度来看,只要主客观条件允许,应尽可能缩短排行榜的周期,并增加周期类别。现在,人民网、千龙网、东方网、东南网、大河网等都按日、周、月显示新闻排行,网易还加上了每小时排行榜,荆楚网则增添了季度和年度排行榜。这种对周期的细分,实际上都是在不断地发掘新闻的潜能,用非语言符号报道上榜新闻的最新情况。它不仅为网民提供了多种选择,增加了对网民的吸引力,也延长了相关新闻的生命周期,有效地提高了新闻的利用率。

新闻排行早期不分类,在经过一段时间的实践之后,通过总结正反两方面的经验,结合技术条件的改善,出现了分类排行。就现状来说,主要有三种分类方法。

一是点击排行榜。通常设置总排行和分排行,前者从后者中产生。分排行一般按传统的新闻类别确定,如国内、国际、经济、社会、科教、文娱、体育等等,也有的以频道为单位确定。这种总、分结构,可以显示较多的新闻,也可以避免因单一排行而出现的某类新闻过多的状况,有利于引导和满足不同网民的需求。

二是表情排行榜。网民在浏览新闻的时候,多少会产生情感上的反应,表情排行榜为网民表达或宣泄这种情感开了方便之门,同时也比点击查看多传递了一种信息。2010年3月15日22点多,腾讯转载了四川白庙乡政府公开账务的报道,一时引来大量网民的关注,至3月22日上午9点,点击新闻表情排行榜者达18 000多人,超过发帖者七八倍,其中点击"高兴"的占73%,由此可知大多数网民赞成或支持这一举措。

目前新闻表情排行榜通常设有8种表情,但用词和排序有所不同。

如人民网是：感动，温馨，难过，无聊，同情，愤怒，可笑，奇怪（见图5.4）。而东南网是：挺你，搞笑，难过，生气，同情，新奇，路过，老套。表情排行榜点击方便，又有趣味性，对网民特别是青少年网民不无吸引力。

图5.4

三是跟帖排行榜。跟帖多为网民对新闻发表评论或看法，因而有些网站又称之为"网友评论"或"热评"。它反映了网民对新闻关注的深度，比表情性的评论又进了一步，传递的信息也更多一些。从前述大学生的问卷调查看，40%的被调查者建议设置跟帖榜。目前，人民网、新浪、网易等都设有这类排行榜。

二、新闻排行的数量与配置

新闻排行的数量，目前网站之间差别较大。从国内来看，少则两位数，多则三位数。有的总排行与各分排行数量相同，如央视网、华龙网、腾讯等均为10篇，新浪均为20篇；有的总排行多一些，各分排行少一些，如人民网分别为50篇和10篇，新华网分别为30篇和15篇，千龙网分别为 20 篇和 10 篇。有的点击排行与跟帖排行相同,如网易均为 10 篇;有的点击排行少一些,跟帖排行多一些,如人民网前者为 50 篇,后者达 100 篇。

国外的情况也相似。如英国《金融时报》网站首页新闻排行只有 5 篇,而《纽约时报》网站首页(见图 5.5)和法国《世界报》网站首页(见图 5.6)却各有 10 篇。但其排行榜页面显示的总数大多超过首页的一倍,而且分排行之间也差别较大,如《纽约时报》网站邮件转发为 25 篇,搜索则达 50 篇之多。

图 5.5　　　　　　　　　　图 5.6

新闻排行的数量并非多多益善,而应适可而止。数量太少,固然不利于扩大新闻的信息量与利用率;但数量过多,则不利于提高新闻排行的质量和声望,会削弱其对网民的吸引力。所以,在一般情况下,新闻总排行和各分排行的数量以取目前的平均值为宜,即中小型网站各安排 10 至 15 篇,大型网站各安排 30 篇左右。

新闻排行的配置,包括上传时间、来源、点击数、发表评论、邮件转发、回顾查询等。这些配置,为网民提供了更多的情况与服务,有助于增强新闻排行榜的说服力和提高网民浏览的兴趣。如果条件许可,最好都予以安排。特别是点击数,它是一个客观、可信的人气指标,对网民更有吸引力。前述问卷调查表明,超过 50% 的大学生希望排行榜显示点击数。从目前情况来看,像凤凰网、大河网、华龙网、网易等配有点击数的网站并不普遍,这里的原因是复杂的,可能主要不是愿不愿意设置的问题,而是担心设置后点击率上不去,反而帮倒忙。因此,解决问题的关键在于提高新闻的影响力和竞争力。

国外网站新闻排行的配置,与国内有所不同。它们一般都设置邮件转发功能,美国《纽约时报》网站和法国《世界报》网站都不例外,这可能与外国网民的习惯有关系。它的好处是可以验证,显示的数据较可信。

人民网、东方网和新浪等还配置了回顾查询,网民凭借这一设置,可以浏览过去多年的每日新闻排行榜,从而使旧闻不断获得新的生命力,新闻的利用率和附加值持续提升。

思考与练习

一、问答题

1. 新闻的发掘有哪些意义?
2. 新闻的发掘有哪些方法?
3. 新闻的综合与解读应围绕哪些重点?
4. 选择网民反馈信息应主要通过哪些渠道?
5. 异介质信息转换有哪些方式和方法?
6. 新闻排行榜有哪些作用?
7. 新闻排行榜分类的意义在哪里?
8. 在近期接触的新闻报道中,哪些新闻的发掘给您留下了难忘的印象?为什么?

二、练习题

1. 请根据网民对当前某一热点问题的反馈信息,编写一篇千字以内的消息。
2. 请选择近期电视直播中有趣的细节,编写一篇 300 字左右的特写,并配置相关视频或截屏图片。

3. 请将下列访谈实录改写成若干篇新闻。

航天英雄杨利伟作客南方网讲述飞天趣闻

主持人：今天的这位嘉宾在众多青少年网友的心目中是位了不起的英雄,他就是我国首位进入太空的航天员杨利伟先生。今天的访谈我想和他聊聊他的这段奇妙的太空经历,以期更好地展现我国航天建设的辉煌成就,更大地激发青少年网友的爱国热情和对航天的兴趣。

杨利伟：各位网友大家好,非常感谢你们对我们国家载人航空的支持,以及对我们航天员的支持和关爱,谢谢你们!

我是非常自豪的,从神五到神七,从无人到有人,每个阶段都是一种成功,无论从经济上还是对国力的发展都是有利的,同时也是改革开放的成功,这是中国人的骄傲,是中华民族的骄傲。

主持人：您在太空飞行中,不仅带上了咱们中国的国旗,还带上了联合国旗帜,这是出于一种什么样的考虑?

杨利伟：航空事业不单是一个国家和民族的事业,我国在搞载人航天,我们的宗旨就是利用太空去服务全人类,我想航天事业是人类共同的事业,我们不但要把我们的国旗带上去,还要把联合国的旗帜带上去。

主持人：那在太空睡觉和在地球上有什么不一样吗,有网友问眼皮能不能闭上?还有网友问会做梦吗?

杨利伟：没有,这个应该和地面是一样的,我们的航天员,特别是随着整个任务增加,航天员的任务越来越重,在上面的休息非常必要。在飞行过程当中,规定我们有6到7个小时的睡眠,当然为了更多的任务,没有睡这么多。去年我和很多同行在一起交流的时候,很多人问,有一个学心理的专家(国外),他调查了很多航天员,说航天员在空中不做梦,他问我做不做,我说实在抱歉,因为实在没有时间做梦。

主持人：我想知道您在20多个小时的太空飞行中都做了些什么,我指的是除了指定任务之外的自选动作,有没有在心里谋划了很久的事情?

杨利伟：更多的是一种体验,每次航天员在工作的时候有很多的操作。比如我在上面有很多生活和工作的录像,很有意思。因为我是一个人在上面飞行,我当时带了一个DV上去,拍了一些场景,主要也是为后续的地面工作做支持。那个时候我一个人带着DV机非常困难地才把我自己拍下来。当时尝试了很多方法,后来我在我的工作包里面找到了一个胶带,把我的DV机固定到返回舱的仪表版上,拍了很多东西。当然也是为后续做了很多技术支持,包括吃、喝生活上的一些东西,包括在上面的一些动作,都为后续的工作做了一些准备。

主持人:您刚才说到飞船腾空而起是山崩地裂的瞬间,我想知道您坐在舱里是什么感觉,是不是像平时我们坐飞机起飞那刻或者玩过山车的N个加强版?

杨利伟:在飞船里的感受,从它对人的震撼程度来讲,我觉得还没有在外面大,我指的是声音。尤其是平地,我第一次飞行的时候我没有看过发射,后来神六、神七我都在现场,从这个角度看火箭腾飞的时候的震撼感比在飞船里更加强烈。当火箭离开地面的时候,我觉得还是非常平稳的。我自己感觉比我们的飞机起飞的时候还要平稳,当然它是一个逐步加速的过程。当它徐徐离开地面的时候是一个很慢的过程,逐步加速的过程给人的压力是综合的,比如它的噪声和震动。当然,从过来的角度来讲,比过山车这些还是要大得多,是一个逐步加强的过程。

主持人:我看了采访神五、神六、神七的航天员的报道,都说进入太空之后失重是一种非常奇妙的感觉,您能不能给我们描述一下?

杨利伟:当我们的飞船进入了太空,入轨了之后,在微动力的情况下,我们所有的物体都会处在一种飘浮的状态下,这都是一种物理现象。我记得第一次飞船和火箭分离之后,我感到突然间的失重。我回来之后,跟我的同行们在进行交流的时候,我说我当时看到我们飞船上所有的固定物体全都飘浮起来,就像我们在海底看到海草一样飘浮起来,包括还有一些小的浮尘都飘浮起来了,伴随着我们的身体会有往上浮的感觉,当然我们当时是固定在座椅上。

我们在工作的时候也非常奇妙,比如说我想到另一个地方去操作一个动作的时候。在地面上,大家看到我们穿着航天服,航天服有20多斤重,在太空舱里,我们有一个拉带,用手拉着拉带然后飘浮过去,非常轻松。当然,这个也是在我们训练的情况下,如果用力过度可能会把自己撞到舱机上,这些都确实非常有意思。

主持人:那还能用力吗,是不是不知道自己使出的力能发挥多大劲?

杨利伟:不会的,人的功能很奇妙,这完全是感觉上的。比如这次神七航天员出舱,我们模拟了失重,进行了大量的实验,在水槽里训练他们怎么样控制姿态,如果进行移动,都是在地面大量训练之后才会有在空间圆满完成任务的效果。

主持人：听说在太空飞行中,吃喝拉撒等所有的生活都要在倒立中完成？

杨利伟：不是在倒立中完成,所有的这些在地面的时候都要进行训练,因为在失重的情况下不存在倒立的状态,任何一个状态都是一样的。

主持人：这种倒立可能是一种自身的感觉？

杨利伟：可能网友没有听太清楚,应该说绝大多数的航天员在进入太空的时候,特别是在刚刚入轨的时候会有一些错觉,我在飞行当中也会有一种倒立的错觉,但经过一段时间的克服之后会消失。当然这个是对整个意志力的考验,可能在坐飞机时会有类似的现象,它是一个非常难受的过程,我们也有百分之九十几的航天员都有这样的感受,但经过一段时间之后会克服。

主持人：除了失重、超重,身体还会感觉到一些别的变化吗,比如体温会不会增加？

杨利伟：失重给生理上带来的主要是一个体液的重新分布,比如航天员刚刚入轨的时候都会显得人比较红、比较胖,这时候血液不断地分布,这是微动力造成的,眼睛会比较红肿,当然慢慢会改善,体温没有什么大的变化。

主持人：在整个飞行过程中,什么时候感觉最难受,是需要挑战身体极限的？

杨利伟：因为是返回过程当中,压力感受更明显一些。我在飞行过程当中受到的震动,当时对身体的挑战非常大,当然这件事,我们在神六的时候进行了改进,神七基本上就没有了。对于我来讲,返回的时候压力更大一些。

主持人：在太空中看我们的地球家园是什么样子？

杨利伟：非常奇妙。我在很多场合都在讲,当我从太空舱去俯瞰我们美丽家园的时候,心情一直很激动,以前都是在媒体上看到国外很多航天员的感受。当中国人能够利用自己的飞船,飞到太空去俯瞰家园的时候,那个时候你看到地球这个蔚蓝色的家园,披着淡淡的云层,这种感觉确实无法用语言来形容。我在上面看地球的时候,油然而生的一种感受，确实是为人类的伟大、为中华民族的伟大感到非常骄傲。

主持人：我还记得您亲自写了一首歌词，表现的就是您在太空遨游时的心情，歌名叫《我为祖国感到骄傲》。

杨利伟：这是我和我们工程主任作的，主要还是他作的。飞船落地之后，当返回舱舱门打开的一瞬间，当我看到现场欢呼雀跃的人群的时候，非常的激动。特别是当我自主出舱的时候，下面欢乐的人群确实像一片海洋，所有的人都在欢呼，很多人都在问我一句话："杨利伟，你现在最想说什么。"我就想说"我为我们的祖国骄傲"，因为当时确实没有别的语言来表达我的感受，因为我们的千年飞天梦想，从"嫦娥"美丽传说到飞天，梦想一步一步在我们身上实现，这确实值得为我们国家、为我们民族骄傲。

主持人：在太空上您还有别的发现吗，很多网友都问，您去过太空，您觉得太空里真的有外星人吗？您希望自己会碰到外星人吗？您想和他们说些什么？

杨利伟：在我飞行的过程当中没有碰到外星人，当然从我们的愿望来讲，希望有更多的类似人类文明的生物存在。如果说我遇到了，我会跟他们打招呼，我想我们也是同行。

主持人：我看过一则新闻说，经过一番太空遨游，两款太空稻不仅产量增加，而且变香了，带有一种淡淡的芋头香味。我就特别好奇，上了太空的人会有什么不一样吗，比如说会不会长高一些？

杨利伟：我还没有发现，没有人说我变得和以前不一样了。

主持人：那您在太空中都吃了些什么，会不会突然口味变了，或者特别想吃什么东西？

杨利伟：我在飞行过程当中显然没有神六或神七航天员吃得那么丰富，为什么？因为当时没有让我到轨道上去，虽然当时和现在的所有设备都一样。因为是一个人执行任务，在返回舱里始终要求航天员在上面值班，必须要在上面做监视，因为各种各样的原因，第一次没有让我去用一些设备。我吃的基本上还都是凉的食品，这个也非常好了，大家也看到我当时有过一段录像，我吃的是非常有中华民族传统特色的小月饼，很小，我们叫"一口吃"的食品，因为不能张着嘴去吃，怕飘起来。食品很丰富，有几十种，可以在上面加热，在地面上能吃的在太空中都能实现。不过在上面工作比较喜欢吃一些刺激的食品。

主持人：味道重一点的食品？

杨利伟：对。我们开玩笑，我们最喜爱的、打分最高的食品是榨菜，当然那是一个味道的调整，现在整个食品非常丰富了。

主持人：在失重的环境里，会自己有饿的感觉吗，还是按照时间表吃饭？

杨利伟：整个工作生活习惯还是和地面上差不多的，一日三餐差不多。

主持人：我们很多网友都非常关心，您还会参加神十的飞行吗？

杨利伟：我想作为一个职业航天员来讲，每一次的飞行对我来讲都具有很大的吸引力，包括我们神六、神七，应该说，我现在一直在进行训练，所有航天员的技术训练我都在参加，而且目前的条件也非常好，执行任务是没有问题的。当然，在神六、神七的时候，因为工作上的原因，组织上决定了没有让我去参加飞行，作为我自己来讲，时刻准备着去接受任务。我记得我在完成神五飞行任务回来的时候，有人问我，当时我说了这样一句话，我说我时刻准备接受祖国和人民赋予我的任务，我想作为一个职业航天员是没有问题的。

主持人：我知道您还有大家熟悉的职位之外的一个职位，就是中国航天员科研训练中心的副主任，很多网友都很关心，当航天员要具备哪些条件？

杨利伟：作为航天员来讲，首先要有一个很好的身体，因为我们的工作环境还有一些特殊要求。当然随着我们航天器的逐步完善，对身体的要求会越来越低。它是一个平台，或者它是一个基础，在有一个很健康的身体的基础上要有一个很好的知识结构，特别是随着我国航天技术的发展，越来越多的空间实验，越来越多空间任务的展开，需要我们有很好的技术支持做支撑。当然还要有一个很好的心理，一个很好的心态，有一个应变、应急的心理，当然我们还要求航天员有一个很好的综合素质。大家看到，航天员除了执行任务之外，还要参加社会上的一些活动，比如科普，也要求航天员有很多社会的知识。

主持人：以您为标准，为榜样准没错。有网友问，航天员的训练是魔鬼训练吗？

杨利伟：当然航天员的训练是一个非常艰苦的过程，它不单单是对身体、心理，对精神上也有很高要求，因为是特殊的职业有许多特殊的要求，当然也不是说魔鬼似的。从我们整个训练下来之后，确实是很多项目都是向我们身体的生理极限做挑战,训练也很艰苦,这是一个很神圣的职业。

主持人:最后能不能请您就我国航天发展的前景和我们的网友聊几句?

杨利伟:随着我国经济、科技的发展,从载人航天的角度,按照计划在稳步推进,下一步我们会进行空间的交互对接,首先要进行无人的,再进行有人的,接下来我们要进行短期有人照料的空间实验室的建设,最终我们要实现空间站,长期有人照料的空间站。当然从航天的角度,我们的升空探测也是一个发展的趋势,这不单单是我国,还有美国、俄罗斯等这些国家都在进行当中。随着我国综合国力的提升,我们的航空会得到迅猛的发展,同时也会使我国从一个航天大国逐步向航天强国去推进。我想通过我们自身的努力,包括全国人民对我们的大力支持,我相信我们的国家,我们的航天事业会更加美好。

主持人:好,非常感谢您,在您给我们带来这么多感动,这么多骄傲的同时,我想代表我们所有的南方网友对您说,保重身体,我们期待您,期待中国航天能够创造更大的辉煌。

(据南方网 2008 年 11 月 6 日报道,选用时作了删节和少量文字的修改)

第六章

新闻的梳理

新闻的梳理是对选定的新闻进行净化和优化处理。新闻的确认侧重解决新闻大体可用的问题,一篇新闻总体上可用,并不等于各方面都符合要求。消极地说,它可能还存在这样那样的缺陷;积极地说,它也许还可以进一步提升水准。因此,只有经过认真的梳理加工,新闻的质量才能得到充分的保证。

新闻的梳理应该实现零差错,力争最优化,以完善整个新闻报道的微观基础。它既要求注意新闻的整体,又要求注意新闻的细节;既要求注意新闻的内容,又要求注意新闻的形式,因而是对新闻的一次全面而细致的再检验。这是一项精雕细刻的工作,十分需要认真细致、一丝不苟的严谨作风。

第一节 新闻梳理的下限

新闻作为精神消费品,最起码的要求是不能出现差错和问题。经过新闻确认这个环节,从总的方面来说,这一点是可以得到保证的;但是具体到某个部分、某个细节、某句话语,情况往往就很难说。新闻梳理的首要任务,是要纠正新闻中所有可能出现的差错和问题。这种着眼于补偏救弊的改稿行为,可称之为新闻的"保护性梳理"。

一、纠正各种差错

新闻中的差错有多种多样的表现形式,包括事实性差错、政治性差错、知识性差错和文字性差错。

1. 事实性差错

这种差错在事实构成的各个方面,包括时间、地点、单位、人物、性别、年龄、职务、职业、籍贯以及数字、引文等等,都有可能发生。所以,编辑人员必须全面、细致地加以检验。当然,编辑人员要发现新闻中的事实性差错有一定的困难,因为在绝大多数情况下,编辑人员没有参与采访写作的过程,不了解新闻的实际情况。但是,对于下列事实的差错,编辑人员是应该也是可以发现的。

违反常识——"油菜有根瘤,可以提高地力。"实际上,油菜是没有根瘤的,豆科植物才有根瘤。

不合情理——"谁不想在我国传统的新春佳节里探亲访友、合家团圆呢? 有,他们是检修部广大职工。他们头戴安全帽,身穿工作服,照常进行14号机组的大修。"新春佳节不想合家团圆,而且是广大职工都不想,显然有悖常情,不合事实。

主观想象——"如今的天安门城楼整修得一片簇新……不论是初次登临的人大代表,新增补的政协委员,还是以前来过的人大代表,老政协委员,每个人登上城楼以后,都要情不自禁地手扶栏杆,极目远眺,浮想联翩。"作者怎么知道每个人都"浮想联翩"呢? 这显然是一种经不起检验的主观臆测。

言过其实——"一年365天,品芳每天天不亮起来烧饭、洗衣、伺候病人,然后摸着黑喂猪,天放亮就出工。"一年到头,天天干这些活,都是这样的程序,令人难以置信。

前后矛盾——"上海人今年口福不浅! 每天吃剩的西瓜皮就有9 000吨,比往年多出三分之一……全市每日的西瓜总销售量高达850万公斤,瓜价趋向稳定。"每天吃剩的瓜皮比西瓜的数量还多,可能吗?

以偏概全——"由于开通了排水沟,这个村获得了棉花的好收成。"农作物丰收涉及多方面的因素,完全归因于开通排水沟,并不符合实际情况。

以上这些例子都是从刊播的新闻中摘录的。类似这些事实性差错,编辑人员可以根据事理逻辑看出其中的毛病。如果这些差错未加纠正而公之于众,理应视为编辑人员的疏漏或失职。另外,对于众所周知的事实,如著名人物的姓名、性别和重大历史事件的名称、内涵等,编辑人员在处理时也不应该出现差错。纠正这类差错关键在于细心。特别是前后矛盾的现象,两者之间往往隔着不少文字,只有细心,才可能发现。

2. 政治性差错

纠正政治性差错的重要性是不言而喻的。在改稿中,要特别注意纠正违背马克思主义的观点和提法,纠正违背党的路线、方针、政策的观点和提法,删除涉及党和国家各种机密的内容和文字。同时,对于党和国家领导人的职务和排序不能搞错;对于台湾、香港和澳门不能误称为"国家"。有的报道说某省经济发展水平远落后于沿海发达地区,是处于"社会主义更初级阶段";有的报道将国务院副总理写成"国务委员"并排在国务委员之后;有的报道把居住台湾的同胞到大陆观光说成"回国旅游",这些政治性差错都带来了很不良的影响,必须引以为戒。

3. 知识性差错

知识性差错也常常会在新闻中出现。有的是自然知识错误——"为挤出时间,每天宋振顺都是披着星星走,顶着月光归,风雨无阻。"雨天怎么会见到星星和月光呢?有的是地理知识的错误——"西哈努克是9月1日抵达维也纳的,这是他于7月底开始的欧洲之行的最后一站。在此之前,他先后访问了埃及、法国、瑞典和挪威。"埃及怎么也属于欧洲呢?有的是科技知识的错误——"刚刚过去的春节留给上海人的热门话题之一依然是烟花爆竹。人们明显感受到的是:农历正月初一的零点前后市中心处于'枪林弹雨'的时间明显缩短,TNT 的烈度明显减弱。"制作烟花爆竹用的不是 TNT,而是黑火药。TNT 通常叫黄色火药,爆炸威力远远大于黑火药。有的是法律知识错误——"一位大学生在参加成人仪式后对记者说:'从今天起我就是一个公民了。'"把成人等同于公民,不符合法律规定。凡此种种,不胜枚举。其中有些错误既是知识性错误,又是事实性错误或政治性错误。这些差错显然也是应该加以纠正的。

这里特别需要强调的是纠正法律知识方面的差错。我国正在加大依法治国的力度,法制报道在新闻报道中的比重明显增加。法制报道的目的是教育人们知法守法,增强法制观念。如果报道中出现法律知识的错误,其副作用更大,有时还会造成新闻侵权,导致传媒自身工作的被动。1997年年初,某市工商报以《罪犯纪某因贪污被检察机关拘留》为题,报道纪某在任副局长期间,利用职务之便贪污公款2万余元。但是,事隔不到两星期,纪某和委托的律师找到报社,说检察机关认为纪的行为是错账,不是贪污,并已撤销案件;报道用肯定语气说纪犯罪不符合事实,不符合《刑事诉讼法》有关规定,对其名誉构成了侵害,要求报社公开赔礼道歉,消除影响。报社经与检察机关核实,在报纸上为纪恢复了名誉,并对失实报道表示歉意。其实,如果当时有关编辑懂得法律知识,知道只有人民法院才能判定有罪无罪,将"罪犯"改为"犯罪嫌疑人",问题也就不会出现了。

在法制社会,编辑人员一定要注意学法懂法。对于一些常用的关键的概念,更应该正确把握它们的含义及适用范围。比如,凡公安机关认为应予刑事处罚的犯罪嫌疑人,一律不准用"罪犯"、"犯罪分子"、"案犯"、"人犯"等称谓,应用"某某犯罪嫌疑人"、"涉嫌某某行为"等词语。对被当场抓获的作案者,也不能用"犯罪分子",应用"犯罪嫌疑人"。在一些文字上难以表述的地方,可以酌情用"歹徒"、"凶手"、"暴徒"、"作案者"等词语。只有在法院判决有罪后,方可称为"罪犯"、"犯罪分子"。对于已经释放的人员,可称为"刑满释放人员",不要称之为"劳改释放犯"。也不要将劳改犯和劳教人员统称为"两劳人员"。此外,"罚金"与"罚款"是两个不同含义的法律概念,不能混用。罚金是指人民法院在处理刑事案件时,强制被告人在一定期限内缴纳一定数量钱币的刑罚;而罚款则是行政执法部门对不够刑事处分的违法行为依法强制在一定时期内缴纳一定数量钱币的行政处罚。罚金是刑事犯罪的刑罚,必须由人民法院判决才能适用;而罚款一般仅用于行政执法机关对违法行为的处罚。这些规定,编辑人员应予熟记。

4. 文字性差错

编辑人员还应注意纠正文字性差错。文字性差错,有时会导致政治性差错。毛泽东主席在世时,有家报纸刊登一张反映他的旧居的照片,说明却把"旧居"写成"故居"。一字之差,意思截然不同,造成很不良的政治影响。即使是标点符号的差错,有时也会导致政治性差错。1949年大军过江之后,《皖北日报》发表一篇社论,其中有这样一句：三野主力"帮助皖北军民剿灭了危害鄂豫皖三省边境人民的残匪……"照说这里的逗号应点在"残匪"之后，但见报时却点到了"人民"之后，意思全反了。等到发现差错，报纸已在市区零售了一部分，无法追回，产生的负面影响可想而知。所以，编辑人员尤其是报纸、电视的编辑人员，对于新闻中的错别字包括标点符号在内，都要认真检查；特别是对于政治性、思想性、政策性强的稿件，更不能粗心大意。

为了防止错别字的漏改，编辑人员平时要注意识别一些容易搞错的成语和词语。如"不径而走"应为"不胫而走"，"廖廖无几"应为"寥寥无几"，"脉膊"应为"脉搏"等等。同时，要注意一些常用语在语义上的区别，如"国事"与"国是"，"反映"与"反应"，"品位"与"品味"等等。这些词语音同意不同，容易误用，也容易在文字输入时出错，因而格外需要注意。

二、避免各种不当

新闻报道中的不当之处也有多种多样的表现形式。

1. 内容方面不当

编辑人员首先要注意纠正内容方面的不当。从实际情况来看，内容方面副作用比较明显的有这样几种。

一是提法不当。例如，有些关于计划生育的报道，用了"不准"、"不允许"、"只许"等硬性的说法，与提倡计划生育的政策精神不相吻合。

二是做法不当。例如，有的报道写"团支部召开党员会"，这不符合组织工作的原则。有的报道写一位会计看到担任出纳的女同志快要分娩，便自告奋勇，一个人揽起了两个人的工作。这位会计的用意可能很好，但兼任出纳却为财务制度所不允许。

三是泄露内情。在经济报道中，有的涉及内部经济情报，有的涉及名牌产品的化学配方、工艺流程等，给经济工作带来了消极的影响。在法制报道中，有的公开未成年犯罪嫌疑人的姓名、地址与肖像，有的披露看守所的建筑格局、警戒设施和关押人员的数字，有的报道毒品加工方法及吸食、注射方式和方法，还有的披露公安机关的侦破手段、违法犯罪分子的作案手段，等等。所有这些，都妨碍了打击违法犯罪活动，不利于社会的稳定。

2. 用词方面不当

编辑人员还要注意把握词语的分寸、感情色彩和适用范围,尽量避免用词方面的不当。如"礼拜"作为宗教用语,用来代替日常报道中的"星期",就显得不合适。为刚刚牺牲的革命烈士题词用"欣然命笔"来表述,在感情上使人不易接受。2006年全国多家媒体报道世界女子举坛名将邹春兰沦为搓澡工,这里用了"沦为"两字,不管其主观愿望如何,客观上是对搓澡工的一种羞辱。类似这种语言歧视不仅涉及一些行业,尤其是部分第三产业,也曾屡屡见之于对性别、身份、身体、族群乃至地方的表达。有学者指出,歧视性语言本质上是一种"语言软暴力",表面上伤害的是一两个人、一个群体、一个阶层,实际上是对所有人的伤害。如果语言有了对人的歧视,现代文明就无从谈起①。编辑人员对此不能不引起高度的注意。

为了纠正差错和不当,编辑人员要留心情况的变化。2002年2月1日起施行的《出版管理条例》对原条例作了不少修改,例如,在关于出版物不得含有的内容中,将"煽动民族分裂,侵害少数民族风俗习惯,破坏民族团结",改为"煽动民族仇恨、民族歧视,破坏民族团结,或者侵害民族风俗、习惯";将"侮辱或者诽谤他人"改为"侮辱或者诽谤他人,侵害他人合法权益";增加了"扰乱社会秩序,破坏社会稳定"一项,等等。编辑人员如果不注意这些重要的变化,就很可能会出现政治上的差错。又如,中央和地方的党、政府、人大、工会、共青团、妇联等机构的领导成员及其职务、排序,定期或不定期的有所变化;一些国家、地方的名称,一些机构、单位的名称甚至路名、街道名等也会发生变化,对这些因素都应加以留意。再如,到了月初、年初,还要防止出现"季节性差错",即把"上月"、"去年"误作"本月"、"今年"。

选用新华社电讯,要关注新华社改稿信息。此外,对新华社电讯稿,通常只能删节,不能增补。如经删节,须在电头前加一"据"字,即"据新华社某月某日电",以示职责分明。

现在网站转载其他媒体的新闻的现象十分普遍。这里需要注意的是,在转载时如果对内容有增删,也应比照传统媒体转载通讯社电讯的做法,加上"据某某媒体报道"或"据某某媒体报道改写"等字样,这样

---

① 顾海兵:《消除语言软暴力》,《南方周末》2010年2月11日。

一旦转载出现差错,可以使被转载媒体免受牵连。2010年4月,有家知名网站在首页要闻区刊登标题《辽宁庄河千人政府门口下跪 市长被责令辞职》,十分引人注目。进入文本层可以看到,这篇新闻转自人民网,但人民网的新闻没有提供"千人下跪"的信息,标题也没有这方面的内容。原来,这家网站在转载时作了增补,加进了先前其他媒体有关千人下跪报道的链接,应该说其标题是有根据的。但因没有注明对来源进行了修改,可能会使网民对人民网产生误解,所以这样的处理是不妥当的,应该按上述要求加以规范。

第二节　新闻梳理的优化

新闻的梳理必须纠正差错和问题,但又不能以此为满足。编辑人员应该在此基础上,尽可能完善新闻的表达,以增强新闻的吸引力和影响力。这种着眼于扬长求精的改稿行为,可称之为新闻的"提高性梳理"。它通常侧重于下述两个方面。

一、凝聚主题

主题作为文章思想内容的核心,它的高下优劣,决定着一篇新闻的成败得失。主题首先要正确,而这在新闻确认的时候即已解决。新闻梳理要着重解决的是如何使主题集中的问题。正如火力分散不易击中目标一样,新闻主题分散,难以给受众留下深刻的印象,而且容易导致篇幅冗长,令人生厌。

1. 一线串珠

主题集中,要求一篇新闻只能确立一个中心,不能多中心。中心一旦确立,就应像红线串珠一贯到底,不能中途变线。这个道理看似十分明白,但在来稿中并非都能做到。

有篇反映一家商店实行承包经营的消息,开头写商店吃"大锅饭"而长期亏损;接着写其实行承包责任制;第三段是重点,写商店承包后注意维护消费者权益;第四段写实行承包责任制给商店带来的好处;最后一段写商店因维护消费者权益而生意兴隆,还得到顾客联名写信表扬。从一、二、四段来看,消息是想说明商店实行承包责任制的好处,而从三、五段来看,消息又分明着眼于承包后如何维护消费者权益。这两层意思说的都是承包方面的事情,但毕竟不是同一个主题,错杂在一篇消息之中,使受众难以把握要旨。其实,就当时的情况而言,承包责任制已在商业系统普遍推广,不是什么新鲜事,倒是承包后如何维护消费者权益,具有较强的针对性,因为这个问题尚未引起普遍的重视。所以,这篇消息应当将一、二、四段基本删去,主要保留三、五段。这样,主题集中了,指导性也得到了强化。

2. 削去枝蔓

为了突出主题,有时还需要忍痛割爱。来稿有这样的情况:新闻中的个别例子与主题关系不大,却十分生动感人,令人难以舍弃。

比如,有篇叙述一位青年勇救落水小孩的新闻故事,其中说到这位青年救人时右脚掌被划了一个很大的口子,救出小孩后,他被人送进医院,医生给他的伤口缝了多针,并给他开了病假单。按理说,故事到这里就结束了。可是作者继续写道:"他没有休息,照样坚持上班。从他家里到电器厂有 3 里多路,脚不能走,也不能骑车,就叫弟妹送,雨天就住在厂里。时间过去 10 多天,他的伤口还未好。"这段内容是生动感人的,删掉似乎有些可惜,但它毕竟反映的是这位青年的敬业精神,已偏离了见义勇为的主题。为了主题思想的集中、鲜明,这样的内容也只好割舍。

3. 以少胜多

主题集中,要求选材以少胜多。主题孕育于材料之中,但并不是材料越多,主题就越突出。材料具有两重性,既可以突出主题,也可以冲淡主题。不说明问题的材料越多,主题会越模糊,即所谓"繁华损枝,膏腴害骨"。材料不在于多,关键在于说明问题,在于材料的质量。编辑人员不仅要尽力去掉与主题无关或关系不大的材料,而且对于与主题关系较大的材料也要进行挑选,要选那些更能说明问题的材料。有些材料虽然与主题关系较大,但只是量的增加,无助于主题的深化,那也应当毫不可惜地予以删去。

新华社曾改编过一家报纸刊登的通讯《刮刀落地》。这篇通讯记述一位团委副书记帮助一个失足青年转变成新人的事迹,原稿 7 000 字左右,具体材料很多,生动的事例也不少,但流于庞杂、琐屑。改稿对此作了大量的精简,篇幅压缩到 3 000 来字,其中在选材方面体现了一个"精"字。比如,写到这个失足青年精神面貌发生很大变化时,原稿提供了两大类篇幅相似的事实:一类可称为"改邪",举了两个例子,都是反映这个青年顶住原先与他一起作案的哥儿们的纠缠和威胁,不再同流合污干坏事。一类可称为"归正",举了5个例子,都是反映这个青年做好事,求上进,包括带病劳动,抢干重活脏活;为集体拣了价值1万多元的砖块和废铅,受到厂团委的表扬;义务拉石料,修马路;资助困难职工;提出入团申请。应该说,这两类事实都说明这个青年的转变,与主题都有较大的关系。但是比较而言,后一类事实显得更积极一些,更能说明问题。事实上,"改邪"是"归正"的题中应有之义,一个不愿意继续旧恶的青年,才会有勇气要求入团。有了后一类事实已足以说明问题。后来,新华社的改稿将前一类事实都删掉了,这就达到了短而精的统一,使主题更为集中、鲜明。

4. 精简过程

对事物过程进行必要的压缩和概括,是使新闻报道短而精的一条重要途径。以《人民日报》修改的通讯《一出感人至深的"话剧"》为例。它记述的是一位话务员为使出差在外的作家秦牧赶回广州治病而热心服务的事迹。原稿近2 000字,修改后不到600字,而且简而不遗其意,简而不舍其活。所以有这样的效果,一个重要原因就是精简了事物过程的叙述。

最明显的有两处,一处是在记述这位话务员答应为病人联系交通、食宿之后:

> "十一号"接到西宁的电话后,便立即与西安民航局联系。她想起兰州长途台话务员小杨。小杨的父亲就在西安民航局,是反劫机的英雄。但她不认识他,出于对一位并不认识的急病号的关怀,她还是在深夜打电话把情况告诉老杨了。老杨一口答应下来,并吩咐她次日早上持证明找他一起去办订票手续。飞机票解决了,"十一号"又给病人联系医院和宾馆。她把西安的医院逐一考虑过,认为条件最好的是中心医院,她就给中心医院打了个电话。对方也立即答应了。剩下的就是病人住的问题。她考虑到病人住市区离机场太远,想起机场里面有个小宾馆,便给机场宾馆负责人挂了个电话。宾馆负责人知道是来自广州的重病人,就一口答应,并立即腾出房间来。

原稿叙述的这个过程,改稿是这样表述的:

> 通话毕,女话务员立即同西安民航局联系,对方让她次日早持证明办订票手续。她给医疗条件最好的中心医院打电话,对方也同意了。她又给机场宾馆挂电话,宾馆负责人答应立即腾出房间来。

改稿删掉了女话务员思考的过程和内容,以及诸如"剩下的就是病人住的问题"等可有可无的过渡句,只保留了她思考的结果。写女话务员的这些思考可以进一步反映出她助人的热情,但是,关于委托反劫机英雄订票的内容,似有无形中肯定"办事靠关系"的陋习之嫌,而且无展开的必要;至于后面的思考之意,可以用含蓄的方式表现出来。现在这样压缩之后,字去而意留,言简而意赅,也消除了可能产生的副作用,一举数得。

再看第二处,即在记述女话务员妥善安排病人的食住、医疗之后:

> 病人的同伴非常感动。同行的记者上前同她握手,赞扬她乐于助人的精神,她却有些不好意思了。
> "人家说你多管闲事呵。"记者笑着说。
> "十一号"笑了笑:"如果这闲事能给别人好处,那多管些也好……"
> 记者问道:"你知道,你帮助的病人是谁?"
> "十一号"摇了摇头。

改稿将这个过程简化为一句话:"同行的记者问她知不知道病人是谁,她摇了摇头。"原稿写的"握手"、"赞扬",属一般礼节性行为,不说明多少问题;前一段对话内容新意不多,可有可无,后一段对话也并非必须展开。现在这样概括,要言不烦,一目了然。

5. 详略得当

主题集中,要求叙述详略得当。与主题关系直接的、重要的内容应当展开,写得具体、详细一些,不足的部分还应设法补充。相反,与主题关系间接的、一般的内容应当压缩,写得概括、简略一些,可有可无的部分还应删去。以新闻中常见的交代背景为例。任何事物都是在一定的环境中存在和发展的,但这种环境对事物影响的程度是不同的。换句话说,作为新闻的背景,有些是很说明问题的,有些却不尽然。比如,对于《长江三峡工程导流明渠正式通航》这一新闻来说,"明渠河宽和水深都超过苏伊士运河和巴拿马运河"的背景是很有意义的,不仅提供了知识,而且更可以反映出这条明渠的价值。但在记者的报道中缺少这一背景,有关编辑根据掌握的确凿资料,在编发这篇新闻时加了上去。这种增补是十分必要的。但是有些背景不是这种情况,比如报道救落水小孩,描写天气炎热的具体景象,就没有多大的必要,可以删去。

详略得当,是该详则详,该略则略。有些编辑人员在改稿时,删掉了一些受众欲知或应知的事实,删掉了一些必要的解释和说明,删掉了一些必要的细节和悬念,这种该详不详的处理方法,削弱了新闻报道的丰富性、准确性、明确性和生动性。

例如,新华社2001年3月1日报道陕西铜川惠家沟村党支部书记郭秀明带领乡亲们脱贫致富的感人事迹,其中说到:1991年,年迈的老支书退了下来。郭秀明毛遂自荐,但他家属反对,他就说:"我是个党员,全村那么多穷户,咱一家富了有啥意思。"第二天,在党员大会上,郭秀明全票当选村党支部书记。有家大报在编发新华社这篇报道时,将"在党员大会上全票当选"的内容都删掉了,给人的感觉是党员可以毛遂自荐当村支书,而不需要经过党员选举,这就违背了《中国共产党章程》的有关规定,有损报道的准确性。

再如,新华社2002年10月13日播发了通讯《公仆本色——追记湖南省委原副书记、省人大常委会原副主任郑培民同志》,里面有这样一段文字:"调到长沙后,杨力求上班要走上40多分钟。她不会骑自行车,乘公共汽车也不方便,多年来,她一直走路上下班。郑培民托人为妻子买鞋,指明买那种柔软的、平底粘胶的鞋子,他要让妻子在风吹雨打的路上,走得舒服一些。但这个有情有义的丈夫却从不让妻子搭他的顺路车。"这段细节描写生动感人,也很能反映这位高级干部的人情味和思想境界,但有家大报在刊登时却予以删去了。这样的修改也是不可取的。

当然,从目前的情况来看,主要矛盾还不在于该详不详,而在于该略不略。这种现象在文字报道中尤为明显。不仅有不必要的背景和过程的交代,还有不必要的议论,拖沓的描写,多余的抒情等等;至于可削之句和可减之字,就更多见了。因此,编辑人员更要注意删繁就简。

二、凸显精华

新闻中的精华,是对受众最有吸引力的部分,应尽可能加以突出处理,不要"玉隐珠匿"。在新闻媒体不断扩容、受众应接不暇的今天,在手机新闻日益流行的当下,这样处理显得更有必要。

突出精华,需要根据不同的情况采取不同的办法。

1. 改变体裁,调整结构

新闻报道有多种文体,它们各有特点,各有优势。从突出精华的角度考虑,运用消息这种体裁最为有利,因为它以最直接、最简练的方式报道事实,而且通常采取"倒金字塔"式结构,把最重要、最新鲜、最精彩的内容放在前面,与突出精华的要求最相吻合。有些新闻,内容十分精彩,但因采用的是通讯体裁,这些精彩的内容往往不在前面,不能迅速而又清晰地显现在受众面前。遇到这种情况,如有必要,就应该将它们改成消息,通过结构的调整,突出新闻中的精华。《浙江日报》曾刊登题为《两千多双女带鞋的遭遇说明了什么》的消息,被评为全国好新闻。这篇消息是由通讯改写而成的,原稿为记者所写,近1 600字。全文如下:

记者最近去仙居县采访,听到一个饶有兴致、却又发人深思的故事。

事情还得回溯到1977年7月。那阵子,县百货公司组织到一批宽口女式带鞋,它以式样大方,穿着舒服方便,博得了县城中青年妇女的喜爱。不意,行情突变,"俏货"一时变得问津者寥寥。殊不知,一件商品在城里是滞销品,在农村也许是畅销品。这要看渠道通不通了。但是公司不问青红皂白,一下把剩余的2 500双鞋子打入冷宫。这批货物也就默默无闻,在批发部仓库里静悄悄地躺了一年半,再也没人去"搭理"它们。去年初春,职工们在整理仓库时,有人突然惊叫起来,众人一看,却见那鞋子,有的有白花斑子,已经发霉了。这下公司领导着急起来。在去年10月,公司轻巧地将笔一挥,削价七折处理。恰逢城关开交流会,供销社同志进城,好说歹说,以移库代销方式,请供销社协助推销。田市区供销社有个常驻城关的采购员,那日,她看了鞋子,踌躇一会,终于答应先拿20箱(每箱计30双)。横溪供销社拿了20箱,下各供销社拿了10箱。

县百货公司满心喜欢,鞋子总算有出路了。但总有点放心不下。公司批发部同志下去时,总爱到这3个供销社溜达溜达。一天,批发部老严去白塔,踏进供销社仓库,四下里一瞧,只见墙角边整整齐齐叠放着20箱鞋子。怪不得刚才商店柜台里见不到,便问供销社同志:"怎么不摆样?""没人要。"语气十分肯定。

按理说,商品从城镇流向农村,只有同群众见面或送货下乡,才能了解农民的需求,但供销社以种种理由推辞掉了。移库代销,实际上是移库代库。光阴荏苒,眼看今年的霉季又将来临,县百货公司惦念这批商品,于是在2月底通知各供销社将鞋子退回。退得最快的是田市供销社,20箱鞋子原封不动,亮晶晶的玻璃包装纸一张没撕。

鞋子又回到了批发部的仓库,大概公司批发部注定是要供销社推销了。批发为零售服务嘛,坐商就不好改改行商吗?

说来也巧。正在公司为难之际,4月初的一个早晨,白塔两个上了年纪的商贩来县公司批发部进货,批发部的人灵机一动,随即拿出一双鞋子,如此这般公论了一番,其中一个看了一会儿,觉得这鞋子挺合农村中青年妇女的心意,便试着进了两箱60双。回去后,当即在街上设摊供应。出乎意料,20来分钟就抢购一空。两位商贩喜出望外,连忙盘了2 000多元钱,租了一辆手扶拖拉机,风尘仆仆赶到城里,把百货公司批发部仓库里剩下的几百双鞋子全包了。第二天适逢市日,那些头天没有买到的顾客早就等候在街头。摊一摆开,就被围得水泄不通,伸着手要买。离摊点近百米处有一个供销社下属的杂货商店,店里的3个营业员闻讯后,也跑过来,各自买了一双。不到一小时,在公司仓库里躺了几年的货物就卖光了。

再说供销社3个营业员买去后,消息传到供销社领导那里,一个电话打到城关,向批发部要这批货。

说来有意思,下各供销社当初公司想要退回这批货时,没有及时退回,一听白塔动销了,也从仓库拿出来,顷刻间也销光了。

滞货一下变成了俏货,原来你推我搡的商品,现在变得你争我夺。横溪退货晚了一步,刚退回,看到顾客很欢迎,又拿了10箱去。公司批发部为这批货有了销路而感到舒心。这天,田市区供销社打来电话,埋怨公司批发部为什么将俏货批发给合作商业了,接电话的人苦笑着说:"哎呀,这批货原来是你们退回来的呀!"

放下电话,又进来一个女同志,老严一看,是田市区供销社那位采购员。她倒有点不好意思,鞋子以前是她进的,退回社是她退的,现在又来进了。公司批发部即把横溪的10箱"照顾"给田市区供销社了。

2 500多双鞋子的风波结束了。其实,两位商贩做生意也没有什么诀窍,只是摆出样品,深入到顾客中间,如此简单的事,信手可得,堂堂国营商业的职工缺少那么一种精神,说明官商作风害人不浅。记者在县百货公司批发部看见,安排旺季市场的工业品源源不断而来。仓库、会议室都挤得满满的,连办公室都腾出来,而很多商品批发给供销社,又不要。今年批发部领导连呼,"生意难做"。看起来,很需要有小商贩那种作风。

应该说,这篇通讯反映的事实是精彩的,行文也生动有趣。可惜的是,精彩的内容淹没在过程的叙述之中,令人难以一见即知。诚然,整个过程可以简化,有些议论也可删掉,但是作为一种详细而生动地报道客观事物的文体,通讯对事实的反映又不能过多地采用概括和直叙的笔法,否则会失去这种体裁应有的特色和优势,这样也就多少限制了其突出精华部分。而这个问题对于消息来说比较容易解决。

不妨再看一下修改稿的全文:

本报讯 积压在仙居县百货公司两年半的2 000多双女带鞋,在和农民见面后,竟变成了畅销货。

这批滞销品变成畅销货,有一段曲折的经历。早在去年初春,仙居县百货公司职工在整理仓库时,就发现有一大批女带鞋已经被积压了一年半时间。在这一年半中,他们坐店经商,没有带鞋下乡,征询农民是否需要。去年10月份,这个公司领导曾委托几个供销社"移库代销",并削价出售。田市区供销社和横溪区供销社各拿了600双。但是,这两个供销社既没有把这批女鞋陈列出来,也没有携带下乡给农民看看。这样,这1 200双女鞋在两个供销社仓库里放了5个月时间,于今年3月份又退回到了仙居县百货公司。

今年 4 月初,县百货公司积压一大批女带鞋的事被白塔的两个商贩知道了。他们一口气买去了 60 双,在白塔的街道上摆了鞋摊。结果只花了 20 分钟,就被争购一空。当天下午,这两个商贩又带了 2 000 多元钱,向县百货公司批发了 900 双鞋子。

第二天适逢集日,那些头一天没有买到鞋子的农民,早就等候在街头了。鞋摊一摆开,就被围得水泄不通。不到一个钟头,900 双鞋子全部卖光。这时候,田市区供销社和横溪区供销社闻讯也赶到县公司,各要了 300 双鞋子去卖,也很快销售一空。

(转引时个别文字略有改动)

这篇消息的开头就点出了新闻中最精彩的部分,而且用原稿不到五分之二的篇幅,讲清了事情的来龙去脉,读者很容易把握其要旨。当然,并不是每个编辑的修改都能达到这样的水平,不能把这篇新闻的成功简单地归因于体裁的转换,但是消息这种体裁的直接性和简明性有利于突出精华,看来是不争的事实。这位编辑改稿之所以要改变体裁,道理也正是在这里。

如果将这则消息作为手机新闻发表,由于手机显示空间小,其篇幅还应作较大的压缩,以突出最主要的事实。试修改如下:

本报讯 积压在仙居县百货公司两年半的 2 000 多双女带鞋,在和农民见面后,竟变成了畅销货。由于没有下乡了解需求,这批女鞋一直销不动。今年 4 月初,两个商贩获知这一消息,便购了 60 双摆摊销售,不料很快就卖完。他们又向百货公司购了 900 双,结果不到两天时间也被争购一空。

2. 取其一点,独展所长

在选定的新闻中,有的报道面面俱到,精彩之处因而失色。对此,一个行之有效的办法,是将精华部分分离出来,独自成篇。有记者曾写过一篇反映上海京剧院演员到温州农村演出的报道,其中涉及一个十分有趣的信息。这个剧院原拟演出《挑滑车》一折,但由于演出所在地的居民以高姓为主,这出戏中偏偏有个姓高的最后被砸死,颇有犯忌之嫌,因而遭到演出主办者的反对:我们姓高的人出钱请你们来演戏,怎么可以让高姓的人死于非命？最后，这出戏不得不被撤下。报道原文1 200多字，涉及面较广，包括农民对文化的企盼，上海艺术家千里送戏的热情等，"撤戏"只是其中并不显眼的一部分。后经研究，编辑删去了其他内容，只保留"撤戏"的信息，篇幅减少到300来字，予以突出处理。报道发表后，赢得多方好评，还被评为上海市好新闻。

对于通讯社的新闻，采取"取一成篇"的方法，还可以收到类似独家新闻的效果。例如，1996年1月26日，新华社播发关于全国纪检监察系统表彰先进的消息，里面提到中纪委给江苏省纪委书记记一等功。《常州日报》有关编辑看到这篇消息后认为，纪委书记是本省的领导干部，他负责查处的"新兴公司案"是本省闻名全国的大案，给他记功又是此案结束后的最新信息；这一则信息虽则几句话，却体现出党和政府反腐倡廉的决心，又与本报读者有明显的地域接近性。于是，编辑将这几句话从这篇会议新闻中抽出，单独发表，结果赢得了独家新闻的优势。时隔3天，新华社也发表了类似消息，而全国许多新闻媒体到第四天才刊播。

3. 化整为零，各显其要

有些新闻重要信息多，但篇幅长，压缩会伤筋动骨，整体刊播又难以使受众统揽各要。在这种情况下，可以将它们分成若干篇，组合刊播。前些年，上海有关机构以本市在校大学生为主要对象，进行了一项较大规模的调查。对这项调查的结果，按常规写一篇综合报道即可。但是《文汇报》却采取分篇办法予以组合报道，在一个总标题的统辖下，发了3篇消息：

本市一项大型调查显示：谋求发展机会是大学生求职首选因素
大学生乐意自主就业　大学生的"薪情"看涨

谋求发展机会是首选

本报讯　调查显示，谋求职业发展机会是大学生择业时最看重的因素，有65%的被调查者将有无发展机会列为择业时第一考虑因素，其次分别是：收入水平、职业稳定性、工作时间自由度、企业地理位置和户口等因素。

有72%的人希望在日后工作中能有所发展。另外，男生比女生更迫切希望得到发展机会，两者在此问题上的反应率分别为

61%、62.1%。值得注意的是,专科生、本科生和研究生3个群体中,研究生渴望发展的热情不及本科生和专科生,仅有60.4%的研究生把发展列为择业第一选择因素,这一现象应引起有关方面的重视。

大学生乐意自主就业

本报讯 "自主就业,双向选择"作为高等院校毕业生就业制度改革的一项重要举措,已被多数大学生所接受。在选择就业机会时,有56.8%的大学生准备自己进入人才市场求职,17.7%靠信函联系,仅9.7%和7.9%分别依靠亲友和学校获得就业机会。

在择业上,研究生显然要比大专生和本科生更有自信心,79.1%的研究生作好了自主择业的心理准备;上海市生源学生比外省市籍学生自主择业率高13.7个百分点,良好的人际关系和对地域环境的熟悉,使得更多的本地生源学生对自主择业持积极态度。大学生乐意自主择业,54.9%的学生赞成现行就业制度,只有4.3%的人持不赞成态度;在研究生中,赞成率更高(62.2%),不赞成率更低(0.8%)。

尽管如此,大学生们对当前就业的困难还是有着较充分的心理准备。在对就业难易程度的认识上,14.3%的学生认为"很难",72.6%认为"有困难但可以克服",仅13.1%选择了"很容易"。这就说明,作为一代骄子的大学生正以一种比较轻松、比较自信的心态面对着未来,绝大多数学生对就业形势持看好态度。

大学生的"薪情"看涨

本报讯 "经济待遇"始终是求职者择业时考虑的一个重要问题,大学生同样如此。

调查结果表明:多数大学生对月薪的定位在2 000元左右,这一心理价位已明显高于社会在职人员的平均月收入水平,也比前两年大学生的期望值高出许多。同时,男生心目中的"薪情"要比女生高,有45.7%的被调查男生期望月收入在2 000元以上,而持同样期望值的女生仅39.5%;相反,期望月收入在1,200元以下的男生和女生分别只有11.2%和16.7%。学历与期望收入成正比。调查显示,研究生、本科生和专科生月收入在2 000元以上的分别为:73.3%、43.5%和24.1%。

这些信息都是较重要的,但如放在一篇报道中,就不易引起读者注意。现在分篇发表,重要信息显得突出,篇幅又短,传播效果可以得到增强。当然,标题之间如减少重复,效果可能更好。

4. 分层加工,链接建构

网络新闻可以超文本链接的形式显示。根据这一特点,在编辑篇幅较长的新闻时,可按照标题—摘要—简讯—全文这种倒金字塔结构予以分层加工。这样能够使网民迅速了解新闻的概要,如其有时间和兴趣再向纵深阅读。也就是说,一个只限于"浏览"状态的网民,可能仅关注发生了什么,他就可以只阅读第一层页面上的标题和摘要;如果想了解得稍多一些,他就可以进入下一个页面,阅读一两百字较为详细的报道;要是想知道更多的细节和背景,则可以选择再下一个页面中的详尽的报道。这种加工方法,实际上是按网民不同需要进行了页面层次细分,既突出了精华,又提供了全部信息,可以使网民各取所需,增强了网络新闻的易读性和吸引力。

在编辑事件性新闻时,也可根据事件的进展,先将相关新闻进行分层,然后将每条新闻最关键的信息汇集在一起,用最简洁的语言勾勒新闻事件的发展脉络和全貌,组成一篇相对完整的新闻报道。2000年7月新浪网关于法航协和式客机坠毁的报道,就是一个有代表性的例子。全文如下:

法航协和式客机坠毁

当地时间7月25日下午4点45分(北京时间7月25日晚上10点45分),法国航空公司一架协和式客机在巴黎戴高乐机场起飞后不久即坠毁。机上100名乘客和9名机组人员全部遇难。飞机坠毁时还造成地面4人死亡。＞＞详情请进

当地时间7月27日晚7时,北京时间28日凌晨1时,法航空难调查小组公布了初步调查结果:失事的法航协和式客机左舷的两个引擎是此次空难的罪魁祸首。＞＞详情请进

在这起震惊世界的大空难中,居然还有一位幸存者——21岁的英国女大学生爱丽丝,她的死里逃生只能用"奇迹"两个字来形

容。＞＞详情请进

着火的协和客机、惊愕的目击者、悲痛的遇难者家属……<u>组图：全程目击法航协和客机坠毁(1)、(2)</u>为您真实重现法航空难历史性的一刻。

这篇报道在扼要叙述此次灾难的基础上，用4个链接提供了有关详情，包括：法航协和客机坠毁113人遇难；法航空难调查小组公布初步调查结果；协和飞机撞向我住的宾馆——英国女游客讲述逃生故事；全程目击法航协和客机坠毁组图。这样，网民可以用很短的时间了解事件的概况及最新进展，又可以根据自己的需要选择阅读有关背景和细节。这种编辑方法还便于对新闻进行动态更新，即在更新时用简短的文字提取新闻要素，再用链接方式加以展开。

第三节 新闻梳理的准则

新闻的梳理必须遵循"有稿必检、有错必纠、有改必慎"的原则。这是新闻工作职业道德的要求，也是一个正直、负责的编辑人员应有的态度。

一、有稿必检

如前所述，新闻的梳理最起码的要求是纠正差错和不当，而任何稿件都可能存在这样那样的问题或不足，所以都有必要加以检验。这是纠正差错和不当的前提。

（1）一般记者的稿件要检验，总编辑的稿件也不能忽视。前者写稿有疏忽的可能，后者写稿也难保万无一失。1996年5月10日，有家大报的总编辑和记者合写关于弘扬长征精神的报道，其中写道："今年10月20日是中央红军到达吴起镇60周年纪念日。"这意味着中央红军到达吴起镇的时间是1936年，而实际是1935年。后来，有关编辑人员对此作了改正。如果以为是总编辑参与撰写的稿件，用不着再加检验，这一差错就会见诸报端。

（2）基层通讯员的稿件要检验，领导机关的稿件也不能忽略。后者的稿件经过领导的审阅，一般不会有什么差错和不当，但也有例外的情况。20世纪80年代初期，有家市报收到一篇新闻稿，其中提到一位副市长在有关会议上透露：在职职工经过批准，可以请假从事一个时期的个体商业。这篇稿件经这位领导看过，同意见报。按理说，编辑人员发排就是了。但有关编辑对稿件作了认真的分析，觉得这是一项涉及全局的政策，中央没有作过类似的规定，贸然报道可能不妥。于是请示市委，答复是：这个问题市委讨论过，但是否见报还要研究一下。正是由于编辑人员的认真检验，才避免了可能产生的被动。

（3）本媒体的稿件要检验，转载稿件也不能忽略。对后者不加检验，有时也会造成差错。一次，有几家报纸转载某刊物的报道《"哈军工"的将门之后》，里面有这样一段话："最高人民法院院长张鼎臣的女儿、最高检察长谢觉哉的孩子……"这段文字有三个地方出现问题：①"张鼎臣"的名字有误，应为"张鼎丞"；② 把两位领导人的职务弄颠倒了；③ 没有"最高检察长"这样的称谓，应为"最高人民检察院检察长"。由于没有加以认真检验，这些差错和不当也都见了报，受到读者严肃批评。

（4）地方媒体的稿件要检验，中央媒体的稿件也不能忽略。事实表明，即使像人民日报社、新华社这样全国最高层的新闻机构，其新闻报道中也会出现差错和不当。比如，1997年11月6日，新华社报道长江三峡水利枢纽工程导流明渠正式通航，其中有一张新闻照片的说明中写道："三峡工程导流明渠全长3 400米，渠底最宽35米，是世界水利枢纽工程中最大的导流明渠。"这里的"最宽35米"是"350米"之误。在这之前不久，新华社曾报道过这一宽度。如果采用这张照片的编辑人员注意检验，加以对照，这个差错也不是不可避免的。

二、有错必纠

"有错必纠"从理论上来说，几乎所有的编辑人员都会赞成，但从实践来看，要完全做到也不那么容易。有时发现了稿件中的差错和不足，但如果认为这是领导写的或审阅过的，何必自找麻烦；或认为这是新华社的稿件，与己无关，多一事不如少一事，那就不可能加以改正。因此，要做到"有错必纠"，必须要有乐于和敢于负责的精神。

20世纪60年代,中国青年出版社要出版《毛主席诗词讲解》一书,编辑周振甫应邀作注释。当注到《沁园春·雪》的"原驰腊象"时,周先生认为"腊象"应为"蜡象",因为这句与"山舞银蛇"相对,"银蛇"与"蜡象"都是形容雪后的景象。于是,他把想法告诉作者,作者同意他的判断,后得到毛主席的认可,改为"蜡象"。周先生编的是书刊,但他那种勇于负责的精神同样值得新闻编辑学习。

事实上,有错必纠,既是对受众负责,也是对新闻工作者和审阅者负责,因而不仅会得到受众的赞成,也往往会得到有关人士、有关领导的欢迎和支持。1995年1月26日,新华社播发电讯《江泽民主席会见基辛格》,其中写道:"……近几年来中美关系总是一波未伏一波又起,麻烦不断,究其根本原因,都是违背了中美3个联合公报所确定的原则。"湖北《襄樊日报》一位编辑看完电讯,认为这里的表述有些问题,经请示总编辑后,立即与新华社联系。新华社极为重视,迅速请示有关领导,确定此电讯有误,应为:"究其根本原因,都是美方违背了中美3个联合公报所确定的原则。"接着,新华社马上发了"重要更正",事后又专门致电该报社,感谢这位编辑及时发现并防止了一起重大的差错。

三、有改必慎

编辑人员一方面要认真检查稿件中有无差错或不当,一方面改动的时候要慎重行事。这是一个问题的两个方面。态度不积极,该发现的问题没有发现,纠正就无从谈起;但如果态度不慎重,轻率修改,也可能以错改错,甚至以错改对,将"美容手术"做成了"变性手术"。

慎重修改要求改必有据,不能满足于"大概"、"差不多"、"可能是",一定要求得准确无误,一定要有充分的根据。要防止凭想当然办事,想当然办事往往会把稿件改错。这方面的教训不少。

20世纪60年代初期,时任缅甸总理的吴努给我国领导人发来感谢电,最后落款是"貌努"。《人民日报》一位编辑认为这是明显错误,也未同新华社联系,就将"貌努"改为"吴努",结果造成了严重的错误。原来,"貌努"是这位缅甸领导人的谦称。

20世纪80年代,上海曾举行纪念著名昆剧表演艺术家俞振飞演出生涯60周年活动,香港有票友演出余(叔岩)派《搜孤救孤》,记者对此作了报道。编辑看到稿件后寻思,既然是纪念俞振飞的活动,怎么会演"余派"剧目呢?于是把"余"改成了"俞"。结果无事生非,第二天报纸不得不予以更正。

还有一次,山东有位通讯员写了一篇报道,反映所在学校领导关心教职工生活,通过集资办法,造了一幢新楼;新楼落成后,有24人搬进了新居。有关编辑人员看到后,将"24人"改成"24户",以示规范。没料到,24人中有8人是夫妻关系,如果按户计算只有20户。新闻见报后,这位通讯员受到本单位一些职工的批评,甚至说他"谎报事实"。他有口难辩,只好投书报社,向编辑进一言,诉说了自己蒙受的不白之冤。

平心而论,这些修改都是出于好心,都是想改正稿件中的差错和不当,这种愿望是无可非议的。问题是凭自己的想象去修改,其结果往往是好心办坏了事。

所以,当稿件中出现不好理解的地方,要仔细想一想实际工作和生活中会不会有这种情况,既要考虑矛盾的普遍性,又要考虑矛盾的特殊性。千万不能自以为是,以想象代替根据。尤其是当事实前后出现矛盾时,不能凭经验随便判定哪一方是对的;如果矛盾的事实不能删除,则一定要了解实际情况,否则容易搞错。

修改要有根据,而根据又必须可靠。要依据公开的、权威的、新近的资料和来源。比如关于金融数据的报道,应以中国人民银行公布的数据为准,不能引用内部材料,也不能以研讨会上专家学者提供的数据为准。又如关于火灾、交通事故的次数、伤亡人数、经济损失情况,应以公安机关提供的为基本依据。再如报道物价指数,应以统计部门公布的数字为准。现在有些新闻在报道商品零售总指数涨幅时,引用了物价部门的统计数字。根据我国《统计法》的有关规定,物价指数的公布职权只属于统计部门。统计部门是国家法定负责统计工作和统计数字公布的政府职能部门,物价统计工作是整个统计工作的一部分,根据国家统计制度规定,物价指数由政府统计部门负责编制。

此外,对于一般编辑人员来说,如对重要的言论(社论、评论员文章等)和重要的新闻进行修改,事先应与编辑部负责人沟通,以免不了解情况造成修改错误。

编辑在纸样上改稿,要运用修改符号(见表5.1)。运用修改符号要正确规范,注意清晰易辨。

表5.1 改稿示意符号

名　称	符　号	示　例
改　正		
增　补		
删　除		
恢　复	△	
另　行		
连　接		
互　换		
移　位		
排　齐	＝ ‖	
扩、缩距	∨ ∧	
改　字		

思 考 与 练 习

一、问答题

1. 新闻梳理必须遵循哪些原则？为什么？

2. 新闻梳理的下限是什么？
3. 新闻梳理如何突出主题和精华？
4. 新闻稿件中哪些事实的差错是编辑可以看出来的？
5. 编辑对哪些稿件的检验不能忽视？
6. 当发现稿件中存在事实前后矛盾的现象时应如何处理？
7. 编辑改稿应依据什么样的资料和来源？
8. 最近，在政策、法规等方面有什么新的提法吗？

二、修改稿件

1. 请将下列稿件改成 500 字以内的短消息。

本报讯 来自中国大连、出生于 1956 年 6 月的王刚义和随行记者薛冠超于今天中午乘智利空军大力神运输机到达乔治王岛，由长城站站长王建国等接至长城站。王刚义原计划于昨天到达，因乔治王岛暴风雪，飞机到达机场上空后无法降落，又折返彭塔阿雷纳斯。

在王刚义用完午餐后稍事休息时，王建国站长紧急布置考察队员在站前海湾测量了风力、风速水温和气温，并由橡皮艇从长城站码头至阿德雷岛之间进行了实地勘察，尽可能作了各项准备。经过连日罕见的暴风雪后，今天下午是长城站少有的好天气，虽然是阴天，但风力仅 4 级，风速 6 米/秒，气温 1 摄氏度，水温 1.4 摄氏度。据气象预报，一个新的气旋正在逼近，为抓住有利时机，王站长与王刚义商定，下午就下水。

下午 4 时（北京时间 8 日上午 4 时），在长城站餐厅举行了一个简短而隆重的仪式。王建国站长代表长城站与王刚义签订了一份协议，明确长城站可能提供的支持和救助手段，但不能提供安全保证，对意外事故不承担任何责任。我作为见证人之一，也在协议上签字。接着王刚义宣布了他的目标，表明他必胜的信心，并告诉大家在他上岸后如何配合他恢复的注意事项。考察队越冬女队员、北京同仁医院医师林清为王刚义作了体检。他状态良好，体温 37 度，血压 110/160，脉搏每分钟 120 次。王站长对两条橡皮艇上救助人员的配置、救助办法及应急措施作了安排，长城站人员全体出动，全力以赴。

下水前，王刚义向大家展示，他的全部装备是游泳帽、防护眼镜、游泳裤、手套和脚套。4 时 40 分，王建国站长吹响出发哨后，王刚义在长城站码头下水，向阿德雷岛方向游去，两条橡皮艇在他的前后引导和防护。我在第一条橡皮艇上,是两位计时员之一。据事前测量,这段距离736米。今天的长城湾称得上风平浪静,尽管远处有巨大的冰山,附近飘荡着浮冰,有时还能见到企鹅和海豹的踪影。王刚义一路游得非常顺利,大约22分钟后,他在阿德雷岛岸边折返。按事前约定,我在30分钟和35分钟时大声报时,此后每1分钟报一次。"40分!"王刚义预定的最低目标已经达到。在两艇队员的助威声中,王站长与薛冠超多次询问王刚义是否结束,他都表示状态正常,可以继续坚持。45分钟后,我每15秒钟就报时一次,聚集在岸上的队员和正好来站的3位智利考察队员也在鼓掌欢呼。5时31分,王刚义到达码头北侧岸边,历时51分42秒17,游程超过1500米。在欢呼声中,披着鲜艳的五星红旗的王刚义由队员们搀扶着走回长城站。到站后,王刚义的血压为80/120,脉搏每分钟84次。约1小时后,王刚义已恢复正常。

2. 请您站在手机报的角度,将下列稿件改成150至200字的简讯。

随着经济发展方式转变,中国内地进入人口流动迁移活跃高峰时期:2008年全国流动人口为2.01亿,去年已达到2.11亿,其中"80"后成为流动人口主体,占到总量的60%以上。流动人口年龄结构和利益诉求发生较大变化,给政府人口服务管理工作带来新挑战。这是国家人口计生委今天提供的最新人口信息。

该委在此间闭幕的全国流动人口服务管理"一盘棋"机制建设会议上指出,与上一代流动人口相比,"80"后在流入地结婚、生育的比例增加,对计划生育、优生优育、生殖健康的需求更加强烈。流动人口区域分布呈现新特点,由东南沿海单向集中转向以新兴都市圈、中西部中心城市为中心的多元集中。

但由于体制机制不顺、投入保障不足、信息化建设滞后,使得流动人口工作底数不清、情况不明、服务缺失、管理缺位、维权困难,一些长期困扰流动人口服务管理的难题还没有实质性突破;部分流入地基层基础工作薄弱,缺乏必要工作保障条件,属地化管理责任不落实,流动人口漏管严重,免费服务覆盖面较低;少数省份信息化建设滞后,致使流入、流出地信息沟通不畅,双向服务管理不到位。

为破解流动人口计划生育难题,2009年国家人口计生委做出实现全国"一盘棋"的工作部署,力争通过3年时间,基本建立起"统筹管理、服务均等、信息共享、区域协作、双向考核"的新机制。积极推进均等化服务和便民维权,不断扩大流动人口免费服务覆盖面。

会议透露:各地普遍出台了确保流动人口享有计划生育、生殖健康、优生优育服务的政策措施,积极落实流动人口与户籍人口同等待遇。多数流入地将流动人口计划生育工作经费纳入政府财政正常预算,流动人口服务管理经费不断增长,国家规定的技术服务项目基本做到了免费,群众满意度不断提高。

同时启动全国全员流动人口统计和重点监测工作,开展全员流动人口信息摸底调查。去年北京等5城市组织了流动人口动态监测试点;完成了全国流动人口信息交换平台的改造升级,为逐步取消纸质流动人口《婚育证明》、孕检报告单等创造了条件。

目前,全国20多个省开发改造了流动人口服务管理系统,建立了省级集中的全员流动人口或育龄妇女数据库。国家跨省流动人口全员数据库初步建立,已存储5 600万条跨省流入个案信息,3 492条跨省流出个案信息。

第七章

新闻的标题

新闻标题是新闻的题目,它以简短的文句概括新闻内容,是新闻传播价值的集中体现,也是影响受众满意度的极为重要的因素。消息和通讯同属新闻文体,从这个意义上说,两者的题目都可以称为新闻标题。但按照一般的理解,新闻标题特指消息标题。本章阐述的对象以消息标题为主,兼顾通讯标题。

第一节 新闻标题与新闻媒体

新闻标题与新闻媒体具有十分密切的关系,这可以从两个方面进行分析。

一、新闻标题在新闻媒体中的作用

新闻标题诞生于报纸。报纸的新闻最早是没有标题的。唐朝孙可之形容开元杂报是"系日条事,不立首末"。随着近代报纸的出现,新闻始有揭示具体内容的标题。1870 年 3 月 24 日《上海新报》上的"刘提督阵亡",是我国目前见到的最早的、比较完备的新闻标题。"五四"时期,我国报纸上的多行标题与长栏标题已不鲜见。

西方一些报纸较早重视使用新闻标题。美国报纸在南北战争期间即已普遍采用多行标题,有的报纸关于林肯被刺消息的标题多达 17

行。英国报纸学习美国报纸的编辑方法,在报道普法之战时也已使用多行标题,有的报纸关于法军在色当溃败的报道,标题也有10行之多。

广播、电视、互联网问世以后,新闻标题被推广到电子新闻领域,获得了新的发展。

新闻标题之所以会从无到有,从不完备到完备,从一种媒体移植到另一种媒体,原因是多方面的,但关键在于它能够起到明显的"两导"作用。

1. 导受作用

导受即引导受众阅读和视听,是导读、导听和导视的总称。无论报纸、广播、电视、网站的新闻报道,标题总是引人注目的部分。早在1996年5月,《解放日报》举行的一次读者调查表明,近一半读者是先浏览标题,后有选择地看正文。中国人民大学舆论研究所同年对北京居民的读者调查也表明,"先浏览一遍标题,再选有兴趣的看",是读者阅报的基本习惯。媒体有了标题,可以方便受众接触新闻;标题有实质内容,可以方便受众了解和选择新闻;标题善于概括,可以使受众爱屋及乌,引起对新闻的兴趣。在一般情况下,新闻有标题与无标题,受众总是先选择有标题的新闻;标题有内容与无内容,受众总是先选择有内容的标题;标题精妙与不精妙,受众总是先选择精妙的标题。这就要求和促使新闻编辑重视标题,不断地改进新闻标题的制作。

可以说,新闻标题的发展过程,是其导受功能不断加强的过程,也是其导受水平不断提升的过程。

而今,新闻媒体超常规发展,新闻数量爆炸式增长。受众无法详细了解每条新闻,以接触标题为主的"标题受众"不断增多。标题在新闻竞争中的作用更加明显。标题的高下优劣,直接关系到新闻竞争力的强弱,而尤以报纸和网站为甚。这就对标题的导受功能提出了更高的要求。标题不仅要有好的内容,还要有好的表现形式。复旦大学校园的一块草地上写着:"有了道德的阳光,好花才会常开。"这比直说"请勿踩踏花草"吸引力要大得多,认同度也要高得多。制作标题同样要讲究角度的选择和语言的表达,否则就会失去竞争的优势。

在1997年举行的第八届全运会期间,我国女子举重比赛频超世界纪录,许多报纸予以突出报道。为了了解标题导读的结果,复旦大学新闻学院"新闻编辑"课作了两次课堂书面调查。调查对象分别为一个班级的 33 名本科生,一个班级的 22 名公务员。研究人员将 3 家报纸刊登的同一篇新闻的标题印发给每个被调查者,要求他们各自选择其中自己喜欢的一个标题。这几个标题的排列次序如下:

女子举重比赛再掀高潮
16 人 63 次超世界纪录

女子举重有"惊人之举"
昨有 16 人 63 次超世界纪录

众巾帼举重若轻

调查结果是:第二个标题被选率最高,分别占 64% 和 80%,而第三个标题只被一名学生选中。这项调查当然有一定的局限性,但也不无参考价值。从中可以看出,同样一篇新闻,标题能否做到内容和形式的完美统一,导受的结果是不一样的。随着教育事业的发展,受众的文化层次不断提高,标题就更需要讲究导受艺术。

2. 导向作用

标题是新闻与评论的结合点。标题可以或显或隐地表明对新闻事实的态度和看法,进而影响社会舆论,引领受众的是非观和价值观。由于标题所处的有利位置,使得它的导向作用在不少时候比评论还容易见效,进而更加促使新闻媒体重视和改进标题的制作,努力提高导向水平。

标题的导向功能,最为明显的表现是就事论理,借题发挥。第二次世界大战期间就有这方面的典型例子。1939 年,德国法西斯侵占了捷克,我国有的报纸予以报道时作了这样的标题:《妥协政策的结果(引题)捷克亡(主题)》。这个标题透过现象审视本质,鲜明地揭示了妥协政策的极大危害性,发人深省,起了积极的舆论引导作用。在当今的新闻媒体中,这种就实论虚的标题更为多见。

榜上无名　脚下有路

政策上山　百宝下山

> 只有青山常在　才能绿水长流
> 彩色科教片《绿化祖国》于植树节上映

这些标题是非清楚，观点鲜明。它们都由个别上升到一般，揭示了新闻的底蕴，展示了理性的魅力，给受众以深刻的启示，具有很强的指导性。

标题的导向功能，更多的是通过词语的褒贬和语气的强弱来显示的。这种方法在近代中文报纸的新闻标题中就已使用。19世纪80年代的《述报》，曾报道中法开战后香港有一货店不愿将洋枪军火售给法国人，标题即以"忠愤可嘉"褒奖这种爱国精神。该报又述华人联合行动誓不为法役，标题以"敌忾同仇"弘扬这种民族气节。在解放战争中，《人民日报》有一个标题是：《跑！跑！跑！（主题）东北华北敌军官兵纷纷跑到解放区来（副题）》。这个标题通过复叠词语，加强语气，不仅形象地概括了新闻内容，而且具有很强的鼓动性。这样的例子在今天的新闻媒体中可以说比比皆是。

> 淮海北庙乡兴起新时尚
> **姑娘把股票当嫁妆**

> 文化是灵魂　文化建设决定城市定位
> 设施要一流　文化氛围来自全力经营
> **东莞大煲"文化汤"养神补颜**

> **允许"生财有道"　不可"为富不仁"**
> 大东门集贸市场举办有毒有害商品展览

这些标题赞成什么，提倡什么，允许什么，反对什么，受众一看就很清楚，可以起到激浊扬清、移风易俗的作用。

实际上，标题提示新闻事实，是对新闻内容选择的结果，因而往往不着一字褒贬，也会显示出某种倾向性。例如：

> **将军送子上南沙**

机舱开玩笑　法庭受审查

中纪委要求各地采取有效措施
严禁年终突击花钱

这些标题只是客观地叙述事实,但受众可以感受到编辑的倾向性,最后一个标题所显示的倾向性甚至还很鲜明。由此可见,标题几乎都有倾向性,区别只是在于这种倾向性是否正确,是否明显。

总之,新闻标题是新闻媒体吸引受众的重要因素,也是新闻媒体影响受众的重要因素。正因为这样,许多名编辑都十分重视新闻标题的制作。新闻界老前辈胡乔木说:"有时候想一个好标题,等于写一篇文章所用精力的三分之一。"可见他对标题制作的刻意追求。徐铸成当《文汇报》总编辑20年,主要任务除了写社论,就是改标题。他说:重要版面的标题由总编辑写作。因为重要的题目,代表报纸的面貌、态度、站在什么立场。读者要从标题上看你的倾向性。所以主要标题一定要总编辑标。这些话语可以进一步说明新闻标题对于新闻媒体的重要性,也激励后人悉心做好标题。

二、新闻标题在新闻媒体中的区别

各种新闻媒体都需要新闻标题,但由于载体、性质、受众和属地等因素的不同,它们对新闻标题又各有一些特殊的要求。

首先,不同载体的新闻媒体对标题的要求不尽相同。报纸以文字传播为主,具有可逆性,读者可以反复阅读,但缺乏直观性和动感,又受版面空间的制约。这就要求标题特别注意词句的修饰,更加讲究语言的生动、形象、含蓄和凝练。对于各种修辞手法,只要有利于表现内容,都可以运用。

新闻标题在广播中通常被称为新闻提要,可算是准新闻标题。广播以声响传播,诉诸人们的听觉。因此,新闻提要更应注意音韵的优美和响亮,上口、顺耳。同时,由于声音稍纵即逝,新闻提要更应注意深入浅出,简单明了,以便听众听清听懂。新闻提要的句子宜短不宜长,内容宜实不宜虚,叙述宜顺不宜倒。语言要力求口语化、通俗化,尽量避免使用文言、隐语、简称和同音不同义的词。试比较下列报纸的新闻标题和广播的新闻提要:

我国翻译出版界辛勤努力
马恩全集50卷中文版全部出齐
收入2 000多篇著作,4 000多封书信,400多件文献资料

马克思、恩格斯全集50卷全都出齐

前者是《人民日报》的新闻标题,后者是中央人民广播电台的新闻提要。两相对照,可以发现,报纸标题结构比较复杂,但复杂中有简单——说其复杂,是因为有3行题;说其简单,是因为用了"马恩"这一简称。相反,广播提要结构比较简单,但简单中有复杂——说其简单,是因为只有一行题;说其复杂,是因为用了"马克思、恩格斯"这一全称。此外,"全都"这一意思重复的概念,在报纸标题中被视为语病,而在广播提要中为便于听众听清楚,却可以运用,甚至还有必要:因为"部"与"不"同音,不改成"都"可能会造成误听。报纸标题与广播提要的区别由此可见一斑。

电视兼具声像和文字传播,互补性强。基于这样的特点,不管是口播的新闻提要,还是以文字显示的新闻标题,也要注意简明扼要,以免分散观众的注意力。

网站信息创出天量,但导航页和主页的页面有限,要在有限的页面上安排尽可能多的标题,并且能够吸引网民的注意力,标题更应注意简练务实,通常做一行实题(见图7.1),内容和文字也要力求推陈出新。

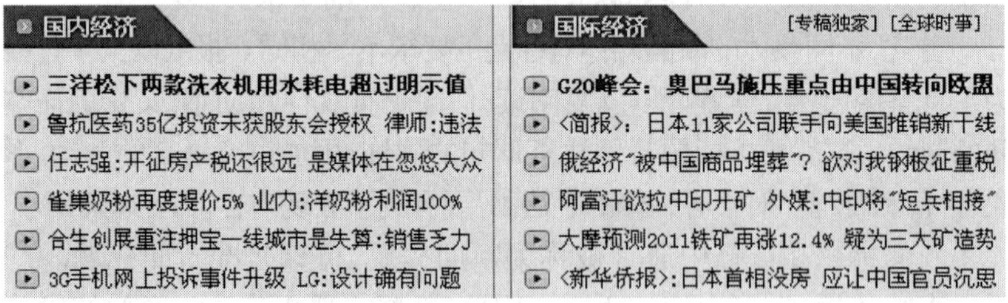

图7.1

其次,同一载体的新闻媒体对新闻标题的要求也有区别。这是由媒体的性质、受众对象和所属地区等因素的不同决定的。

这种不同可以从标题的内容方面看出来。例如,具有机关报性质的媒体更强调权威性和指导性,因而标题总体上要求思想性强一些。

而面向知识分子的新闻媒体,由于知识分子的领悟力较强,标题更要求注重信息量。在实际工作中还不乏这样的情况:同一新闻因接近性不一样,媒体之间在选择信息上有区别。比如新华社有一篇电讯,报道改革促进城市工业生产发展,全国有20个城市工业总产值逾百亿元,其中上海市最多,达900亿元。对此,上海的新闻媒体把有关上海的信息也纳入了标题,而其他有关城市的新闻媒体在标题上选取的是涉及本地的信息。

这种区别同样表现在语言方面。例如,具有机关报性质的媒体,标题总体上要求语言朴素、平实一些;而晚报和生活娱乐类媒体,标题用语更要求轻松活泼一些。如《柏林电影节不再抱好莱坞大腿》这样的标题,在《新民晚报》上刊登是合适的,但在《人民日报》上采用看来未必恰当。面向知识界的新闻媒体,标题语言可以高雅、含蓄一些;面向广大农村的新闻媒体更应注意标题的通俗易懂。地方性新闻媒体,标题可以用一些方言;而全国性新闻媒体标题应尽可能用规范的普通话,以便广大受众都能理解。例如:《渭南撤了两个"官"(主题)一个不敲磬 一个爱搂钱(副题)》,当地报纸用这样的标题,读者会有一种贴近感,但全国性报纸采用这样的标题,读者未必都能理解"敲磬"、"搂钱"的含义,就会有碍信息的传播。

综上所述,不同载体、不同类型的新闻媒体对新闻标题都有不尽相同的要求。这种区别既是新闻媒体个性的一种反映,又是强化新闻媒体个性的一条途径。所以,不管制作标题,还是衡量标题,都应当考虑新闻媒体的不同情况。

第二节　新闻标题与新闻事实

新闻标题与新闻事实是反映与被反映的关系。这种关系要求新闻标题必须揭示和符合新闻事实。

一、新闻标题必须揭示新闻事实

新闻标题的作用和魅力存在于新闻事实之中。与一般文章题目比较,新闻标题的显著特点在于事实性,在于新闻性。新闻标题要显示自身的优势,要显示存在的价值,必须揭示新闻事实。早先"羊城夕照"、"西湖棹歌"之类的文艺性标题之所以缺少生命力,原因就在于没有新闻事实。新闻事实是新闻标题的灵魂。

上海开展为民办实事活动,到1996年已满10年。当年春节期间,《解放日报》对这项活动进行系列报道,首篇是反映全市克服种种困难,基本实现家庭燃料煤气化。标题怎么做呢?开始的思路以务虚为主,题目是《蓝色火焰造福人民》。标题的语言是简洁的,态度也很鲜明,但总使人感到比较抽象,类似于评论题目。有关编辑经过讨论,最后改为《十年告别多少煤球炉?70万》。这个标题体现了新闻标题用事实说话的特点,颇具冲击力。之后,这个系列报道的标题都采用务实方法,给读者以强烈的新闻感,而且与办实事的报道尤为相称,明显地优化了报道效果。

2010年3月15日,《中国国防报》第四版刊登5 500多字的长篇通讯,题为《国防部网站日渐扩大的影响力》,报道结尾写道:国防部网站从上线试运行第一天开始,每天都会受到大量的、不间断的攻击。上线第一个月受到的网络攻击就达230多万次,包括侵入式攻击和阻塞式攻击,以侵入式攻击为主,其中又以网站上线后第一周的攻击最为密集。在网站安全防范措施的严密保护下,这些攻击均未奏效,国防部网站的正常发布未受影响。

当天,中国新闻网在网站首页显著地位转发了这篇新闻,并将标题修改为《国防部网站上线首月遭230余万次攻击均未奏效》,突出了最重要、最新鲜的新闻事实。对比报纸的标题,网站标题的吸引力显然要强得多。从这篇新闻的转载处理中,可以获得两点启示:一是新闻要吸引受众,标题必须突出新闻事实;二是编辑对稿件特别是对长篇稿件要有耐心地看下去,否则可能会与精华失之交臂,留下遗珠之憾。

新闻标题揭示新闻事实,要注意分析比较。新闻事实有单一的,也有复合的。前者事实容易把握,而后者的事实有主有次,取舍什么,不那么好办。对这类新闻,就需要进行认真的分析研究,衡量哪些因素有助于说明问题,哪些因素富有新闻性,更能吸引受众的注意。

试比较下述两组标题。第一组是:

市民第五次外语水平等级考今明举行

727个考场比试外语水平
市民第五次外语水平等级考今明举行

两相对照,哪个标题吸引受众呢?看来是后者。前者工作性、事务性较强,信息一般化。后者却不同,选取了很有特色的信息,突出了新闻性,引人注目。第二组是:

第四次推销美国和平计划又无结果
舒尔茨离中东回国

四赴中东推销美国和平计划
舒尔茨又白跑一趟

前后相比,可能也是后一个标题有吸引力。前者突出"回国",而对我国多数受众来说,没有多少新闻性;后者突出"又无结果",给人的感觉就明显不同,加之巧用口语,令人耳目一新。

157223次铃声
——广州市市长专线电话十年记

来晓:放羊的手接过国际奖章

这两个都是通讯标题,却突出了新闻性,个性鲜明,别开生面,具有不可替代性。通讯标题虽不强调揭示新闻事实,但当事实很有新闻性的时候,也不妨用这种方法一试。

在分析比较中,不可忽略新闻背景。有些新闻具有很高的新闻价值,就因为行为者具有特殊的背景。邻居久别重逢,并不少见。但这件事发生在李讷和刘源之间,却成了1996年广大受众关注的新闻。原因不是别的,就在于他们两位都是新中国领袖人物的后代,一位是毛泽东之女,一位是刘少奇之子。他们父辈之间那段曲折的历史,许多人至今记忆犹新。正是这种独特的背景,构成了这篇报道很高的新闻价值。

如不揭示这一背景,标题就没有多少新闻可言。

有些新闻,事实本身较有新闻价值,而行为者的特殊背景,又提高了新闻的价值。例如:

学生打败老师

<center>新秀王磊赢了聂卫平</center>

<center>唐振平制成新型电动机断相保护装置</center>

前一个标题不写"学生打败老师",也有新闻性。现在点明了双方的关系,新闻性更强,更能吸引受众。后一个标题同样揭示了新闻价值,但发明这一装置的是专家,还是普通的工人农民,其价值不一样。唐振平是农村的普通电工,比专家发明更难能可贵。因此,标题有必要加上引题"农村普通电工的一项发明",以增强新闻性。

新闻标题揭示新闻事实,还要注意趋利避害。在新闻标题中有这样的情况:有些事实揭示出来是有利的,也有些事实揭示出来,却可能会产生副作用。下面是一个比较典型的例子。

<center>古稀老人勇救妙龄女子</center>

7月15日,天刚蒙蒙亮,梅列乡72岁的余炳金和60岁的林圣仁在各自的菜园里劳动。突然,不远处传来一阵呼救声。两位老人扔下锄头,立即向呼救方向赶去。他们奔了400多米,来到一条河边,发现河中心有个落水者。"要沉下去了,快救!"话音刚落,余大爷就扑进河里。他猛扎过去,一把揪住了落水者,赶紧浮出水面。当他想把落水者送往岸边时,只觉自己头昏眼花,手脚麻木已不听使唤。正在这危急的时候,林圣仁泅了过来:"快,快拉住我!"两位老人同心协力,使尽全身力气,顺水游了100多米,终于把落水者带到了岸边。落水者是一个年近20、身高1米60多的女子。因呛水过多,人已休克。两位老人顾不上喘息,穿着湿淋淋的衣服把女青年送到医院。

文中写到救者是老人,被救者是妙龄女子,这些是新闻的特色。但突出被救者的"妙龄"有什么意义呢?作者可能想以此显示新闻的个性,并与"古稀"形成文字上的映照之美,却没有考虑到这样表述会给老人的义举投下阴影,有格调不高之嫌。仔细分析一下,标题突出了不应该突出的因素,却没有把应该突出的个性突出出来,即被救者是一个落水者。因此,这个标题拟改为"两老勇救落水者"较为妥当(60 岁不能称为"古稀")。

这种"涉色"或"染色"的标题,并不是个别现象。2010 年全国"两会"和世博会期间,有些主流媒体出现了多个带有"美女"字眼的标题:《两位美女记者聊"两会"》,《世博美女记者的风采》,《美女记者带你品尝古巴美酒和雪茄》。的确,形象美是这些女记者的特点之一,如果她们是在进行时装、文艺表演等非本职业的活动,突出这一特点也无可厚非,甚至还有必要;但现在她们所从事的是记者的职责,将"美女"赫然入题,想以此来吸引受众的注意,像推销汽车那样推销新闻,这是否会使人产生媚俗甚至低俗的印象呢?

从这里可以看出,新闻标题揭示新闻事实也要考虑社会效果,不能唯新是举。

二、新闻标题必须符合新闻事实

新闻标题的本源是新闻事实。新闻标题应当反映新闻事实的本来面目。标题没有新闻信息,不会获得受众的好感;但如果这个信息不准确、不可靠,也会引起受众的不满;对于"标题受众"来说,还可能因此而造成损失。这就会损害新闻媒体的信誉度,降低新闻传播的有效性。

美国有位学者指出:"不管一个标题多么有趣,如果它不准确,它就毫无价值。由于工作中存在截稿时间的压力,最优秀的录入编辑有时也可能忽略标题写作中的一条或多条规则——但无论如何他也不会忘记准确性的要求。"[①]

所以,新闻标题不能"言事增其实,辞出溢其真,称美过其善,进恶没其罪"。新闻事实是一,新闻标题不能是二;新闻事实是"明月光",新闻标题不能是"地上霜"。无论对事实的概括,还是对事实的评论,新闻标题都应当无条件地忠于新闻事实。这是制作新闻标题必须严格

---

① 〔美〕多萝西·A·鲍尔斯、黛安·L·博登:《现代媒体编辑技巧》,新华出版社 1999 年版,第 55 页。

遵守的铁则。

新闻标题要准确无误,从思想方法上说,要坚持实事求是,克服片面性。这里应当特别注意处理好"两个关系"。

一是生动与准确的关系。新闻标题的不准确,许多是由片面追求生动造成的。的确,新闻标题应该尽可能生动活泼,以吸引受众。关于这一点,后面将予详述。但是,生动活泼不能以牺牲准确为代价。

请看下面的例子:

一句玩笑话　引来十年牢

上月17日,美国青年梅科伊被送上法庭受审,原因是他在去年3月初讲了一句玩笑话。

那天,26岁的梅科伊在休斯敦国际机场登上西南航空公司一架飞往伯明翰的班机后,对女乘务员开玩笑地说,机舱里面有一枚炸弹和一把枪。后来,他又带着戏谑的口吻重复了好几遍。机上108名乘客中也有人哈哈大笑。乘务员明知他在开玩笑,但还是向驾驶员作了汇报,驾驶员又向机场控制塔如实报告。

班机在终点站伯明翰机场降落后,航空公司保安人员立即将梅科伊抓获。经搜查,机舱里没有发现枪支和炸弹。但是,他的这种不负责任的玩笑话,有可能引起一场空中骚乱,因此,他的行为是违反公德的。

观察家们分析,如果他的罪名成立,可能会被判处10年徒刑和50万美元的罚款。

这个标题运用对仗手法,活泼而又有灵气,但却不符合新闻事实。看完新闻即可发现,"引来十年牢"只是一种可能,并非既成事实。这样的标题,始则令人喜,终则受人责,好比"地上霜"经不起光照。所以,生动也要从实际出发,否则会弄巧成拙。

二是简短与准确的关系。为了节省时间和精力,提高视觉和听觉效果,新闻标题应尽可能长话短说。对此,后面也将详述。但是,简短同样必须以准确为前提。如果不分青红皂白,削足适履,效果也会适得其反。

从过去的情况来看,新闻标题的不准确,不少与片面追求简短有关。如马里有一对夫妇,丈夫100岁,妻子95岁,标题以"百岁夫妇"相称,简是简了,但不准确。再如一位百米短跑运动员,比赛成绩是十秒三,标题却把它概括为"百米十秒"。缩减零点三秒,似乎微不足道;而稍有一些体育常识的人都知道,这种成绩即使缩短零点一秒,也是极其可贵的。这样简化不仅不符合事实,还可能贻笑大方。

新闻标题要准确无误,从作风上说,要讲求认真细致,坚持高标准。这里应当特别注意"两个用心"。

一是用心阅读稿件。新闻标题是从稿件中提取的精华,是对稿件内容的概括。用心阅读稿件,吃透稿件原意,这是确保标题准确无误的基础和前提。"标题要在消息经过认真编辑之后才写,通常要求读三遍消息后再动手。"[1]有些标题之所以不准确,看稿不仔细也是一个原因,有时是主要原因。如下面这个例子:

武汉出现一内脏裸露畸形儿
此乃产妇孕期与宠狗接触所致

本报武汉讯 最近,武汉市二医院接生了一名内脏裸露体外的畸形男婴。该院专家会诊认为,畸形原因可能与产妇孕期与宠狗接触过多,导致胎儿被弓形虫感染有关。

11月30日,家住武汉市郊县的江某在怀孕36周后因早破羊水而急诊入院,医生为之进行剖宫产手术。2.8公斤的新生儿脐上3厘米处的腹部皮肤被内脏胀破,乙状结肠等全部裸露,并鼓出体外,肉眼可见肚子的蠕动,是一个罕见的先天性畸形儿。据产妇自述,家中养了多条狗,孕期经常与狗玩耍。专家在会诊时认为,狗身上通常寄生有弓形虫,可传染给人,并通过胎盘垂直传染给胎儿,从而导致流产、死胎、畸形的发生。

看完稿件可以发现,其标题的概括是有问题的。因为稿件中说到"致畸原因可能与产妇孕期与宠狗接触过多,导致胎儿被弓形虫感染有关"。这里说的是"可能",而副题却将此说成了既成事实,有违稿件的原意。像这种差错,如果看稿仔细一点,是不难避免的。

用心看稿,就是要完整地看,不能只看导语,不及其余;就是要投入地看,不能只过目,不用心。

---

[1] 〔美〕多萝西・A・鲍尔斯、黛安・L・博登:《现代媒体编辑技巧》,新华出版社1999年版,第54页。

二是用心推敲文字。标题概括新闻事实是通过遣词造句实现的。遣词造句是否妥当,也关系到标题的准确性。例如:

中科院昆明动物研究所表示
云南白猴愿与台湾白猴结成伴侣

她脸上永远露着微笑

前一个标题客观上将人的愿望说成了猴子的愿望,表意显然错了。后一个标题反映一位营业员热心为顾客服务的事迹,但话说过了头,谁都知道"永远微笑"是不可能的。这样表述,不只是不符合新闻事实,也有违常识。许多事实表明,用心推敲文字,是标题准确概括新闻事实不可或缺的一个环节,应当引起编辑的足够重视。

第三节　新闻标题系统的结构

我国媒体的新闻标题发展到当代,已经形成了一个完备的系统。这个系统有许多部分组成,它们既分工,又合作,共同承担标题的任务。了解这些组成部分各自的职责,认识它们之间的相互关系,是做好新闻标题的必要前提。

新闻标题系统的各个部分,按其地位和作用的不同,大致可分为三类,即主体类、从属类和整合类。

一、主体类标题

这是新闻标题系统中的基础部分,运用最为经常和广泛。它包括主题、引题和副题,后两者又称为辅题。

1. 主题

也称主标题,以示与文章的主题相区别。它是新闻标题中的核心部分;当与辅题结合使用时,又是形式上最突出的部分;通常用于揭示新闻中最重要、最吸引受众的信息。

从表现方法来看,主题可以是实题,即叙述新闻事实;也可以是虚题,即评价新闻事实,揭示其意义或隐含的理念。但在单独使用的情况下,消息的主题应当是实题或有叙有议的虚实结合题。例如:

我国科技发展史上的大事
国家同步辐射实验室工程在合肥奠基

严于律己　三次让房

第一个标题中,前者为辅题,是对事实的评价;后者为主题,是对事实的叙述。这个标题有了前面的评价,受众更能清楚地认识事实的意义。但如果去掉后者,只取前者作为主题,受众就会不知新闻所云。因此,没有辅题的消息的主题一般不宜作虚题。第二个标题的"严于律己"是评价,"三次让房"是叙事。这是虚实结合题,受众能够从中获知新闻事实,因而可以单独使用。

从句子结构来看,主题可以是单句,即只有一个动词,也可以是复句,即包含多个动词。在通常情况下,主题应该是一个独立的句子,让受众在一瞥之间获得一个比较完整的信息。请看下面的例子:

鉴于我国自辛亥革命后改行公历以来首次跨越世纪的深远意义及多数国家和国际组织的有关意向,我天文学名词审定委员会日前致函国际天文学联合会建议——
21 世纪从 2000 年元旦开始

这是 1998 年年初一家大报作的标题,主题十分醒目。初看标题,读者可能以为 21 世纪从 2000 年元旦开始,仔细看才知这只是建议,尚未得到确认。这种表达就容易造成错觉,以在主题前加"建议"两字为宜。事实上,"建议"是这篇报道的新闻价值的一个要素,也很有吸引力。如果需要突出"21 世纪从 2000 年元旦开始"这层意思,"建议"两字可用异体字或套底色,这样可以相得益彰。

从外在形式来看,主题可以一行,也可以多行。应以一行为主,一般不宜超过两行,以求显醒。目前网站首页和主页的标题基本上为一行题,但多数一行题包括两个或两个以上的标题,有些网站称之为"并题"。在这种情况下,要特别注意它们之间的联系与区别,防止网民产生误解。2010年3月11日,中国人民银行行长周小川在接受记者采访时表示,2月份居民消费价格指数(CPI)同比上涨2.7%,和央行之前的预期差不多。有分析人士认为,目前宏观调控仍以数量型调控为主,3月份可能上调存款准备金率,一季度加息可能性不大。有家网站报道这一消息时的标题是:

周小川称 CPI 符合预期　准备金率可能将上调

从标题上看,似乎"准备金率可能将上调"也是周小川披露的信息,而事实显然并非如此。如果网民只看标题,就会得到错误的信息,还可能会以讹传讹。

多行主题通常用于表达多项同等重要的内容或一个难以简化的长句。如果一句话分成两行,要注意语气的顺畅和概念的完整。例如:

台湾企业投资祖国大陆是"自然趋势"
王 永 庆 重 申 不 放
弃 投 资 漳 州 电 厂

今年广东群众
性文化两大盛事

上面两个已经见报的标题,分行都处理得不大合适。前者把"不放弃"拆开,虽然不至于产生误解,但读来总感到别扭。读者看报,实际上是在进行默读,因此读来是否上口,也是报纸的标题应予注意的。后者意指"群众性文化",但光看标题,也可以理解为"性文化"。在"性知识"、"性科学"等概念并不少见的情况下,读者这样去理解不是没有可能的。

主题比辅题引人注目,往往首先进入受众的视野。因此,制作标题要把主题作为思考的重点,对主题的要求应更高一些。

2. 引题

主题的引导题,位于主题之前,常用于说明、引申和烘托主题。因排列有纵向和横向,又分别被称为肩题和眉题。

新闻的来源、背景和原因,一般由引题来交代:

联合报最新民意调查显示
台民众支持两岸统一比率增加

地上"星"走完历程　天上星昼夜运行
张钰哲同志永垂不朽

用料易腐蚀　洗后留隐患
汰脱排油烟机莫请"游击队"

新闻的意义、本质,一般由引题来揭示:

凝结中华民族优秀传统文化的神韵,体现奥林匹克精神
北京奥运会会徽烙上"中国印"

铁的见证　血的教训
永安市挖出一颗日军燃烧弹

埋没人才　人财两空　重视人才　人财皆来
温江地区起用各业人才发展农村经济

新闻的环境、气氛,一般由引题来点染:

万绿丛中万点红
罗岗荔枝丰收

此景只应天上有　人间哪得几回看
新疆阿勒泰　五"日"又争辉

引题依附于主题而存在,表现方法、句子结构和外在形式都比较自由。引题的字数可比主题少,也可比主题多。当然,从简洁和美观考虑,两者的数量一般以接近为宜。

消息标题要比较具体、明确地概括新闻事实,因而引题用得较多;而通讯标题可以比较抽象、含蓄地概括新闻事实,所以一般不用引题,

除非存在特别需要引起受众关注的情况。例如：

> 林苗苗才 9 岁,却走到了生命的尽头,弥留之际,她说:"妈妈,我想吃草莓。"于是,为了这一颗红艳艳的草莓,为了满足苗苗的最后心愿,许许多多的好心人寻寻觅觅……
> **草莓,那催人泪下的草莓**

这是报纸上刊登的一篇通讯的标题。它运用引题,是因为这一情况特别能吸引和打动读者,如不加以突出,通讯的阅读效果可能会明显减弱。

3. 副题

主题的辅助题,主要用来补充、解释和证明主题。通常位于主题之后,又称子题、副标题。

如果主题不胜负担,难以概括新闻中重要的信息,就应借助副题予以补充：

> **东方神鹿王军霞五千米夺金**
> 李丽珊为香港实现奥运金牌"零"的突破

> **中晚期肺癌仍可"动刀"**
> 专家呼吁勿放弃手术治疗

如果主题含而不露,不叙述具体事实,受众不易明了,就可借助副题予以解释：

> **世界屋脊成了"飞禽天堂"**
> 西藏发现 17 座鸟岛

> **一曲"洪湖水" 几番"浪打浪"**
> 《洪湖水,浪打浪》著作权纠纷案一审见分晓

如果主题就实论虚,不提供具体事实,受众易觉空泛,就应借助副题予以证明：

清扫穷角落　同走富裕路
无锡县4 000多困难户向贫困告别

学生上学虽自费　思想工作不自流
浙江医大杭州分校抓紧走读生教育

副题的职责是补充、说明主题,因而一般宜作实题,不作虚题,字数和行数可比引题更多一些。重要信息较多的新闻,副题可以作成短行的多层题,通常称之为"副题组",以前主要用于报纸。例如:

化肥,化肥,你在哪里?
农民:空等几天无半两
贩子:运了一车又一车
干部:送了一包又一包

现在我国内地不少网站处理头条新闻时也采用副题组,但因头条排列以通栏或长栏为主,为了节省空间,其副题组通常并列为一行(见图7.2)。

图 7.2

消息和通讯的标题都可以有副题。但消息副题的前面不用破折号,而通讯副题的前面要用破折号。

主体类标题按组合不同,又分为单一型标题和复合型标题。单一型标题有主题而无辅题,通常用于信息单一的新闻。广播、电视的新闻提要,也以单一型标题居多。复合型标题兼有主题和辅题,一般用于信息比较重要而又复杂的新闻,又多见于报纸的新闻标题。复合型标题可以由主题、引题和副题三者组成,也可由主题、引题或主题、副题两者组成，视新闻的需要而定。下列标题反映的信息都很有价值，由主题、引题和副题组成是合适的。

第一位在奥运会上破世界纪录的中国选手
唐灵生堪称举坛金刚
力举170公斤"忘情"地挺立10秒钟，赢得满堂掌声

我国动物胚胎工程获重大成果
一种新奇生命降临人世
21只多父母小鼠在内蒙古展露容姿

复合型标题的主题和辅题是互相联系的一个整体，彼此之间存在着逻辑联系，因而要特别注意语意的连贯，不能相互脱节。在这方面，上述标题是规范的，而下述标题是有缺陷的。

足球场重演翻车惨剧
西德队四年后又大胜法国队

糊涂爹娘发财心切
安徽一少年流落上海街头

前一个标题的引题着眼于法国队，依照形式逻辑的同一律，主题应从法国队角度进行概括，而现在却转移到了西德队，思维的确定性被破坏了，造成了逻辑错误。后一个标题从新闻内容来看，引题和主题是因果关系，但现在没有显示这种联系，两者之间似有一种断裂感，令人有些费解。

复合型标题的主题和辅题既要体现出内在联系，又要有相对的独立性。如果彼此之间合成一句话，缺乏必要的停顿，看和听都会感到费劲。下面的第一个标题就属于这种情况。改成后者，引、主题意思相对独立，中间有适当的间歇，读和听就省力了，意思也容易明了。

修改前：
一个在奥运会上夺标使用的签满女排队员名字的
排球成为历史文物

修改后:

奥运夺标使用　女排队员签名

珍贵排球成为历史文物

二、从属类标题

这是新闻标题系统中的从属部分,是对主体类标题的补充。它包括提要题和分题,主要用于报纸。

1. 提要题

比较详细地概括文中主要内容的概要题,通常用于重要信息多而篇幅又较长的新闻,可以收到突出要旨和活跃版面的双重效果。报纸的要闻版尤其是头条,运用提要题较多。

报纸的提要题与广播电视的新闻提要不尽相同。前者从属于主体类标题,后者则是主体类标题的一种表现形式;前者比较具体,后者却比较概括。

报纸的提要题一般紧随副题之后,有时为了美化版面,也可置于文中或文末。提要题字数可多于辅题,但字不能大于辅题,因而常用围框,以示醒目。

提要题与主体类标题既然是从属关系,就不能重复主题与辅题的内容。从下面《江苏以创新型经济力推新一轮发展》的标题中,可以看出提要题与主体类标题的联系与区别。

再创竞争新优势

江苏以创新型经济力推新一轮发展

○ 2009 年全社会研发投入 680 亿元,占地区生产总值 2%
○ 发明专利申请量、授权量及区域创新能力全国第一
○ 今年上半年,六大战略性新兴产业产值突破 1 万亿元

网络新闻摘要类似报纸的提要题,可以使用户在浏览主页或首页后,对重要新闻的内容有一个大致的了解,节省查阅的时间。这种摘要形式在国外著名媒体网站的首页上使用较为普遍。图 7.3—7.5 分别为美国《纽约时报》、英国《金融时报》和法国《世界报》三大报网站的首页头条。

图 7.3

图 7.4

图 7.5

据美国 Jupiter 传播公司 1998 年 12 月的网上调查发现,由于获取新闻的大多数用户每次花时不足 10 分钟,因此用户对网上新闻摘要的需求正在增长。该公司根据其调查所得的资料,建议在网上应力求动用编辑力量开发围绕标题新闻的简短报道[①]。

2. 分题

插在新闻或文章中的小标题,又称插题。它用于概括文中某一部分或段落的内容,以方便和吸引读者阅读。

分题要新鲜可读,有吸引力,而不只是起区分层次和段落的作用。好的分题会使稿件增色不少,有的甚至成为箴言佳句,令人久久难忘。

分题可实可虚,文字以简短为主。有时为了突出文中的精彩之处,也可加以变通。新华社 1996 年 11 月发表的通讯《发奋学习　报国为民——记第四军医大学学员二大队》,里面用了 4 个分题,都超过了 30 字,有的达 70 多字。但因其很有新闻性,立意好,文字又生动,读后使人不觉其烦。下面是其中的一个分题:

35 岁的博士生导师,31 岁的研究所所长。一个异邦采花酿蜜

---

① 张咏华:《传媒网络化发展新趋势》,《新闻记者》1999 年第 4 期。

中华,一个扎根故土枝繁叶茂。他们都有一个共同的心声:个人事业发展的航程,只有在祖国才能找到理想航线

分题通常用于篇幅较长的稿件,因而一文之中往往不止一个。这就涉及分题之间的协调问题。从平衡、美观考虑,每个分题所辖文字和段落不宜差距过大。同时,为了增强整体感,避免凌乱,分题的表现形式也应大体相似,即虚与实、长与短、文言与口语等相对的表现手段,以不错杂在一起为宜。当然,如果这样做会损害内容,那就不必强求统一。

消息和通讯都可使用分题,又以通讯为多。这与通讯的篇幅一般长于消息不无关系。

三、整合类标题

这是新闻标题系统中居于最高层次的部分,统领主体类和从属类标题。它包括栏题和类题,主要用于报纸。

1. 栏题

为一个专栏或一组稿件所加的总标题。它集零为整,画龙点睛,营造声势,引人注目,是对新闻报道的一种强化和深化的处理方法。通常居专栏或一组稿件之首,有时由于版面美化的需要,也可居中或置后。

栏题一般用于重点报道,以务虚为主,体现报道思想和报道重点,往往具有思想性、导向性强的特点。以《解放日报》和《文汇报》1995年头条为例,两报各作了四五个栏题。这些栏题是:《推进国有企业改革 提高国有企业效益》、《迈向现代企业制度》、《实施科教兴国 加快上海发展》、《加速科技进步 振兴上海经济》、《加强职业道德建设 树立窗口文明形象》。这些栏题抓纲举要,旗帜鲜明,反映了党和政府一个时期工作的指导思想和重要举措,很有方向性和号召性。

栏题不限于传播思想,弘扬精神,也常用来营造气氛。最明显的是在重要节日、重要活动前后,新闻媒体往往用栏题来反映人们的盼望之心、祝愿之情,如《在迎接国庆的日子里》、《喜迎世博会》等等。

栏题通常运用多次,以加深读者的印象。但有些主要用来组合稿件的栏题,一般只用一次。如《元旦钟声响过之后》、《一串说明问题的数字》等。这些栏题并不具有直接的指示性,表达形式也比较活泼,属于一种特殊情况。

栏题地位显要,制作要特别慎重、精心。务虚性的栏题要注意导向的正确性和普遍性,不能乱提口号,不宜局限于某个行业或某件事情。要注意准确地反映所属各篇稿件的内容,不能言过其实,不能顾此失彼。此外,要尽量避免与所属各标题在内容和语言上的重复,做到要言不烦。为了防止空泛与虚浮,栏题不宜用得过多。

自左至右或自上而下贯通各栏的标题称为通栏标题,这是标题中的"龙头老大",强势作用至为显著,因此更不可滥用。美国《华尔街日报》至今仅出现过3次通栏标题,分别用于报道珍珠港事件、海湾战争和"9·11"事件,可见使用之慎重[①]。

2. 类题

以归类为主要目的的综合题。类题产生于其他标题之前。早期的类题以地冠名,四字居多,且带文艺意味,用来统辖所属地区的琐闻屑事。如广州地区发生的此类新闻,冠之以"羊城夕照"的类题。有了这种类题,各篇新闻不再作标题。

现代类题多以事件、问题冠名,字数比传统类题灵活,并与主体类标题合用,主要用于国际热点报道。它可以合并同类项,简化所辖标题群。它在编排上以黑底白字为主,常置于主体类标题之前,以利于标题和版面的清晰、醒目,提高易读性和吸引力。

前些年,《人民日报》和《参考消息》在国际新闻中多次采用类题,使这种古老的标题形式重放异彩,丰富了标题和版面的表现手段(见图7.6)。

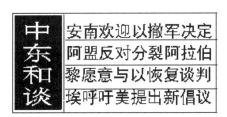

图7.6

类题与栏题的主要区别在于:栏题通常表示某种意向,而类题没有这种功能,主要起分类和显醒作用。

---

① 赵剑飞:《商业世界与媒体责任》,《经济观察报》2002年11月11日。

第四节　新闻标题的表现方法

新闻标题要发挥应有的作用,必须讲究表现方法。标题的表现方法从不同的角度划分,可以分出许多种,也可以有许多不同的称谓。这里从态度和修辞两个层面加以述说。

一、态度层面的方法

标题表现方法因作者显示态度有隐与显的不同,而分为客观反映方法和主观能动方法,或简称为客观性方法和主观性方法。

1. 客观性方法

即标题只叙事实,不发表议论,不加渲染烘托,述而不作。下述标题运用的就是这种方法。这类标题通常被称为实题。

1997 年 7 月 1 日凌晨零时零分
中国人民解放军接管香港防务

四川副省长主动退位当教授
李达昌离开西南财经大学 19 年后重回讲台带博士生,
表示角色改变但为人民服务不变

运用客观性方法,标题信息具体、实在,可信度高,易为受众所接受。试比较下面两个标题:

国务院《关于企业职工的奖惩条例》威力大
九名矿工者马上回到生产岗位

国务院《关于企业职工的奖惩条例》公布第二天
九名矿工者回到生产岗位

前一个标题发表了议论,运用了"威力大"和"马上"这些具有评价性和感情色彩的语言,编辑意图暴露无遗。后一个标题只是叙述事实,虽不着一字褒贬,但一般受众稍加品味,也能领悟编辑的用意。两者比较,后者用事实说话,尊重受众的判断能力,既表明倾向,又不失客观。对于大多数受众,特别是文化层次较高的受众,后者的表达往往是"此时无声胜有声"。

运用客观性方法,有时事实选得好,也会使标题生动形象,富有吸引力。例如:

临走,他只想穿一件白大褂
——记山区人民的好医生郑煜铭

凌晨,10层住宅浓烟四起……
——本市高楼大规模灭火实战演练目睹记

蔬菜地里留下14根头发
——闵行公安分局侦破一起凶杀大案

这几个标题,选取了新闻事实中的典型场面或典型细节。前者清新脱俗,令人回味;后两者像一部惊险片开始就推出的特写镜头,一下子对受众形成视觉冲击,使之欲罢不能。

客观性方法也是一种留有余地的方法,特别适用于不宜表态、不便表态的事件、人物。例如,我国历来主张不干涉别国内政,对于别国内部事务的报道,包括军事政变、经济危机、天灾人祸等等,就不宜随便评论。又如,当某一事件情况不明或某一事物成败得失难以预料的时候,也不能随便发表意见。在这些情况下,标题客观地叙述事实,就能赢得主动,避免被动。从这个意义上说,客观性方法也是一种讲究策略的方法。

当然,运用客观性方法要防止态度暧昧、是非模糊。20世纪80年代,6个歹徒劫持我国一架客机到南朝鲜(后称韩国),事后汉城刑事地方法院判这几个罪犯4—6年徒刑;我国有关部门对此不满,认为判得太轻,新华社的报道反映了这些情况。但有家报纸给这篇新闻作的标题是《汉城地方法院判处卓长仁等六犯四到六年徒刑》,看似客观,实际上没有反映我国有关部门的态度,是非不分明。《人民日报》的标题是《南朝鲜当局竟轻判六名劫机犯　卓长仁等犯只被判处四到六年徒刑》,这就准确地反映了我国有关部门的立场和态度,有利于读者正确认识和把握新闻事实。可见,遇到要明确表态的时候,标题不能默不作声,否则就会陷入客观主义的误区,削弱标题以至新闻报道的引导作用。

2. 主观性方法

即标题对事实进行评论、渲染和烘托,明显地体现出倾向性。例如:

中外媒体世纪大战

757家新闻机构近8 400名记者在香港各显神通

上述标题就是运用这种方法。这类标题通常被称为虚题或虚实结合题。

主观性方法的一种表现是:发表作者的看法,即评价和揭示事物的意义与本质,帮助受众认识事物的价值和内涵,给受众以理性认识或思想上的影响。《中外媒体世纪大战》这一判断,就有利于受众深化认识,加深印象。没有这个主题,标题也能成立,但效果会相形见绌。不妨再看几个例子:

榜上无名不等于成才无望

青年韩原震自学成为农技行家

跳跳就能够得着　跑跑就能追得上
杰出背后是平凡
中国十大青年巡回展催人奋进

这两个标题具有很强的思想性和感召力。作者并没有停留于事物的表面,而是用心思索,着力揭示新闻事实所蕴含的深刻的道理以至哲理,其效果是一般地概括事实所难以比拟的。这就是可以称之为"评价性方法"的作用所在。

主观性方法的另一种表现是:流露作者的情感,即显示对新闻事实的喜怒哀乐爱恶欲,以感染、打动和吸引受众。这种方法现在大量运

用于标题,几乎到了"不可一日无此君"的程度。例如:

今冬明春腰斩长江

西部歌王唱完最后音符
王洛宾昨在乌鲁木齐辞世

一声枪响告慰烈士英魂
青海严惩杀害索南达杰的凶犯

**听! 妇人遇劫呼救命
追! 英雄负伤斗三匪**

长江截流,却说"腰斩",欣喜之情溢于笔端,豪迈气概跃然纸上,令人精神为之一振。"西部歌王唱完最后音符",感情何其深长;"一声枪响告慰烈士英魂",爱憎何等分明;那一"听"一"追",又使人感觉作者仿佛置身事中,与新闻人物息息相通。这些真情、激情的自然流露,会引起受众强烈的共鸣。它不是可有可无的点缀,而是不可或缺的精华。这就是可以称之为"情感性方法"的魅力所在。

毋庸置疑,不管发表看法还是流露感情,都应忠于新闻事实,建立在事实的基础上。论从事出,情由事发,不可无中生有,虚张声势,不可妄发议论,滥用感情,否则就会陷入主观主义和煽情主义的误区,降低标题以至新闻报道的信度和格调。

二、修辞层面的方法

这类方法着眼于优化标题的语言和句子结构,常用的有 6 种。

1. 形象方法

化虚为实,化静为动,让受众可以感受和触摸,是这种方法的特点。在标题制作中,这种方法的运用十分普遍。例如:

长江研究"百舸争流"
经济社会协调发展成为关注重点

强冷空气"速冻"申城
三岛客船部分停航　全市用电负荷陡增

黄浦区第二工读学校"小年龄工读班"办得好
小"野马"收心做"良驹"

李对红杨凌枪打双金
中国奥运会金牌升至7枚

这些标题或以物喻物,或以人喻物,或以物喻人,或顺势移用,状难写之事如在目前,给人栩栩如生的感觉。受众从中得到的,除了新闻信息,还有一种艺术上的享受。如果不用这些比喻、拟人和拈连的修辞手法,而是直陈其事,效果会怎么样呢? 比如第一个标题改为《长江研究势头迅猛》,最后一个标题改为《李对红杨凌获两枚射击金牌》,意固然是明的,但对受众来说,可能就索然寡味了。

　　运用形象方法,要注意新颖性。用同一个形象不断地作比,不会得到受众的青睐。1958年有一段时间,报纸上曾连续出现用"卫星"来比喻高产的现象。有家报纸在8月份的报道中,不少标题带有"卫星"字眼:《新稻区放出高产卫星》、《发射高产卫星目击记》、《一颗早稻大卫星》、《第一个高粱卫星》、《你知道葡萄卫星有多大》、《花生卫星一颗赛一颗》、《湖南谢集人民公社放出卫星》……如此反复地运用一个形象,很难引起读者的好感。出现这种情况在当时的政治氛围中是可以理解的,不能苛求那时的编辑人员。但是从总结经验教训来看,这种做法是不足取的。前些年也有类似的迹象。比如有的报纸在新闻标题中"工程"成风,半个月内用"工程"作比喻的标题就有8个之多:再就业工程,安居工程,形象工程(指干部廉政),送温暖工程,安民工程,先锋工程(指党的建设),碧水工程,计算机下乡工程。"工程"不是一概不能用,但用得滥了,就失去了原有的光泽,受众会觉得乏味,而且容易助长浮夸风。

　　实际上,即使是同一个事物,也可以用众多的形象来比喻。20世纪80年代我国提出"调整、改革、整顿、提高"的八字方针以后,全国各地出现了钢铁工业减速、轻纺工业增长的局面。对于这类新闻,一些报纸作了这样的主题:《"钢帅"下帐　轻纺"上座"》,《"老九"坐上了

"八仙桌"》《黑龙江轻工业"短腿"加长》。报道的是同类事实,用以作比的形象却各不相同,读者也没有因此而发生误解。可见,问题的关键在于编辑人员要开动脑筋,锐意创新。

形象的新颖性往往与形象的特定性联系在一起。要注意捕捉与新闻事实有紧密联系的形象,使之发挥其他形象不可替代的独特作用。例如:

上海软科学需强身健骨

"药都"吃哪剂药才能青春不老
振兴"药都"学术讨论会在清江举行

聂卫平能否赴台角逐应氏杯
台湾当局举棋不定

谢幕演唱会前突然病发　50 岁天王猝死震惊世界
迈克尔·杰克逊前往天堂演出

这些标题有一个共同的特点,即它们所用的形象都与新闻有着不可分割的联系:"软"与"强身健骨"相对应,"药都"则离不开药,聂卫平与"棋"有不解之缘,"演出"又自然地关联到"演员"。这些特定形象的运用,使得标题个性鲜明,让人感觉一新。

运用形象方法,还要注意贴切性。古人云:比类虽繁,以切至为贵。据说东晋有个名叫谢安的人,一次吟诗问道:"大雪纷纷何所似?"他的侄儿回答:"撒盐空中差可拟。"他的侄女回答:"未若柳絮因风起。"谢安听了,对侄女的回答大加赞赏。标题运用比喻、拟人手法,要有"未若柳絮因风起"的贴切,不要"撒盐空中差可拟"的牵强。

中国黑姑娘嫁给阿根廷

九辆汽车搞"死亡之吻"

前者的新闻内容是说中国煤炭首次出口阿根廷,但看了标题,很难使人想到这层意思,有画虎不成反类犬之感。后者把汽车相撞说成搞"死亡之吻",既不确切,又有取笑之意。这些都是不可取的。

2. 强调方法

这是加强语气、突出内容的方法,可以使标题加深对受众的印象。这种方法主要有复叠词语、变换语序和设置悬念。《文心雕龙》云:"同辞复句,文之疣赘也。"这是指的不必要的词语重复,是一种消极性的重复。而像下面这些标题中词语的重复是必要的,有利于强化内容,提高表达效果,是一种积极性的重复。

李小双绝技无双
中国奥运金牌增至5枚

人流商流物流信息流加速集聚
浦东功能开发"热流"滚滚

拍严肃的电影　严肃地拍电影
——电影导演陈凯歌的创作追求

这些标题虽然采用不同的修辞手法,包括复叠、排比和回环,但都重复了某个词语:有的重复一个字,有的重复多个字;有的重复一次,有的重复多次。这种重复或使语气顺畅快捷,或使语气凝重跌宕,都突出了标题的含意,可以给受众留下难忘的印象。

标题应重视首因效应,把最重要、最引人的信息放在最优先、最醒目的位置。为此,标题有时需要倒置语序,打破常规的表达方式。例如:

考取上海交大少年班
温中学生赵东圣学业出众

计生工作柳暗花明　基本国策进家入户
"幸福家庭工程"在彭浦新村街道启动

紧急!两架客机突遇大雾
安全!幸有海军热情导航
香港同胞着陆后都说:多亏了解放军

第一个标题刊于温州一家报纸。按通常的语序,这个标题的主题和副题的位置应该互换,即变成《温中学生赵东圣学业出众(引题)考取上海交大少年班(主题)》。但对温州的读者来说,"考取上海交大少年班"是最重要的信息,因为实属难能可贵。现在这样处理,有利于突出精华,吸引读者。第二个标题的主题按一般的叙述,应改为《彭浦新村街道启动"幸福家庭工程"》,而且还可减少一个"在"字。但这就不能突出"幸福家庭工程"这一新事物,不能达到强调的目的。第三个标题也来自报纸,其主题也变换了语序,把议论提到前面,占位先之优,增强了标题的冲击力。其实这种方法,在电视新闻标题中也可以使用。2010年5月4日,凤凰卫视资讯台在晚间新闻中有一标题为《破天荒!美首次公布核武器数量》,这种将对新闻事实的评论前置的方法,同样能够增强新闻对观众的吸引力。这里需要说明的是,对于广播而言,由于声音稍纵即逝,像第一、第三题这种倒叙手法不宜提倡,以免听众发生误解。

标题应将新闻的主要内容告知受众,但有时为了引起受众关注,也可以不告知,只提出问题。这种不告知,实际上是为了更好地告知,所以也是一种强调方法。试比较下列同一新闻的标题:

非学历教育机构不能发证书
国家教委有关人士发表谈话

国家教委有关负责人
谈高校招生和学历问题

非学历教育院校能否发证书?
国家教委有关人士释疑

这里的第三个标题就带有悬念性。据对3个班级(一为33名本科生,一为18名公务员,一为31名参加专修科自学考试的社会青年)所作的课堂书面调查,选择悬念性标题的分别为22人、7人和18人;选择非悬念性标题的,前者分别为10人、6人和9人,后者分别为1人、5人和4人。这表明,3种被调查对象选择悬念性标题都占多数。尽管这项调查的范围和对象都有一定的局限性,但对于了解悬念性标题的作用并非没有参考价值。当然,就大多数受众而言,他们的兴趣和时间都是有限的,不可能详细了解每一篇新闻。如果标题都不告知,受众所获的信息就会大大减少。所以这种方法只能聊备一格。

3. 蓄意方法

这是曲陈其事、隐含其意的方法。古人云:"事之载也,以蓄意为工。"含蓄地概括新闻内容,常可使标题增加灵气和内涵,引人入胜,耐人寻味。

方法之一,巧用双关语言。即依靠语言环境的帮助,利用语言的声音或意义上的联系,使一句话同时关涉两个事物。它是作者智慧火花的迸发。例如:

彩云又向高处飘
将女子室内撑杆跳高世界纪录提高到 4 米 28

这里的"彩云",从字面上看,是指大自然之云,实际上还包含着我国撑杆跳高女将孙彩云之名。标题一语天然,意趣横生。这是借助词语的声音而构成的双关。又如:

夕 照 明
——记退休摄影师郭仁仪

按照比喻来理解,这里的"夕照",意指"晚年余晖"。但联系内容一想,却还隐含"退休摄影"之意。标题文字凝练,富有意境。这是借词语的意义而构成的双关。再如:

小"蛙"弄清波 瑞"雪"兆丰年
——法新社评述韩雪再破世界纪录

这个标题的含义更为丰富。新闻说的是我国女子泳将韩雪在 1996 年 15 岁时,连续两次打破 50 米蛙泳世界纪录。标题中的"小'蛙'",既指选手是年少的游泳队员,又指其竞技项目是蛙泳。而标题中的"瑞'雪'",既指自然界之好雪,又指"韩雪是好样的"。这里不仅有借词语的意义构成的双关,还有借词语的声音而构成的双关,可谓精心之至,妙不可言。

方法之二，巧用标点符号。标点符号不是文字，但也具有表情达意的作用。在制作标题时，如能根据内容的需要，巧妙地运用标点符号，同样会产生含蓄、委婉的效果，有时可以起到语言文字所难以代替的作用。例如：

他，他？他！
——记长沙卷烟厂厂长肖寿松勇于改革的事迹

这个标题中用了3个不同的标点，包含着三层意思：逗号表明这位厂长原先是一名普通的知识分子；问号表明他投身改革后有人投以怀疑的目光；感叹号表明他的改革精神和实干精神赢得了大家的赞赏。作者运用标点符号来表明这些意思，别出心裁，引人探究。

标题中用语言表示标点符号，与使用标点符号有异曲同工之妙。例如：

本报特派记者苏少泉汉城今晨电话：
光芒四射的"句号"

在第24届奥运会上，驰骋世界体坛多年的我国名将楼云临难不惧，在最后一次比赛中反败为胜，为祖国夺得了一枚金牌。标题中的"句号"是比赛结果的代名词，含而不露，幽默诙谐。又如：

十万元买来的惊叹号

报道大意是某省林业厅拨出10万元专款，组织抽查造林情况，结果发现质量之差令人大吃一惊：合格率只有59%，与各地正式上报数据大相径庭。这个标题用惊叹号概括这层意思，出语惊人，振聋发聩，不能不使受众欲知个中究竟。再如：

句号，另起一行的追求

这是一篇通讯中的分题。报道记述电影导演张戈拍完《济公》后，又准备把小说《上海的早晨》搬上银幕。这个分题通过对句号的运用和解读,含蓄地表明这位艺术家的不懈追求,清新而富有意蕴。

4. 齐整方法

这是特指对偶方法。对偶句式相对,整齐匀称,节奏鲜明,层次清晰,是标题中大量使用的一种修辞方法。对偶因表达内容有相近、相反和相连的不同,而分为正对、反对和流水对。标题多用正对和流水对。

下面两个标题,前者的副题为正对,表达彼此相近的信息,后者的主题为流水对,表达因果相承的信息。

背了半个多世纪的"零"甩进了太平洋
奥运会第一枚金牌为我夺得
许海峰百步穿杨居魁首 曾国祥力举千钧占鳌头

"没有一人脏 哪来万人洁"
——记北京市清洁工人新一代

标题也可以用反对,反对既是对偶法,又是对照法,不仅形式整齐,而且可以造成强烈的对比效果,特别适用于反映事物前后变化和相互之间的反差。例如:

春吃返销粮 秋后交余粮
马三娃首次承包山地喜获丰收

工程师三代破屋两间
副局长一家新房四套
(保定)市有关部门的调查结论竟是"分配基本合理"

前者的主题以"返"衬"交",更显示出交余粮的难能可贵。它说明了承包责任制的威力,也充分揭示了新闻价值。后者的主题虽无褒贬性词语,却强烈地折射出批评的锋芒,其力量不下于一篇檄文。还值得一提的是,后者对仗十分工整,不仅字数相等,结构相同,而且词类相当,从而增强了对比的清晰度和显著性,更显示出反对的优势。

标题的对偶,如能注意音韵即字音的声、韵、调,则既悦目,又动听,

更能强化语言的感染力。对广播新闻来说,这种方法尤其适用。请看下面的例子:

叶落归根逢佳节　合家欢聚庆团圆
袁保伦先生欢庆从台湾返回故乡后的第一个中秋节

爱国一片心　粒粒含深情
宝安再卖余粮七百多万斤

汽笛一声高唱　上海福州通航
"茂新"轮今日起锚

这些标题分别运用了双声叠韵和押韵,形成了声音的美感。第一个标题的"佳节"是双声,即两个音节声母相同,"团圆"是叠韵,即两者韵母相同,两两相对,韵律和美,增添了欢乐气氛。第二、三个标题押韵的韵部体现了内容的特点。前者可以延长声音,适宜于表达深长的情感;后者声音铿锵响亮,反映人们的豪情也是恰到好处。

5. 引用方法

这种方法是借用他人的话语或语句来概括新闻内容,以增强标题的表现力。

(1) 引用顺口溜。作为民间流行的口头韵文,顺口溜为群众所喜闻乐见,纳入标题,易使受众产生亲近感。

下面两个标题的主题都是一句顺口溜。它们说的是农村的事,用的是农民的话,读之上口,听之悦耳,品之有味。

联产如联心　联谁谁操心
吴华三村实行责任制带来了"科学热"

春上说的话　秋后不变卦
花桥乡采取措施狠抓政策兑现

(2) 引用谚语。谚语用简洁通俗的语言反映出深刻的道理,又有广泛的群众基础。恰当地运用谚语,也会使标题精当有味。例如:

懒汉回头赛过牛
王福康承包 9 亩粮田后勤恳耕作喜获丰收

母不嫌子丑
牙买加请约翰逊回国

"懒汉回头赛过牛"是一句谚语,"母不嫌子丑"则是谚语"子不嫌母丑"的化用。这些谚语的运用,使标题意趣盎然,特别是后者。它反映的是世界短跑名将约翰逊在第 24 届奥运会上夺魁,但被查出服用了违禁的兴奋剂,结果弄得脸面扫地;而其出生国牙买加没有冷眼相看,还是请他回国。这样一篇国际新闻,标题却活用中国一句谚语,真可谓意趣横生,出奇制胜。

(3) 引用方言口语。方言和口语生活气息浓,运用得当,会使标题缩短与受众的心理距离,激发受众阅读或视听的兴趣。例如:

又要出卖些啥子
国民党政府将向美借款 9 000 万元,购船舶 200 艘

这个标题刊于解放前在重庆出版的《新华日报》,"啥子"一言,川味四溢,当地读者看了,贴近之感会油然而生。

(4) 引用诗词名句。诗词的句子往往富有概括力和形象性,因而常被引作或化作标题。请看下面的例子:

桃花潭水深千尺
——华东政法学院国际法系师生畅谈"凝聚力工程"

东边日出西边雨
——九六甲 A 印象之五

前者的诗句引自李白的《赠汪伦》,比喻干部对师生们一往情深,关怀备至。后者的诗句引自刘禹锡的《竹枝词》,比喻全国甲 A 足球联赛风云变幻,难以预料。这些诗句的运用,使标题清新脱俗,意味深长。

诗句的运用,可以照搬,也可以翻新。"东风夜放花千树"和"春蚕到死丝方尽",是大家熟知的名句。下面两个标题分别改动其中一字,恰到好处,平添了新意和情趣。

"东方"夜放花千树
——东方歌舞团赴羊城演出记盛

春蚕到死丝未尽
蛹蛋白长纤维技术研究获得成功,使从蚕蛹中取丝成为现实

引用诗句贵在出新。目前存在重复率过高的现象,在一些用熟了的诗句中转悠,常给人"似曾相识燕归来"的感觉。其实,我国诗词佳作盈千累万,可供选择的余地是不小的。如比喻文艺舞台百花争艳,既可用"满园春色关不住",也可用"上林繁花照眼新",还可用"楼前百戏竞争新";比喻老有所为,既可用"莫道桑榆晚,为霞尚满天",也可用"且向花间留晚照",还可用"老夫喜作黄昏颂"。

这里的关键,是要广泛涉猎,要读唐诗宋词,要读《红楼梦》等古典名著中的诗词,也要读近现代名家的诗作。"浮云蔽日色,何足乱其真。草木受炎惠,萌叶时时新。"像《南社诗摘》中这类清新而富有哲理的诗句,在近现代诗词中数不胜数。如果一篇新闻着眼于揭露阴谋、谎言,标题用"浮云蔽日色,何足乱其真",会显得十分鲜明、形象、有力;而一篇反映学生在老师的培育下茁壮成长的新闻,用"草木受炎惠,萌叶时时新"来作为标题,也会令人耳目一新。所以,标题要常引常新,编辑人员应当博览古今诗词。

(5)标题要拓宽引用的视野。只要有利于表现内容,其他形式的语句,包括歌词、影视片名等等,也可以入题。例如:

路见不平一声吼
中国记者加强舆论监督频频重拳出击

小儿郎不再背起书包上学堂
美国新时尚:在家求学

停火第一天
两伊的黎明静悄悄

成长的烦恼
八运会男排决赛后的话题

1998年年初,中央电视台播放电视连续剧《水浒传》,著名歌唱演员刘欢唱的主题歌风靡一时,"路见不平一声吼"的歌词和激昂的旋律,震撼着广大电视观众的心。此时此刻引用此句作标题,很容易引起受众的心理共鸣。第二篇新闻发表之际,小霸王学习机的广告歌颇为流行,其中唱道:"小呀么小儿郎呀,背着书包上学堂……"标题信手拈来,反其意而用之,令人忍俊不禁。前苏联故事片《这里的黎明静悄悄》,美国电视连续剧《成长的烦恼》,都为我国广大观众所熟悉,后两个标题分别巧借其名,也显得机智、幽默,会使人露出会心的微笑。

6. 简练方法

这种方法主要用于报纸和网站的标题制作。阅读心理表明,简洁的标题容易被读者感知,也可以减少读者的视觉疲劳,激发和延长其阅读的兴趣。简练方法包括对字、句、意的锤炼,三者相辅相成,缺一不可。为了便于说明,下面分别表述。

(1)炼意。炼意即扼要,扼要是简练之本。标题应该突出新闻中的主要信息和信息的主要因素。面面俱到是行文之大忌,也是标题之大忌。那些可有可无的内容,标题应毫不可惜地予以删去。多与少是辩证的:内容庞杂,读者难得要旨,多即少;反之,内容扼要,读者易得精华,少即多。试比较下述两个见报的标题:

节省外事经费　节省时间精力
我国礼宾改革已有一定成效
国宴规定四菜一汤,仪仗队、鸣礼炮使欢迎仪式更隆重

我国续作礼宾改革
国宴规定四菜一汤

两相对照,后者要言不烦,令人"一曲难忘"。实际上,前一个标题中最

基本、最有价值的信息就是"四菜一汤"。引题的内容是"四菜一汤"的题中应有之义,实行"四菜一汤"也足以显示主题所说的"一定成效"。标题说的这些话,事实是可以表明的,一般读者也能领悟。这些话没有多少新意和力量,可有可无,现在和盘托出,反而冲淡了主要事实,难以给人留下深刻的印象。因此,后者的标法是有道理的、可取的。

(2) 炼句。标题通常是一句完整的句子。句子也要尽可能化长为短,与扼要的内容相匹配。特别是网站主页和首页的标题,应力求将新闻事实浓缩为一行题。报纸的标题可以是"净利润增4倍却一毛不拔/小天鹅A变'铁鹅'",但网站主页和首页的标题最好将这两句话并成一句话,比如改为"小天鹅A净利增4倍不拔毛",以利于腾出空间,刊登更多的标题。当然,内页的新闻标题可以做多行题,因为它有一定的空间余地。

对于有些长句子,可以考虑通过变换表达手法来加以缩短。例如:

中国代表在联合国人权委员会会议上指出
强权政治和霸权主义是
对民族自决权的最大威胁

中国代表在日内瓦人权会议上指出
强权政治和霸权主义
对民族自决权威胁最大

后者变换了词序,将前者"最大威胁"改为"威胁最大",字少了两个,上下行又相对独立,阅读和理解都较前者容易。

(3) 炼字。标题要尽量去掉可有可无的字眼,力求每个字、词都有必须存在的理由。"原料多 无污染 技术密集 市场广阔(引题)虹口大力拓展城市型工业(主题)"——这个标题中的引题部分,"集"和"阔"就属于可有可无的字,删除后字去意留,且更为上口。在标题中,有些字眼的重复可以产生修辞效果,但有些字眼的重复是不必要的。如"在亚澳区足球预选赛中(引题)中国和伊朗足球队二比二踢平(主题)"中,"足球"就没有必要重复,可以将后者删去。20世纪40年代的《新华日报》曾作过这样一个标题:"将门虎子(主题)小夏伯阳受勋(副题)"。这里,"夏伯阳的儿子"用"小夏伯阳"代替,巧妙地避免了

"子"字的重复,使文字更为简洁,也增加了应有的亲切感。

简练是对标题系统每个类别和部分的共同要求,而主题作为标题中最常见、又往往是最醒目的部分,更应力求简练。主题过长,即使辅题短,甚至没有辅题,也会给人繁杂、啰嗦的感觉。下面第一个标题就是例证:

任仲夷将中国女排夺奥运冠军签名排球转赠省体委

任仲夷传"好球"
他将中国女排赠送的签满队员名字的奥运会比赛用球转赠省体委,勉励运动员为国争光

与前者相反,后一个标题虽有副题,总字数是前者的一倍,但因主题只有6个字,反而使人觉得较为简练。可见,简练对于主题更为重要。从这里也可以得到一点启示:当新闻事实比较复杂又不能割舍的时候,采取主题概括、辅题说明的方法,是使标题简练的有效途径。

当然,标题的概括也要注意出新。在我国内地现阶段做股票的人,都知道要重视政策面、基本面和技术面,这句话股民和财经媒体不知说了多少年、多少遍,但是2010年春节前夕,有位民间炒股高手在第一财经"谈古论今"节目中,用"炒股要吃好'三碗面'"来加以概括,却令人有耳目一新之感。有人在短信"人生八宝"中谈到要多吃两样东西,就是"吃亏、吃苦",这种出奇的概括与前者有异曲同工之妙。标题的概括也应力求有新意。

简练是言简与意明的统一,文约与事丰的统一。简而不明,因简害意,无异于南辕北辙。但在标题中存在着这种现象。

雷锋家乡有这样一位姑娘
谭荒芳(身残志坚)获光荣称号

要求里根政府停止军备竞赛
美国一物理学家绝食(82天)

两个标题的主题都是简短的,但前者没有回答引题所说的"这样",即

新闻中所说的"身残志坚",令人费解;后者省掉了报道中所说的绝食的天数,价值明显受损。为了解决问题,应将上述括号中的内容加进去。

总而言之,标题一方面要防止冗长,一方面要防止过简,这样才能达到真正意义上的简练。

修辞层面的具体方法不止上述。像借代、谐音等手法,在标题中也较为常用。各种方法有区别,也有联系,有长处,也有局限性,运用时必须综合考虑,扬长避短。

关于好标题的特点,《美国出版协会编辑论文集》一书列出了6条,不无参考价值,特录于后:① 事实、风格涉及领域和重点都正确,强调消息的主题,必须是平衡的、公正的、朗朗上口的;② 必须清楚、简明、合乎语法规范,易读、易理解;③ 富有活力、有意义,朝气蓬勃;④ 能抓住读者的注意力,吸引读者阅读;⑤ 有新鲜感和快捷感;⑥ 尺寸长短须与新闻正文匹配[①]。

思考与练习

一、名词解释

新闻标题　标题受众　主体类标题　从属类标题　整合类标题　主题　引题　副题　辅题　单一型标题　复合型标题　提要题　分题　栏题　类题　实题　虚题　虚实结合题

二、问答题

1. 新闻标题主要有哪些作用?
2. 新闻标题的显著特点是什么?
3. 报纸、广播、电视、网络的新闻标题有何区别?
4. 标题制作为什么要考虑新闻媒体的不同情况?
5. 新闻事实对于新闻标题有何重要意义?
6. 新闻标题如何做到准确无误?
7. 制作复合型标题要注意哪些问题?

---

① 〔美〕多萝西·A·鲍尔斯、黛安·L·博登:《现代媒体编辑技巧》,新华出版社1999年版,第54页。

8. 标题主要有哪些表现方法?

三、辨析题

1. 说明下列标题有无差错或不当。

中国报告4例接种甲流疫苗后死亡病例

据新华网北京12月1日电 卫生部卫生应急办公室主任梁万年1日指出,目前全国共报告4例接种甲型H1N1流感疫苗后的死亡病例。经过调查和尸检,3例已证实与疫苗接种无关,为偶合死亡,另外1例的死因尚未有最终调查结果。

截至11月29日,国家食品药品监督管理局累计完成甲流疫苗批签发313批次约5 600万人份;全国累计完成疫苗接种2 625万人。

"中国与世界各国临床试验和接种工作实践证明,甲型H1N1流感疫苗是安全的。"梁万年说,截至11月30日,各省区市报告疑似预防接种异常反应2 867例,报告发生率约为11.44/10万,其中,以发热、局部红肿等一般反应为主,约占80%;偶合症约占7%;心因性反应约占3%;直接与疫苗接种有关的异常反应约占10%,其中严重异常反应报告发生率约为1.31/10万,未超过国内外甲型H1N1流感疫苗临床试验结果。

两万学费入"虎口" 一怒杀了女老板
这个游艺厅的女老板害人终害己

本报讯 一名中专生玩电子游戏机上瘾,把父母邮来的两万元学杂费扔进游艺机后,一怒杀害了游艺厅的女老板。

1月9日中午,家住南岗区保健路哈医大二院家属楼的王某,到自家在该院平房开的电子游艺厅叫母亲回家吃饭,发现57岁的母亲倒在血泊中,颈部被砍数刀,已死亡。

据了解,这家游艺厅有6台486电子游艺机,昼夜开门,顾客多是附近大中专和中小学生。游艺厅没有营业执照,曾被取缔过,但女老板为挣钱,转移"地下"又偷偷干起来。

警方根据一名学生提供的线索,于12日凌晨1时,将犯罪嫌疑人、哈医大中专生赵文龙抓获。

在证据面前,这名来自安达市农村、年仅19岁的中专生对其供认不讳。1996年,初中毕业的赵文龙报考哈医大职工中专学校自费班。父母为满足他进城求学的愿望,东借西凑,两年中先后邮来两万余元。可赵不思学习,整日泡在游艺厅内,把钱全部投进游艺机。

2. 对照新闻内容,分析下列各标题的优缺点。

含 PPA 药品制剂不安全
有关部门告诫病患者停服

"康泰克"这类药要立即停服

国家药监局:停止服用含 PPA 药品制剂

新华社北京 11 月 16 日电 苯丙醇胺(PPA)是用于感冒咳嗽药处方中的成分之一。国家药品监督管理局负责人今天紧急告诫病患者,立即停止服用所有含有 PPA 的药品制剂。

记者今天从国家药品监督管理局了解到,根据国家药品不良反应监测中心提供的现有统计资料及有关资料显示,服用含 PPA 的药品制剂后易出现严重不良反应,如过敏、心律失常、高血压、急性肾衰、失眠等症状,这表明这类药品制剂存在不安全问题。

据了解,国内含 PPA 的药品制剂品种为:复方盐酸苯丙醇胺缓释胶囊(康泰克缓释胶囊)、复方氨酚美沙芬片(康得,复方右美沙芬片,复方美沙芬片)、复方美沙芬胶囊、复方右美沙芬胶囊、复方氢溴酸右美沙芬糖浆、复方美沙芬溶液、复方马来酸卡比沙明胶囊、复方盐酸苯丙醇胺颗粒剂、复方盐酸苯丙醇胺糖浆、复方苯丙醇胺片、复方苯丙醇胺胶囊、盐酸苯丙醇胺片、复方氯化铵糖浆、感冒灵胶囊、斯可服糖浆等。

为保证人民用药安全有效,国家药品监督管理局日前已经发出紧急通知,要求立即暂停使用和销售所有含 PPA 的药品制剂。同时暂停国内含 PPA 的新药、仿制药、进口药的审批工作。进一步处理意见正在研究中。国家药品监督管理局还要求各省、自治区、直辖市药品监督管理局要加强监督检查。

四、制作标题

1. 给下列消息制作复合型标题,主题最好不超过 10 个字。

本报讯 当人们沉浸在虎年新春的喜庆中,此起彼伏的烟花爆竹声在申城的上空响起,全市 3 万余名市容环卫干部职工却在通宵达旦坚守岗位,冒着刺骨的雨雪寒风,默默地把千余吨爆竹纸屑清扫得干干净净。

从除夕 21 时左右,鞭炮声就不绝于耳。子夜,市民们纷纷走上街头燃放烟花鞭炮,刹那间,申城成了声、光的迷彩世界。为及时清除全市散落的鞭炮垃圾,黄浦、虹口、静安、长宁、徐汇等区绿化市容部门调整作业时间,增加人员和车辆,及时组织清扫和清运,头遍清扫必须在年初一 7:00 以前完成。

昨天凌晨,夜空飘落的雨雪,让申城的街巷变得湿滑,爆竹屑几乎变成纸浆。记者天不亮就来到光启南路、乔家路口的一处临时爆竹垃圾堆放点,只见五六名环卫工人将堆积成山的爆竹屑一铲一铲地往车上运。已连续七年没回江苏盐城老家的陈师傅对记者说,他很想回家探望父母,可眼下人手紧,节前,电话里给父母拜过年了。说完,老陈扛着扫帚冒着风雪朝夜幕深处走去,不一会儿就隐约传来一阵阵扫地的"唰唰"声……(《文汇报》)

本报讯 国家环保总局经过对全国重点城市环境综合整治定量考核,昨天公布了按综合得分排出的次序。

按综合得分排序如下:桂林、青岛、宁波、福州、天津、成都、南京、合肥、温州、西安、石家庄、沈阳、南昌、长春、杭州、连云港、北京、郑州、秦皇岛、济南、上海、北海、长沙、银川、昆明、哈尔滨、武汉、广州、贵阳、南宁、南通、兰州、呼和浩特、湛江、重庆、西宁、太原、乌鲁木齐。从全国双达标工作进展情况看,总悬浮颗粒物仍然是城市的主要污染物和影响城市环境质量达标的主要因素。(《大众日报》)

本报讯 中国天文学家表示他们已观测到太阳能量大爆发,并预计此现象将持续 13 天。他们还提醒航天、通讯、电力、管道输油系统等部门谨防太阳能量猛烈释放可能造成的危害。

据中国科学院北京天文台天文学家颜毅华说,他们观测到太阳能量猛烈释放造成太阳射电波达到 4 年来最大的峰值,其释放的能量相当于 3 万亿颗第二次世界大战期间投放在日本广岛的原子弹的能量之和。

根据美国天文台发布的最新消息,由太阳质子事件引起的高能粒子流将于今天到达地球,它们将干扰电离层与地磁,导致地球上的短波

通讯受到强烈的干扰甚至中断,对在大气层外运行的人造航天器产生一定的威胁,使卫星不能正常工作。(《羊城晚报》)

2. 运用修辞手法给下列消息制作标题。

本报讯 近日,海南省昌江县王下乡56岁的黎族同胞韩亚曲因声音嘶哑两个多月,便由儿子陪同到海南省农垦那大医院五官科就诊。该科李江医生用喉镜检查,竟发现患者声门上有一条黑色的活体蚂蟥在摆动。

在该院副院长林明丰指挥下,医生通过超声雾化机让患者吸入麻醉药品,将咽喉部及呼吸道表面麻醉,然后用窥镜钳取。因蚂蟥受到窥境钳的刺激,身体不断收缩、摆动,并分泌出黏滑的液体,使身体润滑,多次钳取都不成功。后来经过观察发现,蚂蟥的头部较细,虽然头部在不停地摆动,但采取"守株待兔"式的方法,还是将蚂蟥头部钳住了。(《新民晚报》)

本报讯 《财富》杂志昨日凌晨发布本年度《财富》世界500强企业的最新排名。沃尔玛重夺全球第一的宝座,中国石化、国家电网和中国石油分别位列第7、第8和第10位,齐齐跻身全球前十行列。上海企业依然是上汽和宝钢两家上榜,分列第223位和第276位。

2009年正值全球金融危机蔓延,世界各主要经济体虽然出台了大规模的刺激政策,但企业整体状况不容乐观。沃尔玛2009年营业收入达到4 082.14亿美元,成功夺回榜单王座。而荷兰皇家壳牌以2 851.29亿美元的营业收入位居第二,它去年曾是自1996年以来第一家登上世界500强排行榜首位的非美国公司,这一辉煌却如昙花一现,主要原因在于去年油价大跌,能源企业规模缩水。相比之下,居民消费的刚性需求相对受影响较小,沃尔玛因此能保持稳定收益。值得注意的是,今年的榜单中,位于500强最后一名的大日本印刷公司的总收入为170.53亿美元,比去年榜单的最后一名185.7亿美元要下降15亿美元左右,这是500强榜单近年来少见的门槛降低的情况。

本次榜单中,中国大陆、香港和台湾上榜企业达54家,多于2009年创纪录的43家。其中中石化以1 875.18亿美元的年销售额排名第七,成为排名最靠前的中国企业,且前十强中共有三家中国公司,而去年仅仅有中石化一家公司进入前十强。此外,中国移动和工商银行也进入了前100名。但应该看到,中国大陆的入围企业,独占了石油、天然气、金融、煤炭、矿产等行业,民营企业中仅有江苏沙钢集团一家入围，与去年一致。

借助中国车市的火红表现，上汽集团以336.29亿美元的总收入位列第223位，比去年的名次大幅度上升了136位；而宝钢集团由于受到去年钢铁行业低迷的影响，名次从去年年底220位下滑到276位。（《解放日报》）

第八章

报道的配置

新闻传播通常是将若干篇新闻集合起来刊播的。新闻稿件经过前面的加工之后,还需要进行组合。报道配置就是按一定的报道意图将稿件搭配、组织成有机完备的整体。整体影响部分,结构制约功能。稿件配置精细、得当,可以使报道显得有序易读,可以使报道得到强化和深化,可以使报道获得整体优于部分之和的积极效应。相反,稿件配置粗放甚至错配,则会削弱、损害报道的整体效果。《视觉思维》的作者认为:知觉领域内各个组成部分之间的关系,"对其中各个组成部分不可能不发生影响,它经常制约着它们,甚至使它们变得面目全非"[①]。因此,要提高新闻传播的质量,不能不讲究配置方式和艺术。

第一节 综合性配置

综合性配置,是报道配置最常用的方式之一。它强调内容和形式的多样化,以吸引方方面面的受众。新闻单元——版面、节目或页面——少的新闻媒体,报纸的要闻版,广播电视的新闻联播节目,网站的新闻主页,更需要采取这种配置方式。

---

① 〔美〕鲁道夫·阿恩海姆:《视觉思维》,光明日报出版社1986年版,第114页。

一、配置要领

综合性配置要尽可能做到"六个结合"。

(1) 点面结合。这里的"点",指的是重点,这里的"面",指的是一般。新闻报道要有重点,即要有反映当前主要矛盾和矛盾的主要方面的新闻,要有反映当前群众普遍关注的热点问题的新闻。没有这样的重点,新闻报道就会缺少分量和张力。但是在此基础上,也要有反映次要矛盾和矛盾的次要方面的新闻,还要有反映非热点问题的新闻。这样才有利于受众全面地了解和认识现实,才能满足受众多样化的需求。

(2) 庄谐结合。现实生活中不乏庄重、严肃的新闻。这些新闻,有些是受众欲知的,有些是受众应知的,不能不予报道。但如果一个新闻单元中都是这样的新闻,受众的情绪得不到必要的调节,兴趣性和注意力便会减弱。因此,在可能的情况下,也要适当安排一些轻松活泼的新闻。

(3) 褒贬结合。新闻媒体应当褒扬先进。先进代表事物发展的方向,不褒扬先进,就不能很好地引导群众前进。然而先进与落后是相比较而存在的,只褒扬先进,不批评落后,就不能有效地促使落后向先进转化,就不能很好地发挥新闻媒体的舆论监督作用。所以,报道的配置,不能忽略批评性稿件。

(4) 图文结合。这主要是就报纸而言。报纸应当既有文字,又有图片。图片的功能远不止美化版面。它可以不受读者的语言文字和文化水平的限制,可以起到其他形式不可替代的作用。图片所具有的直观、显眼等优势,使它成为报纸与电视竞争的一个有效手段。"图文并茂,两翼齐飞",这是当代报纸编辑人员应有的新观念。

通常情况下,一个版面至少应安排一张图片。如果没有合适的新闻照片,也可配置速写、漫画等。2010年5月6日,由于欧洲债务危机引发市场恐慌情绪,纽约股市暴跌,道琼斯指数在盘中一度下跌近千点,为有史以来单日点数下跌最多的一次。8日,《中国证券报》刊登新闻分析予以解读,其中配了一幅妙趣横生的漫画,增强了新闻对读者的吸引力,也加深了读者的印象(见图 8.1)。

(5) 长短结合。就稿件的篇幅而言,应尽量做到长短相间。有些新闻内容重要,虽然长一些,受众也愿意接受。但如果一个新闻单元都

图 8.1

是长稿件,既不利于扩大报道面,也不利于调节受众的视觉或听觉,妨碍信息传播的效果。

(6) 多种文体结合。消息是传递新闻最便捷的体裁。在一个新闻单元中,以消息为主是正常的,也是必要的。但除此之外,还应尽可能安排一些通讯、评论、来信等,以避免体裁的单调,提高版面、节目和网页的活跃度。

二、个案分析

综合性配置要做到"六个结合",不太容易,尤其对于党报的要闻版来说,难度更大,因为受到制约的因素较多。但难度大并不等于做不到,有些报纸在这方面较早取得了成功的经验。为了便于了解历史,这里着重分析 20 世纪 80 年代《人民日报》一个要闻版。

从 1982 年开始,我国把每年的 3 月 12 日确定为植树节。1984 年

2月19日,中国植树节节徽公布。当天,《人民日报》要闻版共安排了16篇稿件(含图片)。从表8.1中可以看出,这个要闻版稿件的配置注意了多方面的结合。

表8.1 《人民日报》1984年2月19日要闻版配置

(单位:字)

编号	内　　容	体裁	符号	篇幅	地方
1	万里在中央绿化会议上传达党中央、国务院指示精神,开发荒山植树造林政策要再放宽	消息	文字	920	
2	万里在中央绿化委员会会议上的讲话	文章	文字	1 150	
3	万里主持中央绿化委员会会议		图片		
4	中国植树节节徽		图片		
5	北京部队各医院积极绿化院区		图片		北京
6	商业部门要勇于改革迎接挑战	消息	文字	800	
7	近60万选票评选"十佳"健儿	消息	文字	645	
8	糊花灯	故事	文字	340	河北
9	山西省委部署整党工作,延长学文件时间,统一党员思想	消息	文字	370	山西
10	江西整党学习期延长一个月,切实抓好学议改查四个环节	消息	文字	250	江西
11	中国煤矿一枝花	消息	文字	200	河北
12	海南岛发现野生龙眼林	简讯	文字	75	广东
13	晋东南发现南方红豆杉林	简讯	文字	75	山西
14	南宁居民喜爱树桩盆景	简讯	文字	90	广西
15	专业户重点户农民当人大代表	简讯	文字	60	辽宁
16	没有坐过飞机又怎么样?	评论	文字	480	

　　就点面结合而言,反映党和政府关于植树造林的重要决策的信息,占了三分之一左右的篇幅,重点是突出的;与此同时,又安排了反映工业、农业、商业、党政机关的经济、政治新闻,还安排了体育新闻、社会新闻和自然珍闻,地方涉及7个省、市、自治区,较好地兼顾了面。

　　就庄谐结合而言,既有反映整党这种严肃主题的新闻,又有反映元宵糊花灯和居民喜爱树桩盆景一类生动有趣的新闻。

就褒贬结合而言,《中国煤矿一枝花》是一篇褒奖性新闻,报道石圪节矿全员工效相当于全国统配矿平均水平的3.7倍,受到中央领导的表扬。而《没有坐过飞机又怎么样》是一篇针砭性言论,批评某机场个别服务员的不文明现象。

此外,这个版面上有3张图片,有一篇新闻故事和一篇评论,三分之二的文字稿在500字以内,其中4篇简讯都不到100字。换句话说,在图文、文体和长短诸方面的结合上也是处理得好的。这样的配置,重点突出,丰富多样,平易近人,可读易读。作为党中央机关报能够做到这样,并不容易。虽然这是20多年前的例子,但今天看来仍有现实意义。

第二节 同一性配置

同一性配置,就是将具有某一或某些要素相同的稿件聚集在一起。这种方式可以增强新闻单元的逻辑性和条理性,还往往能够形成强势,获得规模效益和比较优势。同一性配置按其外显形式不同,可分为强标识组合和弱标识组合。

一、强标识组合

即具有明显标志的同一性配置。它可以使受众一下子把组合的稿件作为整体来看待,强化效果显著。通常用来突出报道思想或报道重点,反映重要活动、重要事件和重要典型。其方法是借助标题和专栏。

1. 借助标题

这是通过标题的整合,显示稿件之间的相同关系。有这样3篇稿件:《市经委约法三章倡廉度年关》、《市工商局严肃纪律禁吃喝》、《铁路西站清茶一杯贺站庆》。这些稿件体现了反腐倡廉的主题,是当前需要特别强调的,又因都是反映春节前夕的活动,所以,如果用类似《廉洁节俭迎新年》的栏题加以概括,不仅可以增强这组稿件的整体感,而且能够强化其导向作用。

2010年南非世界杯足球赛前,几位著名球星参与了《踢出传奇》的拍摄,在这部广告片中,他们所向披靡,神勇无比,可在大赛中却黯然失色,判若两人。7月1日的《解放日报》以《传奇,被踢出》为栏题,剪辑了这些球星在赛场失意的一组镜头,这种富有创意的组合,既引人入胜,又耐人寻味(见图8.2)。

图 8.2

另一种是类题组合,即将同类稿件的各个标题集中在一起,用类题统领,其标识功能和强化作用也比较明显。这在前面标题一章中已有说明,这里不再赘述。

还有一种是同题组合,即给同类新闻合做一个标题。例如:

伊拉克核查危机加剧
安南对伊强硬立场表遗憾
美再要求联合国对伊施压
伊要安理会听取其正当要求
巴格达市民入总统府"安营"

这是《广州日报》1997年11月12日为4篇国际新闻做的一个标题。这样处理，整体感强，主题突出，也避免了标题之间不必要的重复，显得更为简洁明了。

2. 借助专栏

专栏是具有共同性的若干稿件组成的相对独立的板块。专栏的集纳，突出展示稿件之间的相同关系，强化作用更为明显。报纸如果有时缺少合适的头条，也可由具有一定分量的专栏代替。

专栏集纳以稿件的同一性为前提。稿件的同一性表现在众多方面，包括报道的时间、地点、人物、事件、主题以及行业、领域等。只要符合报道意图和受众需要，其中的每个方面都可以设立相应的专栏。新闻媒体已经出现的这些专栏，如"零点新闻"、"读者想知道的地方"、"凡人新事"、"大江截流倒计时"、"新三百六十行"、"文艺百花园"等，就是分别以稿件某一方面的同一性来设置的。

专栏有常设性的。常设性专栏持续时间长，少则半年左右，多则一年甚至更长时间。就新闻报道方面的常设性专栏而言，主要用于突出一个时期特别需要强调的一种报道思想，或用于集纳不断产生的各种简易信息。前者如近几年许多新闻媒体设立的"讲文明，树新风"专栏，后者如许多新闻媒体常年开设的"简明新闻"、"四面八方"等专栏。前一类专栏涉及舆论导向，影响大，设置更需慎重。要准确把握报道重点和有关提法，不能随心所欲。同时要考虑到稿源的可持续性，防止因难以为继而造成被动。后一类专栏出现的频率高，具有某种标志功能，因而栏名要尽可能体现特色，不要千篇一律。

专栏也有临时性的。临时性专栏延续时间短，通常用于处理短期内重要的报道任务。香港回归祖国盛典前后，有些新闻媒体开设的"来自香港的汇报"，就是典型的例子。报道任务完成，这一专栏也告结束，前后延续不到一个月。临时性专栏也用于突出同类稿件中有意义的或受众所关注的因素。比如《解放日报》国际版曾将反映科研人员为盲人研制成"带路棒"等电子装置的两篇新闻和一幅照片，组织成题为"电子时代的福音"的一次性专栏，多少引发了人们对电子时代的美好憧憬。

同类内容有正反两方面，同一性配置包括正反面对比。为了突出对比性，引人注意，这种组合最好配上明显的标志，或设立以"对比报道"为名的临时性专栏，或借助标题予以强化。有两篇新闻，一篇表扬,一篇批评,说的都是商店的服务态度,篇幅不长,登在报上不会怎么显眼。但有位编辑冠之以"春风与秋霜"的栏题,便使它们显得十分醒目,好比龙睛一点,破壁飞出,明显增强了对读者的吸引力;又因栏题褒贬分明,生动形象,使传播效果得到了优化。

二、弱标识组合

即不具有明显标志的同一性配置。它不借助标题或专栏,而是通过勾线、围框或前后左右相连来显示稿件间的相同关系。

这种形式适用于不需或不宜做强化处理的同类信息组合。主要有两种情况:一种是报道价值一般,没有必要加以突出;或是报道价值虽然较大,但已多次采用标题予以强化,如再突出处理,作用不大,而且有可能冲淡其他需要突出的信息。将这些信息组合在一起,主要是为了增强条理性。

另一种情况是报道价值较大,但如用明显标识,一则较难,二则效果不一定好。如一家报纸刊登了这样3篇新闻《倪天增检查新客站工作》、《庄晓天了解冷饮生产情况》、《谢丽娟慰问医务工作者》。这几位同志都时任上海市副市长,并且都是下基层检查落实工作,具有同一性,应该组合在一起。但如果为此设立临时性专栏,或借助标题加以强调,不仅栏名、标题难定,而且很可能会使读者觉得不自然、不亲切。现在,报纸对此不加明显标识,只用围框。这种用事实说话的方式,也许更容易为读者所接受。有的报纸在处理《北航一客机大连坠海》、《埃及一客机发生空难》、《俄一架直升机失事》消息时,也采取了弱标识组合方式,同样给读者留下了想象的空间(见图8.3)。

图8.3

同类报道的组合是一把双刃剑,既可以突出重点,增加强势,产生整体大于部分之和的规模效应,也可能造成报道不符合客观实际,使读者产生误解或反感。美国新闻史上的揭丑时期,纽约《晚邮报》的记者采写了一篇涉及名门望族的犯罪报道,由此引发了纽约所有报纸报道犯罪新闻的竞争。报纸登载犯罪新闻骤然增加,使得公众误以为社会上出现了非同寻常的"犯罪浪潮"[①]。

因此,同一性配置也要注意把握得当。当社会上对于干部队伍中腐败现象议论颇多的时候,一个新闻单元如集中好几篇关于干部反腐倡廉的正面报道,就很可能会引起受众反感,认为反映社会现实不真实,即使这些报道都是真实的。反之,如果集中披露这方面的反面典型,也不合适,因为干部队伍中不乏廉洁奉公的同志,这样处理,同样不利于受众正确认识社会现实。遇到这种情况,组合最好兼顾两方面,或者化整为零,分几天报道。《经济日报》1987年3月10日第二版刊登春节回乡见闻。以往见到的类似版面,几乎是清一色的报喜文章。这个版面的配置却与众不同,既花费较多笔墨赞颂了改革开放带来的可喜变化,又用一定篇幅披露了某些地方存在的毁田造房、铺张浪费等不良现象,显得客观、真实,容易取信于读者。这个版面在全国好新闻评比中获奖,原因当然是多方面的,但组合得当也是一个重要因素。

1995年春天,上海一家大报连续接到市民被狗咬伤的投诉电话。据了解,在过去一年中,全市有上万人被狗咬伤,有关记者为此写了5篇关于打狗的稿件:《狗咬人还是新闻》、《狗患严重危害四邻》、《狗市探秘》、《"宠狗"热该降温了》、《狗患根源于乱养 欲除祸端寄望法治》。为了引起人们的注意和重视,编辑人员将这组稿件集中在一个版面上,并作了栏题《犬吠声声 四邻不宁》。总编辑在审阅大样时认为,整个版面集中讲打狗,是否会给人造成错觉,是否会有损大都市的形象。经考虑再三,这组稿件分几天刊登,事后读者和领导机关都反映良好。

事实说明,同一性配置有利也有弊,应当从实际出发,注意把握分寸。《解放日报》原副总编辑陆炳麟认为:"版面上的集合报道所反映

[①] 〔美〕沃纳·赛佛林、小詹姆斯·坦卡德:《传播理论:起源、方法与应用》,华夏出版社2000年版,第247页。

的新闻真实性,要比单篇报道真实性的要求更高,版面要保持整体的真实。"这是一个深刻的见解。

第三节 延伸性配置

增配其他稿件,对新闻加以拓展,使之丰富、深化,这可称之为延伸性配置。这种延伸可以是广度延伸,也可以是深度延伸。

一、广度延伸

即对新闻进行补充,增加相关信息。它着眼于加大信息量,因此又可视为量的延伸。

对于有些重要事件、重要人物,受众往往冀求及时获得较多的信息。例如,当国内外某一事件、人物或地点突然成为热点的时候,受众往往不以获知这些新闻本身为满足,还想对此有更多的了解;而新闻由于受主题的限制,不可能一一进行具体的介绍。在这种情况下,就需要配发有关资料加以补充。

众所周知,2003年8月3日,人们盼望已久的2008年北京奥运会会徽揭幕,许多新闻媒体除了报道会徽发布仪式的新闻,还发表了《会徽解读》、《2008年奥运会会徽诞生大事记》等相关资料,提供了读者感兴趣的相关信息。《东方早报》还以《温故》为题,刊登了雅典、洛杉矶、巴塞罗那和悉尼奥运会的会徽,既扩大了读者的知识面,又有利于读者进行比较和鉴赏。

同年2月1日北京时间22点,美国哥伦比亚号航天飞机与地面失去联系。新浪和搜狐分别于22:19和22:20发布快讯,争先报道此事,并跟踪事件的发展,迅速组织了专题报道。到第二天下午4点,两家网站仅专题主页上,就发表了200多篇(次)新闻报道和各类资料,并且都加以分门别类,设置了较多的栏目,内容拓展之广,报道速度之快,几近空前,很能吸引网民的视线,充分发挥了网络的优势(见表8.2)。

表 8.2 新浪、搜狐报道美航天飞机失事专题内容一览表

网站	栏目名称	篇	栏目名称	篇	栏目名称	篇
新浪	最新重要进展	14	各方反应	15	事故过程	15
	遇难者资料	7	背景资料	11	最新消息	80
	资料图片	8	相关图片	9	图片新闻	40
	历史资料	40	网友留言	18	总　数	257
搜狐	2月2日重要进展——查找失事原因及有关各方反应					19
	2月1日晚重要进展——航天飞机解体过程真实记录					30
	最新消息	100	各方反应	10	专题图片	8
	背景资料	11	网友留言	6	资料与图片	50
	事故原因众说	3			总　数	237

二、深度延伸

即对新闻着力开拓,深入揭示其底蕴。它着眼于提高信息质量,因此又可视为质的延伸。其主要方法是配发评论,常用的评论形式有本报评论员文章、短评、编者按和编后,尤以编者按和编后居多。

新闻要不要配发评论,通常取决于它的题材有没有普遍的指导意义,有没有较强的启迪作用。

两篇同样反映移风易俗的报道,一篇记述某位乡干部以身作则,在父亲去世后,反复做家人和亲戚的思想工作,从简处理丧事,不收受邻居送来的钱款,受到村民们的好评;另一篇记述某村107位老人采纳村委会的建议,在家人的陪同下,共同签名立下遗嘱,推行丧事简办。两相比较,前者有报道价值,但做法不太独特,给人启示不多。后者却不同,方法令人耳目一新,又有加以倡导的价值,同时还启示人们:移风易俗要有新思路。这篇报道所提供的经验及其包含的思想,就很有必要通过编者按或编后加以肯定和阐发。

1996年春天,安徽一家加工鞭炮的民营企业发生爆炸,殃及附近一所小学。学校的校长临危不惧,在紧急疏散学生时被炸伤。这个省有关报纸的编辑收到反映这位校长事迹的报道后,从依法保护校园安全角度配了一篇短评,在肯定这位校长高尚行为的同时,提出问题:这

只"火药桶"为什么敢放在小学附近？全省有没有类似的隐患？这就提高了报道的附加值，增强了报道的指导性。

　　配发何种形式的评论，通常取决于新闻题材的指导性和启示性的强度。指导性和启示性强的新闻，宜配本报评论员文章或短评，因为它们一般代表编辑部的意见，郑重、注目、有影响。两者相比，本报评论员文章的说理性更强一些，较适用于提高人们的思想认识。短评议论扼要、明快，指示性强，较适用于对实际工作和生活作直接的指导。

　　对于指导性和启示性略逊于前者的新闻，可配编者按和编后。编者按是编者对稿件所加的评介、批注或说明性的文字。评论性的编者按一般表明编辑部的态度，规格低于短评而高于编后。通常用来点拨经验教训，要言不烦，点到为止，不加展开。置于题下文前，又称编前话。编后是编辑对稿件有感而发的即兴议论文字，常以个人名义发表，比较灵活自由；编后篇幅多长于编者按，通常在三五百字之间，附于文后，又称编后话、编余漫笔，可拟题目。

　　评论是为深化新闻服务的，应当"青出于蓝胜于蓝"。评论切忌就事论事，述而不作，或仅仅对新闻内容加以概括，尔后加上"应当提倡"、"必须反对"之类表态性话语了事。评论应当有理念，有见解；同时这个理念、见解应是比较独到的、深刻的，而不是人所共知的、一般化的。这就需要将新闻与现实进行认真的思考和对照，看看哪方面是最重要的，又是为人们所忽视的；或者说哪方面最值得阐发，最可能给人启迪。

　　20世纪90年代初期，正当一些国有电影厂处于不景气的时候，一批在市场经济大潮中应运而生的民办电影制作公司由于机制灵活，显示出令人瞩目的生命力。仅1994年，参加投资的电影总数占全国电影总产量的57%，所拍影片全部获准发行，并且无一家亏损。这些被称为中国电影界"游击队"的民办电影公司，逐步成为电影体制转型时期的生力军。人民日报社主办的《市场报》以《影坛"游击队"已成生力军》为题，作了比较详细的报道。这篇报道具有较强的指导性和启示性，值得配发评论加以发挥。那么，评论的着眼点应该放在哪里呢？下面试比较3篇为此配发的编余漫笔。

影坛"正规军"何去何从

　　中国影坛在一个时期内处于低潮，影片上座率不高，一些国有电影制片厂面临着无片可拍、有片卖不出的危机。然而,正当这些影坛的"正规军"陷于困境之际,民办影视公司这一游击队,却异军突起,为中国电影走出低谷点亮了一盏航灯。

民办影视,没有大中型电影厂的技术基础与创作力量,没有国家为其承担风险,他们完全以市场为导向,把自身利益依附于影片上,破釜沉舟,背水一战。结果,正因为他们有风险意识,有竞争动力,有商业头脑,在市场经济的大浪中,他们逐渐成了熟练的弄潮儿,由"游击队"转变成生力军。

反观一些实力雄厚的国有影视公司和省级电影厂:"武器"精良——有强大的生产技术设备与生产、创作力量;"实力"雄厚——有国家和省市区为其财政支持,却依然在低谷里徘徊不前。他们或是缺乏风险意识与拼搏精神,但求无过,不求有功;或是缺乏市场头脑,一味"阳春白雪",曲高和寡;或是忽视商业经验,无法聚拢资金、人手。这样的状态怎么能打胜仗呢?

当然,国有电影厂毕竟有其强大的实力,以及民办影视公司无法企及的技术优势与人才优势。只要他们能从"游击队"的成功经验中吸取到一点有利于自身体制改革的经验,这支正规军还是会重新挑起影业大梁的。

目前的形势是,要么甘于空耗着有利条件,空叫呼:影像业与电影业不灭,电影业难于兴旺;要么自担风险,自负盈亏,杀出一条通天大路来。

中国的大中型电影制片厂,你们何去何从?

这篇评论有激情,但立意不够集中、清晰,复述新闻内容较多,没有借题发挥,局限于报道所反映的领域,给人印象不深,启示不多。

依靠改革　走出低谷

民办影视公司逐渐成为电影体制转型期中的生力军,它给国内电影市场注入了活力,推动了竞争,这固然可喜可贺。然而这也不禁使人为那些曾是影坛"老大"的大中型电影厂的前景担忧起来了。面临同行的挑战,大中型电影厂如何才能增强自身的竞争实力呢?

民办影视公司的秘诀无外乎高效而有活力的运作体制,以及尊重市场经济规律、重视市场因素的发展思路。它们的成功之路，多少给处于低谷的大中型电影厂以思考和启示：只有深入进行体制改革，放开手脚，打破陈规，才能在电影市场重振"雄风"。大中型电影厂只有依靠改革，才能与飞速发展的民办影视公司竞争，才能在市场经济迅猛发展的今天，继续在电影市场上占有一席之地。

中国电影市场具有广阔的发展前景，在大中型电影厂和民办影视公司的共同努力的推动下，国产电影事业必将蒸蒸日上。

这篇评论就事论理，主题集中，观点鲜明，对报道的升华优于前者，行文也简洁、清晰。但是，在改革已成为全社会共识之际，仍从"依靠改革"立意，显得较一般化，新意和深度不够，思想张力不大。

转"向"不如转"制"

一个时期以来，不少企业改变了经营方向。油盐酱醋店改成了精品屋、时装店，澡堂子变成了酒楼、饭店，新华书店则一家一家被拆除。这些企业转"向"的理由完全相同，都是因为不景气。做买卖要赚钱，办企业要讲效益，但是这些与群众生活密切相关的企业，出路难道只有转"向"这一条吗？

在电影业处于低潮时诞生的民办影视公司，被人称为电影界的"游击队"。他们不哀叹不悲观不转"向"，兢兢业业埋头苦干，短短几年就成了电影界的一支不可忽视的生力军。"游击队"的成长壮大说明，更好的出路还是有的，那就是转换机制。民办电影公司投资拍片完全遵照市场经济的规律，运作群体是艺术家和经营者的结合，决策人把影片的前途与自身的利益联系在一起，因而他们生产的影片内容健康，具有观赏性，艺术上也有探索，受到广大观众的欢迎。

金钱是有形的，机制是无形的。有了好的机制，亏损的可以赢利，没钱的可以有钱。机制不灵活，即使转了"向"，也不一定能够把事情办好。我们看到，各地的一些油盐酱醋店改成精品屋、服装店以后，机制依然，吃大锅饭依旧，还是摆脱不了亏损。令人高兴的是，已经有越来越多的企业家认识到这个道理：与其转"向"，不如在转"制"上下气力。

这是报纸发表的编余漫笔(略有改动),虽然长了一些,但立意新,也有一定的深度,耐人寻味。它也是谈改革,但并不是一般地谈改革,而是抓住问题的要害,阐发改革的重点,把笔墨集中到核心之点,令人有豁然开朗的感觉。从内容上看,它由此及彼,举一反三,不仅对影视业有指导意义,对其他行业也有启示作用。当然,如果将观点阐述得周密一些,留些余地,效果可能更好。

在网络新闻的配置中,现在比较普遍采用链接的方法,将相关新闻、文章或资料组合在一起,其中有广度延伸,有深度延伸,也有两者的结合,给网民提供了更多的选择。图8.4是著名画家吴冠中先生追思报道的延伸阅读。

> **延伸阅读**
> - 一代大师吴冠中已于今晨火化 未举行追悼会(图)　　2010年07月01日
> - 回眸吴冠中 吴冠中之所以为吴冠中的"奥秘"(图)　　2010年06月30日
> - "不负丹青" 中国美术馆第一时间筹备吴冠中特展　　2010年06月29日
> - 他是真的为艺术而来 "吴冠中"陡成网络热词(图)　　2010年06月28日
> - 不负丹青:吴冠中仙逝 成都:普通版画价翻番(图)　　2010年06月27日
> - 著名画家吴冠中去世 生前捐赠画作价值连城(图)　　2010年06月27日

图 8.4

第四节　解释性配置

当一篇新闻的内容不易为广大受众所理解或明了的时候,需要借助其他资料加以说明。这种组合方式,可以称之为解释性配置。它可以帮助受众释疑解难,驱散接受中的迷雾,还能开阔受众的知识视野。解释性配置用以说明的材料有文字资料和示意图表。

一、文字资料

文字资料的长处是能够较详细地提供有关情况,而且运用比较方便、灵活。它通常用来解释新闻中不为广大受众所熟悉的历史背景、科技知识和名词术语。

新闻中有些事物的历史背景，受众一见一听即明，无需解释；但有些事物的历史背景，情况并非如此。20世纪80年代苏联解体之前，新华社播发了题为《苏联一历史学家认为苏联对芬兰的战争是侵略战争》的电讯。苏芬战争是怎么回事？它是怎样发生的？当初对这场战争的性质又是如何定下的？新闻为了突出主旨，对此都未予具体交代。而对于不熟悉这一历史的许多受众来说，这无疑增加了理解上的困难。《羊城晚报》在选用这篇新闻时，配发了关于苏芬战争的资料，回答了这些问题。像这类历史背景的介绍，适应了受众需求，应该说是很必要的。

反映科学技术的新成果，是新闻报道的一项重要内容。随着当代科学技术的迅猛发展，这方面的报道不断增多。由于科技知识往往专业性很强，许多受众不易弄懂，新闻中又不便展开叙述，因而需要根据难易程度有选择地作专门的介绍。有的报纸曾刊登题为《新闻叙词表管理系统研制成功》的消息，一位新闻学教师看后，对"新闻叙词表"似懂非懂，便在课堂上将这篇消息发给学生，然后提问，不料一个班级的48名学生无一能够弄明白。新闻学专业的师生尚且如此，其他行业的受众可能就更难理解了。遇到这类新的科技成果，就很需要配以资料介绍。这是便于受众理解的需要，也是普及科技知识的需要。

新闻报道有时会涉及一些陌生的名词术语。如有家综合性报纸的一篇消息中写道："电视塔总投资为5 000万美元，其中4 000万美元是加拿大政府提供的混合贷款。""混合贷款"是什么意思？许多读者未必清楚，报纸如果对此配一名词解释，想必会得到读者的赞同。在知识激增的今天，新名词、新概念层出不穷，如本书第一章提到的生态农业、虚拟教学、智能建筑等，令人目不暇接。新的名词术语首次出现之际，最好配资料予以解释。

文字资料解释新闻内容，必须注意真实性、准确性和通俗性。历史背景资料要注意确凿可靠，要用权威的、最新的资料。科技知识和名词术语要在通俗易懂上下更多的工夫，不要越解释越难懂。对于新兴的科技知识和新出现的名词概念，应尽可能请有关的专家学者撰写资料，以确保准确性。

二、示意图表

示意图表是用以表明有关情况和注明有关数据的图与表的总称。复旦大学新闻学院叶春华教授认为,示意图表是"把抽象的规划具体化,把枯燥的数字形象化,把分散的内容整体化,把平面的文字立体化"。用图表来解释文字或言语难以表明的新闻事实,可以使受众一目了然,免除理解上的困难和不适,获得理想的传播效果。

2001年2月初,上海数位市民面对4个穷凶极恶的持刀凶徒穷追不舍,用竹竿木棒将其中3人智擒,《文汇报》在报道时,除了发表消息《千米追贼》,还配了《见义勇为,更要见义"智"为》的评论和追贼的示意图表,将多种传播手段有机地结合起来,很有利于增强报道的指导性和可读性(见图8.5)。

图 8.5

这种为新闻服务的示意图表,又被称为"新闻图解"、"新闻图表"。美国一些报刊,如《时代周刊》、《今日美国报》、《纽约时报》,经常刊登示意图表,开辟了为数众多的这类专栏,使之成为新闻报道的一个重要组成部分。我国报纸在20世纪五六十年代已注意运用示意图表,当时多用于反映国民经济和工农业增长情况以及国际斗争形势。

进入改革开放时期特别是90年代以来,随着人们对直观优势的认识的飞跃,示意图表运用范围明显扩大,数量不断增多。现在,报道城区规划、交通调整、新建道路、新开河道、新兴建筑、海难地点、地震位置、台风路径、天气预报、调查数据等,不少报纸都悉心配上示意图表。有些报纸借鉴国外报纸的做法,也设置了示意图表专栏。

事实上,示意图表不仅为报纸所需,也为电视所用。在这方面,有不少给观众留下较深印象的例子。在香港回归和三峡工程截流中,对于香港庆典活动的安排,三峡工程截流的进展情况等,中央和地方一些电视台的新闻节目都配上了示意图表。在国际新闻中,对于伊拉克战争进程等,不少电视报道也用示意图表进行解释(见图8.6)。这些都十分有利于观众了解和理解新闻事实。

图8.6

图8.7

示意图表应简明易懂,但实际情况并非尽如人意。例如,2009年7月初,上海市政府召开专题新闻发布会,通报全国关注的闵行区"莲花河畔景苑"在建13层楼房整体倾倒事故的调查情况。有的报纸予以报道时配发的事故原因示意图,很难使读者一见即明(见图8.7)。同日,新华社也制作了示意图,其效果明显优于前者(见

图8.8)。可见,示意图表的设计很有讲究,编辑和绘制人员要精心研究相关新闻内容,力求用最简单的方式说明复杂的事物。

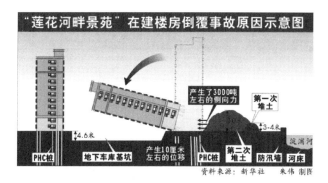

图8.8

对于涉及地图的示意图表,根据国家测绘局常务会议审议通过的《地图审核管理办法》,应视具体情况送有关部门审核,以免出现差错。

新闻报道配以文字资料和示意图表,方便了受众,却给编辑人员增加了负担。编辑人员要克服怕麻烦思想,多为受众着想,增强工作的责任心。

第五节 多媒体配置

网络的发展,为多媒体配置提供了可能性。所谓多媒体配置,就是运用文本、图片、动画、音频、视频等多种编排元素构成一篇或一组新闻报道。它有内涵式多媒体和外延式多媒体两种形式。

一、内涵式配置

这种形式是将文本、图片、音频、视频、动画等多媒体元素纳入一篇新闻中,使它们成为其有机的组成部分。它用于重要事件、重要活动的单篇报道。网民在阅读这一报道时,可以便捷地获得丰富、生动、形象的信息。例如,人民网科技频道的一些文字报道不仅有图片,还配置了音频,网民点击播放按钮可在线收听(见图8.9)。

新浪在对南非世界杯足球赛的文字报道中,普遍配置了新闻照片

复旦大学回应DNA验曹操墓质疑：家族有独特基因

2010年07月13日08:04 来源：《广州日报》

安阳曹操墓真假引发一场风波。

2009年12月27日，河南安阳宣布发现了曹操墓，但因墓穴面目全非、骸骨残破不全，真假之辨愈演愈烈。正当曹操墓陷入真假迷局之时，2010年1月26日，复旦大学历史学系和现代人类学教育部重点实验室联合宣布，"向全国征集曹姓男性参与Y染色体检测"，用DNA技术解答"曹操墓"真伪之争。消息一出，各方质疑声不断，复旦大学该项目的课题组一下子被推到了舆论的风口浪尖。

本报记者多次采访了课题组的两名专家——复旦大学历史系教授、中国魏晋南北朝史学会副会长韩昇和复旦生命科学学院副教授、复旦大学现代人类学教育部重点实验室项目负责人李辉。那么，面对接踵而至的5大质疑，事实的真相到底是什么？

而李辉也向本报记者透露，DNA样本采集7月15日便将截止。之后，将进行集中检测。他透露，结果预计将在两个月内公布。

图8.9

和视频。为了给网民提供方便,这些视频在文前和文内都作了链接。文前的链接是通过图表的形式显示的,其中详细标示了比赛中进球、射门、出示红黄牌、争议事件、暴力事件、受伤、花絮的时间。在西班牙夺冠的文字报道中,新浪链接了1 100多张图片和近30个视频,令浏览者一饱眼福(见图8.10)。

图8.10

二、外延式配置

这种形式是将文本、图片、音频、视频、动画等多媒体元素,都作为相对独立的报道,从不同的角度延伸、拓展某一新闻事件或新闻活动。它通常用于专题报道,可以使之丰富多彩,增强对网民的吸引力。例如,国际流行音乐天王迈克尔·杰克逊逝世一周年之际,腾讯开设了专题,运用新闻照片、漫画、音频、视频和微博,反映了海内外举行的各种纪念活动,图文并茂,声情兼备,给网民留下了难忘的印象(见图8.11)。

图 8.11

报道的配置有多种方式,以上介绍的是常见的几种。它们的分类标准并不一致,有的着眼于特征,有的着眼于功能,有的着眼于手段,互相之间存在着交叉关系。这种划分只是为了叙述和掌握的方便。实际情况总是复杂多变的,报道的配置应从实际出发,灵活运用,不必拘泥于一定的模式,只要有利于增强效果,可以大胆创新。

思考与练习

一、问答题

1. 报道配置的含义和作用是什么?
2. 报道配置主要有哪些方式?
3. 综合性配置有哪些要领?
4. 同一性配置的利弊何在?
5. 哪些新闻应配发言论?
6. 配发文字资料要注意什么问题?
7. 多媒体配置有什么作用?
8. 在最近读报、听广播、看电视或上网浏览中发现有哪些好的或不合适的报道配置?

二、辨析题

1. 说明下面这篇稿件有何明显不足,并提出处理意见。

皖赣铁路建成通车

本报讯 全长539.92公里的皖赣铁路,6月1日全线通车。

从6月1日零时起,有4对旅客列车、9对货车投入运行。从此,南京发往江西鹰潭分流至南昌、福州的列车,比绕道上海经浙赣线近285公里,从南京、南昌等地前往黄山的旅客,均可乘火车在安徽歙县境内的岩寺站下车,只需一个多小时就可到达旅游胜地。皖赣铁路是国家70项重点工程之一。它的建成运营,为华东地区新增了一条"动脉",对分担沪宁、沪杭、浙赣线的运输压力,沟通皖、赣、苏、浙、闽诸省的物资文化交流都有重要意义。

2. 说明下列3篇编后的优点与不足。

卖了轿车援环保

本报讯 鹰翔集团公司日前卖掉包括董事长座车在内的21辆中高档轿车,筹资金用于环保工程。

该公司位于吴江市盛泽镇，上半年开始兴建一座投资2 900万元、占地4.5万平方米的污水处理厂。进入下半年以后，随着生产订单的不断增加，企业流动资金占用增多。一方面要保证今年20%的增长速度，另一方面离太湖流域污染源年底达标排放的时间越来越近。怎么办？集团领导决定，环保工程只能提前不能拖后，卖轿车可以筹资金、改作风、聚合力，一举数得。这样，包括董事长座车在内有21辆中高档轿车全部卖掉，筹集资金600多万元，并迅速用于环保工程。

环保工程常抓紧 怎会临时抱佛脚

鹰翔集团公司卖掉包括董事长座车在内的21辆中高档轿车，筹资金用于环保工程，本该大加赞许。但这是在离太湖流域污染源年底达标排放的时间越来越近的时候被迫作出的决定。如果平时抓好环保建设，何需临急抱佛脚？

究其原因，是内部作风不好而导致。难道有钱买轿车就没钱治理污染？难道只有中高档轿车才能坐，低几档的车就不行？集团领导现在的决定只能解燃眉之急，下一步怎么办？难道又要变卖其他东西？那么生产怎么能够发展得好？

因此，彻底改变现今追求高档的作风，努力促进生产才是出路。这种现象很普遍。很多工厂只是在检查临近时才治理污染来应付，就是因为缺乏资金。归根到底，搞好作风建设，促进生产，才可能抓好环保建设。不然，到时候缺乏资金，去哪里抱佛脚？

保护环境，重视社会效益

中国鹰翔集团公司为迅速筹集环保工程的资金，完成污水处理厂的建设，卖掉了公司21辆中高档领导座车。这种做法值得肯定与赞扬。

中国的水域污染形势相当严峻。这其中一大原因就是水域沿岸的企业随意大量地排放工业污水所致。由于一味追求企业短期的经济效益，企业领导人忽视或是根本存在着错误的市场观念，认为保护环境、保护水源不关企业的事。

随着企业领导人观念的更新，社会责任意识的加强，我们非常高兴地看到一些企业把自己真正当作了社会与市场的主人。如果把坐高档轿车的攀比炫耀风看成是一种"旧习"，除旧迎新，企业迎来的是"社会营销观念"。这种市场观念认为,企业经营不仅要考虑自身的经济利益,更要重视社会效益。

之所以有这篇报道的赞扬,是因为我们还清醒地看到目前形势不容乐观。我们强烈呼吁所有的企业领导人:请重视保护环境。

"克己奉公"实难得

人人都知道环保工程利国利民,造福子孙,可是真正花钱去建造环保工程的又有多少?而像鹰翔集团这样卖轿车建环保的企业,又能有几家?

忍不住为鹰翔叫好,不仅仅因为它从实际行动上重环保,更多的是因为它卖车筹钱建环保。车,谁坐?当然是董事长、总经理们;车卖了,谁吃亏?当然是董事长、总经理们。从此上下班,没了专车,少了风光。可建立了环保工程,谁受益?是人民,是国家,是整个地球,整个生态环境。为了环境的大局,鹰翔集团公司的领导们宁愿自己少点享受,少点方便。

而有些企业单位呢?公款吃喝玩乐现象屡禁不止,还不时变着法儿弄出些新的花样来,生怕自己少用了公款,吃了大亏。环保?不关我的事,企业亏损,不关我的事,我只要有吃有喝有玩就行。企业职工福利,就更不关我的事了,让其自生自灭,一个企业往往就被那么一、二个人弄垮了。

相比之下,鹰翔公司有这样的领导人,确实是难得。"克己奉公"这个词得到了体现,企业的领导人能做到这四个字,有这样的勇气和作风,我想,没有什么事可以难得住他们的。

可惜,这样的企业太少。如果每家企业都能做到如此,那还有什么事情可以难得住我们的呢?

三、配言论

为前一篇新闻配编者按,后一篇新闻配编后。

"代管村账"遏制村官腐败

据《华商报》2003 年 6 月 28 日报道 咸阳市秦都区的渭滨镇、古渡镇率先成立农村财务服务中心。在各村资金所有权、使用权、审批权不变的原则下,将各村、各组变为报账单位,撤销各村会计、出纳岗位,由一名村委员兼任报账员。农村财务服务中心行使服务职能,代管各村的经营收入、集体资产的租赁收入等,对向农民收取费用的各类票据统一管理,各村、各组将收取的款项及时通过报账员送交会计核算。

秦都区经过试点发现:农村财务服务中心管账后,会计工作程序规范了,财会人员的素质提高了,"包包账"、"袋袋账"没有了,村干部公款私存、公款私用的现象基本杜绝。

另一个明显的作用是节约了成本。秦都区148个行政村原有会计、出纳人员298人,现在只有30个专业财会人员,加上各村的报账员,仍然比原来减少了100多人,据此估算一年可节约25万元,减轻了农民负担。

记者在秦都区渭滨镇农村财务服务中心了解到,中心根据各村情况,分别为其设立300元、500元、1 000元备用金。各村报账员对本村发生的经济业务,持经办人签署事由的原始凭证,经村委会主任(村民理财小组)审批后,于3日内到中心报账。财务审批范围规定,300元以下开支经村主任审批;300—5 000元的开支,由村民理财小组同意,村主任签字审批,并附村民理财小组会议记录;5 000元以上的开支,由村民理财小组、村民议事会研究同意,经村主任签字审批,并附村民议事会会议记录。农财服务中心的会计告诉记者,村民只要拿着身份证来这里,随时都可以查阅本村的财务收支情况。

省财政厅有关人员表示,根据试点乡镇反馈的情况,农村财务服务中心代管村账受到了广大农民的普遍欢迎。下一步,将在全省1 919个乡镇逐步推广这项工作,到年底预计普及比例将达到50%。

网友"骂"局长　获奖2 000元

据《东方早报》2010年3月17日报道　常州一网友去年7月在网上发帖骂该市环保局长不作为,必须引咎辞职。今年3月11日,常州市环保局同样通过网络发帖,对这名叫"认真"的网友发动"人肉搜索"。

3月15日,网友"认真"来到了常州市环保局,不过,他并不是遭遇到"网络追捕",而是获得了常州市环保局长周斌亲自送上的2 000元"网络监督奖"。

网友发帖:环保局长应引咎辞职

2009年7月12日,网友"认真"在常州中吴网、化龙巷等论坛发帖称,"北塘河三河口段今天又有黄水排放,我们从前年就开始不断向环保局反映,'12369'热线有记录在案,今年3月24日政风热线我们第一个打进电话反映河道污染,时至今日黄水照样滚滚流淌,更为气人的是每次打'12369'热线要求环保工作人员第一时间到达现场取证,总要过上一段时间,等河水变清了才会有调查反馈信息说,河水是清的。"

网友"认真"最后言辞激烈地发难:"周斌你作为常州环保第一责任人负有不可推卸的责任,必须引咎辞职!"这条帖子一经发出,立即引来了众多网友的关注,短短几天该帖的跟帖量已经上千。

局长回应:找出排污元凶令其整改

帖子发出的第二天,常州市环保局便在网上作出了回应,"感谢你对我市环保工作的关心。关于北塘河三河口段的水环境问题,市、区两级环保部门非常重视,武进区环保局近日派了12个检查小组在现场检查并监测采样。今天下午,市环保局会同武进环保局乘坐巡逻快艇,沿北塘河巡查,查看沿河各段水质,上岸检查有关企业,走访沿河居民及船户。"

据介绍,2009年7月13日,当天刚刚从外地学习回来的常州市环保局长周斌看到了该帖,随即要求执法人员进行巡查,在确认举报属实后,常州市环保局开始寻找"污染元凶",执法人员在巡查中同时发现,与北塘河相通的三山港、革新河,也受到了"黄水"的祸害。

最终,常州市环保局采用污染因子"亲子鉴定法",查出了沿岸涉嫌违法排污的企业,对其进行了责令停产整顿、罚款等行政处罚。

据当地网友反映,在环保部门整改后,北塘河三河口段的水质虽然偶有反复,但已实现根本性好转。

当地环保局:局长亲自送出"监督奖"

今年3月11日,常州市环保局在常州中吴网发帖,对这名叫"认真"的网友发动全城"人肉搜索",希望能找出"认真"本人,给他颁发"网络监督奖"2 000元,以此感谢他对常州环保监督,对家乡环境的重视。

3月15日下午,网友"认真"主动来到了常州市环保局,环保局长周斌向他送上了该市首笔"网络监督奖"——现金2 000元。

领奖现场,网友"认真"为自己太过"刻薄"的话向周斌表示了歉意,"我以前对你们有误会,说了一些过激的话,对不起了!""不。我们花大力气找到你,就是为了说声谢谢!北塘河能有今天的整治成果,离不开你的认真和坚持。"周斌表示。

昨日,早报记者致电常州市环保局,该局宣教法规处相关负责人表示,网友的举报虽然言辞过激,但其出发点是好的,该市环保局此次送出"网络监督奖",是希望更多市民能够踊跃举报身边的环境违法行为。

第九章

报道的合成

报道的配置最终要通过版面、节目或网页表现出来,这就涉及报道的合成问题。报道合成包括版面、节目和网页的编排设计,是新闻编辑过程的最后一道工序,是新闻价值判断的综合表现。它兼具政治性、思想性、艺术性和技术性,而且一锤定音,具有终审性和不可逆性。编辑人员务必精心操作,力求锦上添花,避免功亏一篑。

第一节 编排设计的价值

编排设计主要运用非语言符号。非语言符号与语言一起使用,可以用来表达更为复杂、细微的意义[①]。作为综合性的表现手段,编排设计是一种黏合剂,也是一种催化剂。它既受稿件内容的支配和制约,又对稿件产生一定的反作用。这种能动作用的表现是多方面的。

一、表态功能

版面、网页空间和节目时间,由于受人们注意的先后和强弱的不

---

① 〔美〕斯蒂芬·李特约翰、凯伦·福斯著:《人类传播理论》(第九版),清华大学出版社2009年版,第42页。

同,形成了重要与次要的区别。一般地说,位置居前或刺激力度强的,容易引起受众的注意,因而显得重要;位置居后或刺激力度弱的,不易引起受众的注意,因而显得次要。这样,稿件安排在不同的区间或时段,运用不同的编排手段,就在无形中显示了新闻媒体对稿件内容的评价。同时,编排手段诸如文字、线条、色彩、声音、音乐等等,不是单纯的物质符号;由于人们生活感受的泛化,它们还或多或少地被赋予一定的感情色彩。如黑色表示沉重、肃穆,红色表示热烈、欢快。这样,运用不同的编排元素,也就会反映出新闻媒体喜怒哀乐等特定感情。

因此,编排设计可以告诉受众什么是必须引起重视的,什么是不必大惊小怪的;什么是应当赞成、提倡的,什么是应当反对、抵制的。换言之,受众从版面、节目和网页的编排设计中,也可以了解新闻媒体对新闻报道的立场和态度,了解这些媒体的倾向性。法国学者阿尔西比德在《舆论性报刊》中认为,新闻的倾向性体现在新闻的编排上、标题的制作上以及文章或消息长短的选择上[①]。他把新闻编排作为其中的首要因素,不无道理。

众所周知,我国已于1998年元旦与南非正式建立外交关系,而在这之前一年多时间,即1996年11月27日,南非就已宣布将与台湾"断交"。当时,我国许多新闻媒体对此作了突出的报道,《文汇报》也不例外。在当月29日的国际版上,这家报纸把《南非将与台湾"断交"》的新闻安排在头条位置,并配置了南非总统曼德拉在一次群众集会上的资料照片,还给新闻的标题套红底——这是全版唯一的红色色块。在这组稿件的右边,刊登了港澳办谴责英国单方面修订香港刑事罪行条例的新闻,标题的主题为《违反基本法绝不能接受》,并用黑色予以套底——这是全版唯一的黑色色块。这样的编排就清楚地表明:报纸十分重视和欢迎南非的决断,而对英国的行为表示反对和愤怒。读者从中可以感受到报纸强烈的爱憎。编排设计的表态功能由此可见一斑。

二、启示功能

版面、节目和网页作为各种内容编排布局的整体,通常由若干篇稿

---

① 《传播学简介》,人民日报出版社1983年版,第77页。

件组合而成。按照系统论的观点,整体大于各组成部分之和。各篇稿件组合在一起,在一定条件下会产生稿件所没有的信息,即会给受众带来某些启示。这在报纸的版面上表现得最为明显。

30多年前,美国新闻界发生了一桩十分轰动的事件。时任总统的约翰逊在得克萨斯自己的牧场休养。他不喜欢《纽约先驱报》驻白宫的资深记者凯克尔,便把有关他将几位主要经济顾问召到牧场的消息,故意透露给这家报社的一位新手,以此嘲弄凯克尔。这条消息并没有很高的新闻价值,那个新手就把消息转告给《纽约时报》的记者。当时,美国消费物价指数正上涨到创纪录的水平。《纽约时报》把这条消息与物价消息并排放在头条,美联社和合众社又向全世界转发了《纽约时报》的报道,给人造成了这样的印象:约翰逊在通货膨胀的威胁面前惊恐不安。这样一来,股票市场价格猛跌,联邦储备委员会将利率提高到30年以来的最高水平,众参两院有人议论要进行调查①。这种始料未及的后果,与版面编排的启示功能有着多么密切的关系!

启示功能具有两重性,一种是消极的,一种是积极的。《人民日报》曾有一个要闻版在全国好新闻评比中获奖。这个版面的头条位置是一组读者来信,批评领导机关的形式主义;二条位置是反映广西香蕉外运渠道已疏通的新闻和照片。应该说,作为正面报道的后者放在头条位置未尝不可,因为这个问题的解决,无论其新闻价值还是社会效果都非同小可,但现在的头条却是针对领导机关的批评报道。这种编排可以给人这样的启示:党中央机关报很有气度和胸怀,与解决了的问题相比,它更重视尚未解决的问题,更重视群众的呼声和愿望。这使报纸贴近了读者,更让读者感到可亲可读。同时,头条是披露实际工作中存在的一个问题,二条是报道实际工作中一个问题的解决,两篇稿件安排在相邻位置,还可以给人这样的印象:党和政府是正视问题的,也是能够解决问题的。从这里,读者可以增强对党和政府的信任,增强战胜困难的信心。这可谓"意在不言中,无字胜有字"。

启示性信息不仅可能在组合编排中产生,也可能产生于连续编排之中。在2000年举行的第27届奥运会上,我国体育健儿获得28枚金牌。《人民日报》在刊登夺冠消息时,基本上都安排在报眼或报眼连及

---

① 陆炳麟:《新闻新探》,上海外语教育出版社1988年版,第82页。

下边的位置。回顾1996年第26届奥运会,《人民日报》在刊登我国体育健儿夺冠消息时,也几乎每次都安排在报眼及其下方的位置,并且都配上大小相似的新闻人物照片。这种版面处理暗含了这样一层意思:金牌无大小、高低之分,任何选手、任何项目夺冠,其价值是相同的,应当一视同仁。这就有利于引导读者正确地对待各运动项目,有利于调动广大运动员的积极性。

三、吸引功能

版面、节目和网页能不能吸引受众,报道的内容自然是主要的,但首先起作用的往往是它们的编排设计。这是由于受众接触媒体,最先感知的是版面、节目和网页编排形式。如果版面、节目和网页的编排遵循视觉、听觉的生理和心理规律,突出最重要、最精彩的报道,表现新颖夺目,条理清晰,不仅可以一下子吸引受众,而且能使受众便捷、轻松地接受信息,延续注意力,不因编排设计凌乱、粗放和平庸而缺乏持续阅读或接收的兴趣。

20世纪90年代初期,《北京青年报》所产生的新闻冲击波,至今成为新闻界议论的话题。当时这张四开报纸吸引广大读者,在读者中产生强烈反响,原因众多,但别具一格的版面编排设计也功不可没。正是这张报纸,大胆借鉴国外一些报纸的编排设计方式,努力加进自己的创造,在内地率先推出了极具视觉冲击力的新型版式。新版式曾使这张报纸在市场上格外夺目,往往可以先于其他报纸进入读者的视野,明显地起到了吸引读者的作用。

节目和网页的编排设计是否讲究,同样关系到吸引力的强弱。以我国电视为例,过去新闻节目提要几乎是清一色的口播,现配以文字和图像,直观优势更为明显,得到观众普遍赞同。又如每篇新闻开始口播时,过去只见播音员,现在配了图像,有的还配了关键词,对观众的吸引力也不一样,观众更喜欢现在这种表现方式。在网页设计方面,近年来不少网站加大了投入和创新的力度,新颖别致的网页不断涌现,受到许多网民的欢迎,有些作品还荣获中国新闻奖(见图9.1)。

总之,版面、节目和网页的编排设计不是无足轻重的雕虫小技。日本学者武市英雄曾说过:"编辑要把各个部分连接起来,贯穿起来。有时,仅仅一个部分没有什么意义,而把它同其他部分连接起来,就会产

图 9.1

生新的意义。这可以说是一种创造。"①如果说文字、图像和言语传递的信息是显性信息,那么通过编排设计传递的信息就是隐性信息。隐性信息是版面、节目和网页各种因素相互作用的产物,总体大于或小于部分之和主要是通过隐性信息显示的。编辑工作过程是一个价值判断过程,编排设计是综合性的价值判断,这种判断的结果在很大程度上是通过隐性信息传递给受众的。

　　作为编辑对显性信息的价值及其相互关系的认识和评价的结果,隐性信息是新闻媒体对客观事物的立场、观点和态度的一种反映。尽管形成隐性信息的编排设计手段是中性的,不同的新闻媒体都可以采用,但隐性信息具有明显的倾向性,是影响舆论的一个不可忽视的因素。新闻媒体的导向作用,不仅通过一篇篇稿件来体现,也通过隐性信息来体现。这种隐性信息可以评论是非,表达感情,显示个性,引人注意;可以传递显性信息不便表达、不易表达甚至无法表达的信息,因而是新闻媒体实现传播目的的一种重要和有效的手段,是其他环节所无法替代的。

---

　　① 郑兴东、陈仁风主编:《中外报纸编辑参考资料》,中国人民大学出版社 1987 年版,第 111—112 页。

从另一个角度来看,隐性信息又具有不可更正性,是事后无法修改的。所以,编辑人员对于编排设计不仅要高度重视,而且要十分慎重,力求显性信息和隐性信息的完美统一。

第二节 编排设计的原则

版面、节目和网页的编排设计要实现自身的价值,必须遵循一些基本的原则。

一、相符原则

编排设计要与服务对象相一致。这里包括三层意思。

第一层意思,要与媒体的性质和特点相一致。比方说,党政类媒体强调政治意识、大局意识,编排设计应注意突出政治性、宏观性和权威性新闻,风格基调以庄重大方为宜。而大众化媒体更重社会性、服务性,编排设计应突出反映民生、民情和社会风尚习俗类新闻,风格基调以轻松、活泼为宜。如果两者相反处理,就不能准确地体现各自的个性,就会有损报道意图和传播效果。

第二层意思,要与新闻单元的性质与特点相一致。一家新闻媒体往往有众多的新闻版面、节目或网页,诸如政法、经济、科技、文娱、体育和社会新闻等等。新闻单元的性质和特点不同,编排设计也应有所区别。一般而言,要闻和政法新闻以严肃内容居多,这类新闻单元的编排设计应持重一些,不宜花哨。而文娱、体育和社会新闻以轻松内容居多,这类新闻单元的编排设计应洒脱一些。如果两者相反处理,内容与形式显得不协调,就会妨碍新闻报道的可信性或可接受性。

第三层意思,要与稿件的价值和特点相一致。稿件价值大的,应强化处理,有重大事件或活动时,新闻激动人心,编排设计应特别显赫;稿件价值小的,应淡化处理,否则,会对受众产生误导作用。同样,反映喜庆内容的稿件,应用热烈奔放的处理方式;反映悲伤内容的稿件,应用素朴沉重的处理方式,这样才容易产生感染力。上海世博会开幕,全球瞩目,举国欢腾,人民网首页头条予以超乎常规的报道,做红色通栏标题,并配置大幅照片,滚动展示,凸显了新闻的非凡价值(见图9.2)。同一天,另一家网站的首页虽然将世博会开幕的报道置于前列,但由于其标题字大小如常,没有变化,加上《泰国证实"红衫军"涉嫌制造一起爆炸事件》的标题字特别粗大,喧宾夺主。从整个页面的色调看,也与这样一个重大的喜庆活动不太协调(见图9.3)。这种编排显然是不妥当的。

图9.2

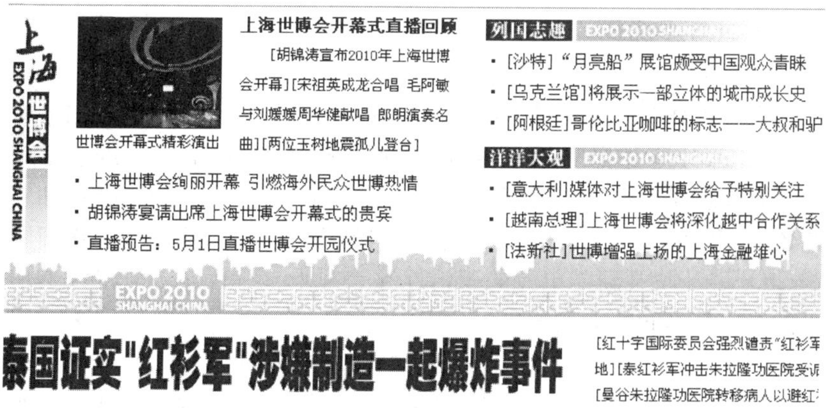

图9.3

二、重点原则

编排设计要突出重点,分清主次。如前所述,报道的组合要点面结合,编排设计要把这个"点"体现出来,突出出来。突出重点,不仅有利于体现报道思想,强化指导性,也有利于加大新闻单元内部的反差,更好地吸引受众的注意,加深受众的印象。

版面、网页空间和节目时间都不是等值的,都有重要程度上的区别,编排设计的手段也有刺激强弱的不同。突出重点,就应把重点稿件安排在版面、网页的重要区间和节目的重要时段,或者运用集纳、大标题、配乐、插播等特殊手段予以强化。

一个新闻单元内部,有时不止一个重点,或者说有两三篇稿件都很重要,都可以作为头条。但版面、网页和节目的头条位置只有一处。遇到这种"双头条"、"三头条"的情形,如果稿件必须同时刊播,就需要对第二、三篇稿件进行强化处理,以求得重要程度上的平衡,表明它们共同作为重点的身份。

重点与一般、强与弱都是相比较而存在的。"夜径云俱黑",才能显示出"江船火独明"。重点有赖于对一般的淡化处理。因此,在一个新闻单元内部,重点宜少不宜多,强化手段也应慎用,否则反而显不出重点,反而都不能突出。对于一般稿件的处理,应尽可能避免使用与重点稿件相同的编排手段,以示区别。

三、有序原则

编排设计要分清条理和层次。早在1894年上海创刊的《时报》就提出"编排务求秩序"。当今新闻媒体信息剧增,编排更要讲求有序化。有序就是要做到同类相聚,异类相分。具体地说,内容的类别和感情色彩相同的要靠在一起,反之则适当错开。如果不加区别,互相混淆,既不利于增强新闻单元的逻辑性和表现力,也可能造成误解、感情上的冲突甚至政治上的差错。

上海有家大报曾刊登两篇涉及印度前总理拉奥的官司事件的报道,报道组合在一起是应该的。但是在同一范围内,安排了一张反映当年获诺贝尔文学奖的波兰一位女诗人的照片。不知就里的读者初看版面,会误以为这位女性就是拉奥或与拉奥事件有关。看了照片说明,误解固然可以消除,但照片紧靠在写有"逮捕令"字眼的标题旁边,总使人觉得在感情色彩上很不协调,难以接受(见图9.4)。

图 9.4

图片搭配不当,传递错误的隐性信息,有时还会触犯法律。北京某报曾刊登《电影院里的陪看女》的报道,揭露了一些年轻女性陪单身男人看电影而索取小费或卖淫的丑恶现象,其中配有一幅照片:在电影院前的人群中,一男子正和一女孩在一起。这男子是某局副局长,那天正与女儿等候入场。报纸发行后,人们猜疑他有不轨行为,他的身心受到了伤害。为此,他聘请律师,走上了法庭。报社答辩说,当时考虑副局长领着11岁的孩子,不可能与陪看女有何牵扯,因此选用这幅照片作为场景照片配发。法院认为报社侵害了他人名誉权,应赔偿原告6 000元。

组合不当的情况在网站上同样存在。2010年4月14日7时49分,青海省玉树藏族自治州玉树县发生7.1级强烈地震,两千多人遇难。4月21日,中国为玉树地震中的遇难者举行全国哀悼活动,全国和驻外使领馆下半旗志哀,停止公共娱乐活动。但有的网站却在"天安门降半旗悼念地震遇难同胞"的标题下,排列着两张表情喜悦的外国人物照片,气氛显得很不协调,令人在感情上很难接受(见图9.5)。

组合不当有时还会导致政治上的差错。一个典型的例子是:浙江

[图片] · 天安门降半旗悼念地震遇难同胞

· 麻雀变凤凰的女人们

· 卡黛珊火速迷倒C罗

图9.5

有家大报曾刊登关于台北海关集体受贿的消息,按理说,这篇稿件应与同一版面上的国内新闻排在一起,但编辑人员却把它放在旁边的国际新闻中间,客观上将台湾划到国外去了,造成了政治上的失误,而且这种差错很难甚至无法更正(见图9.6)。可见,归类问题不是一件小事情,应当受到重视。

图9.6

四、便易原则

编排设计要易于受众阅读或获取信息。受众不仅期望信息多而好,而且要求获取便而易。尤其是在信息日益丰富、生活节奏加快的今天,受众更希望能够便捷地获取信息。这就要求编排设计尽可能为受众多提供方便。

就版面和网页而言,最起码要做到眉目清楚,了然易辨,不要题文异处,头尾不明,造成寻找困难和视觉不畅。栏的长短要适中,文的走向要顺当,让人读来自然,不费目力。看惯横文的读者,看竖文会感觉不适,面向这类读者的报纸,应该尽可能减少甚至不用竖文。

就广播电视节目而言,最起码要有适当的重复,以便受众听明看懂。对于受众听不懂的方言土语,应用普通话解释或配上字幕。

无论何种新闻媒体,都要使受众容易找到自己需要的信息。专栏的区间和时段最好相对固定,连续报道应有明显的标志,使受众一接触版面、网页或节目,根据习惯和标牌,像进入超市一样,容易地获取或候取有关信息。编排设计应当推陈出新,但创新要符合受众获取信息的习惯。有的报纸将标题斜贯一篇稿件之中,正文呈三角形,一行一变,令人难以卒读。这种创新很难为受众所接受,应以慎重为宜。

第三节 版 面 空 间

报纸的编排设计是通过版面表现出来的。版面是报纸一页的整体编排形式。由一定大小的纸张所提供的编排范围,被称为版面空间。版面空间不仅用于刊载文字、图片等信息,而且能够表示报纸的立场、观点和态度。这就需要了解版面空间的特点。

版面空间有大小的不同和重要程度上的区别。我国现代报纸的幅面主要有对开和四开两种。对开报纸的幅面比四开报纸大一倍。前者如《人民日报》、《中国青年报》,后者如《参考消息》、《新民晚报》。由于受经济、政治、文化等综合因素的影响,每种报纸的版面多少不等,悬殊很大,多的高达数百版,少的只有四个版。

表示版面重要次序的为版序。读者看报,首先接触的几乎都是首页即第一版,因而一般认为第一版的重要性居各版之冠,通常作为要闻版,主要用来刊登最重要的新闻、评论和内页提要。要闻版往往是报纸给读者的"第一印象",集报纸的窗口、形象和标志于一身。张季鸾在天津办《大公报》时非常看重要闻版,他说:我的报的头一张,我自信是编得好的,又真实又活泼,新闻多,每条新闻都经过目加工,国内任何报纸都比不过。美国《纽约时报》一位副总编辑曾说:"头版版面是编辑部智慧的集中表现。"[①]因此,要闻版的编排设计应该引起更多的重视。

其他各版的次序,如果同样以视觉注意的先后来确定,则第三版优于第二版,第二版又优于第四版。因为打开报纸,读者的目光往往自然落在第三版上,然后是第二版,再接着是第四版。报纸其他各版的版序,可照此类推。

第一版通常设置报头和报眼。报头是刊登报纸名字的地方,一般在版面上端,可以偏左,可以偏右,可以居中。报头除报名外,常刊登出版单位、日期、期数和天气预报等。有些还标明报纸的性质、隶属关系以及报徽——作为报纸标志的象征性图案。报头位置一般固定不变。报眼是横排报纸报头一侧或两侧的一小块版面,通常刊登比较重要、简短而又相对独立的稿件,也有些用来刊登当天导读或广告。报眼可以单独编排,也可与其下面的区间连接编排,俗称"冲报眼"。后者往往是一种强化手段,可用来突出头条以外的重点稿件。

每个版面分为若干区域,这种区域称为版位。各区域的重要程度并不相同,以区序相称;区序是根据读者的视觉走向来确定的。版面上下一分为二,读者视线自上而下,因而是上半区比下半区重要。版面左右一分为二,横排报纸是左半区优于右半区,因为左边是视觉起点;竖排报纸则相反,是右半区优于左半区,因为右边是视觉起点。如果将版面一分为四,成"田"字形,则横排报纸是上左优于上右,下左优于下右;而竖排报纸又相反,是上右优于上左,下右优于下左,道理一如前述。横排报纸上左、竖排报纸上右的前列位置,通常被称为头条地位,用来刊登最重要的一篇或一组稿件(见图9.7)。

版面各区域的重要程度也是可以改变的。优势区域采取缩小标题

---

① 郑兴东、陈仁风主编:《中外报纸编辑参考资料》,中国人民大学出版社1987年版,第297页。

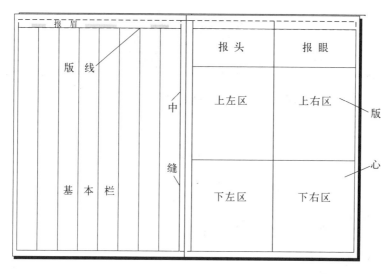

图 9.7

等弱化处理方式,它在读者心目中的重要程度就会降低;反之,弱势区域采取加大标题等强化处理方式,它在读者心目中的重要程度就会提升。所谓小头条,正是采取前一种方式处理的结果。这种头条虽处于最重要的版位,但实际上并非是真正的头条。对于一些涉及重要人物、重要机构的新闻,或价值够不上头条,却又值得引起注意的新闻,用小头条的形式来处理,不失为一种理想的变通办法。有些报纸为了美化版面或吸引读者注意,有时采取后一种处理办法,将有的重要稿件有意安排在弱势区域,往往也能收到比较好的效果。

英美有些报纸已不把传统的头条位置作为最重要的地位。它们将最大的标题,也即最重要的新闻常常安排在版面相当于人的眼睛在脸上的位置。当读者看报时,这个位置恰好与视线持平,最为显眼,这个区位也因此而变得最为重要。国内现在也有一些报纸采取这种编排方法(见图9.8)。

现代报纸版面均采用分栏编排。栏是版面划分的基本单位。每栏之间以空白或线条分隔,栏与栏的间距通常相当于正文一个字。版面分栏是相对固定的。相对固定分栏所形成的每一栏为基本栏,又称基础栏、短栏、单栏。我国横排对开报纸现多采用八栏制,四开报纸采用六栏或七栏制。

图 9.8

版面文字排列多以基本栏为单位,也可适当采用变栏。变栏可将基本栏成倍合并,也可将基本栏非成倍合并。前者为长栏,如两栏合为一栏,称二作一;三栏合为一栏,称三作一,等等。后者为破栏,如三栏破为两栏,称三分二;四栏破为三栏,称四分三,余类推(见图9.9)。变栏可以起强化作用。例如在基本栏旁边安排长栏,长栏的部分显得突出,容易引起读者的注意。变栏还可以起美化作用。文字都以基本栏为单位排列,版面显得单调;适当采用变栏,版面空间增加了变化,就容易产生美感。可读性和视线跟踪的研究证明,当文本分栏处于相对狭窄的宽度里时,就像现在大多数报纸和杂志上那样,人们往往读得更快更舒服[①]。因此,版面编排应尽可能少用长栏。

版面上刊登文稿、图片等信息的部分为版芯,也即版面的容量。一个版芯容纳多少字数,取决于纸张幅面、正文字大小及分栏多少,

---

① 〔美〕罗杰·菲德勒著:《媒介形态变化》,华夏出版社2000年版,第36页。

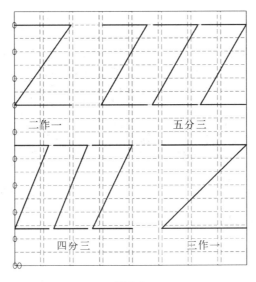

图 9.9

各报不尽相同。版芯周围的边线为版线,通常只有上端的"天线"和下端的"地线"。"天线"上面有文字、图片的部分称为报眉,常写有报名、出版日期、版次和表示各版内容的版别(或称版面标志),以便读者检索。

两个相邻版面的中间部分称为中缝,一般用来刊登简讯、知识性材料、电视节目预告和广告等,也有的是空白。相邻版面取消中缝,合编为一个版面,则为通版或跨版。它打破版面空间固有的界限,可以安排数量众多的同类稿件,又能采用比原来大的标题和图片,形成明显的强势。常用来报道特别重大的事件,且以四开报纸居多。《上海日报》(英文)2008 年特奥会回顾版,运用跨版方式,汇聚运动员们一张张忘情的笑脸,凸显了喜气和大气,荣获中国新闻奖(见图 9.10)。

美国有些学者认为,读者第一次看到的地方叫做"第一视觉区域",位居报纸的左上角;右下角叫做"终极区域",也有很强的视觉吸引,因为读者读到那里就知道他们读完了这一版。版面其他两个角,即右上角和左下角叫做"休闲角"。设计时对这两个地方要特别关注,因读者的视线不会自动地移到那里。报纸设计者马里奥·加西亚提出"视觉冲击中心"的概念。他认为视觉冲击中心要在一瞥之中吸引读者的视觉注意,它可以放在版面的任何位置。他建议一个版面上只有

图 9.10

一个视觉冲击中心,因为包含过多的强要素就会削弱总体效果①。

第四节 版 面 元 素

版面的编排设计,从技术上说,就是在版面空间安排正文、标题、图片、线条和色彩。这些印刷符号是构成现代报纸版面的基本成分,统称版面元素。作为编排元素,它们自身也可以显示某种意义和情感色彩,因而不能不了解它们各自的特点与性能。

一、正文

即用来显示报道和文章的文字。正文涉及字的大小。表示字的大小,过去有两种方式:一种是号数制,即以不同的号数表示字的大小,字号越大,字却越小;一种是点数制,即以 0.35 毫米为一点表示字的大小,点

---

① 〔美〕多萝西·A·鲍尔斯、黛安·L·博登:《现代媒体编辑技巧》,新华出版社 1999 年版,第 120—121 页。

又称为"磅",点数越大,字也越大。现在实行电子排版,增加了级数制,即以0.25毫米为一级表示字的大小,级数与字的大小也成正比例关系。

我国报纸目前常用的是号数制,对开报纸的正文一般用小五号字,四开报纸的正文用小五号或六号字。这是比较适中的字号,过大则减少容量,降低版面的利用率;过小则不便阅读,降低版面的被读率。

字的大小具有评价功能,字大说明内容重要,字小说明内容次要。因此,对于特别重要的稿件,正文可选用稍大一些的字。

正文还涉及字的形体。目前我国报纸最常用的字体有四种。一是宋体,字形横平竖直,笔画直粗横细。取法于宋刻,定型于明朝,所以有的地方又称之为"明体"。二是黑体,笔画粗重,横竖一致,字形方整,又被称为"方体"。三是楷体,又称活体、正体,笔锋洒脱,近似手写体,是清朝普遍采用的字体。四是仿宋体,横竖笔画都较清瘦,成形于20世纪初(见图9.11)。我国报纸的正文以宋体为主,除了历史的原因,还由于这种字体端庄、方正,粗细适度,宜于阅读。为示区别,评论文章的正文一般用楷体字。正文字体宜少不宜多,多则会降低易读性。

宋体　**黑体**　楷体　仿宋体
隶书体　**魏碑体**

图9.11

二、标题

标题是最具寓意功能的编排元素。标题与正文一样,也涉及字号与字体。如前所述,字的大小具有评价功能,标题选用字号应当根据稿件的价值。稿件价值大的,选用大一些的字作标题;稿件价值小的,选用小一些的字作标题;稿件价值相同的,选用差不多大的字作标题。如果不这样处理,就可能会造成价值判断失误甚至政治上、思想上的差错。

比如有两篇稿件,内容分别说的是男子和女子体操比赛结束,价值本来是相等的。但在选用字号时,有些实习编辑给写有"男子"的标题以大字,而给写有"女子"的标题以小字,这就在客观上宣传了"重男轻女"的不正确思想。两伊战争期间,有两篇稿件分别报道伊朗和伊拉克进攻对方。对待两伊,我国的态度是平等的,希望双方通过谈判解决争端。但有些实习编辑选用字号时,给写有"伊朗"的标题以大一些的字,而给写有"伊拉克"的标题以小一些的字,无形中显出了亲疏,不利于正确体现我国的态度。

标题选用字体也不能随心所欲。字体具有感情色彩。宋体庄重大方,黑体严肃沉重,楷体生动活泼,仿宋体清丽细巧,隶书体端庄严谨,魏碑体刚毅遒劲。这就要求根据稿件内容的特点选择相应的字体。内容严肃、重要的,选用黑体;内容轻松、有趣的,选用楷体、仿宋体;内容欢快热烈或富有情感的,选用隶书体;内容战斗性强或有气势的,选用魏碑体。宋体因适应性广泛,选用时可不拘内容。

现在有些编辑人员选择字体带有较大的随意性:稿件反映少年儿童欢天喜地庆"六一",标题用的是沉重的黑体字;稿件报道处决杀人犯,标题用的是活泼的楷体字,气氛不协调,使人感情上不易接受。

美国密苏里新闻学院教授达里尔·莫恩认为"字体会说话"。他告诫编辑人员:"字体是报纸个性的一个组成部分,好比什么样的人穿什么样的衣服,反映了一个人的情调。严肃的报纸不会使用花里胡哨的字体。"①字体的变化主要见之于标题,这就更可以看出标题慎重选择字体的必要性。

新闻报道重在传递信息,标题字体以少为宜。一般不要超过四种,字体多了,看上去眼花缭乱,不利于快捷、顺畅地获取信息,而且可能会降低信息的可信度。当然,用清一色的字体也不太妥当,这样不能调节视觉,容易造成视觉疲劳,也不利于很好地显示稿件之间的区别。此外,从视觉效果看,正方体最易阅读,长体和扁体效果次之,因而后者应少用。运用电脑排字后,由于变换字体方便,出现了两种情况:一是字体变化过多,二是长体字和扁体字用得过多,影响了易读性和审美效果。这是需要克服和纠正的。

标题既要变换字号字体,又要变换题形和位置。

标题的题形,目前常见的有五种:一是平列式,即多行的排列整齐划一,无参差;二是参差式,即多行的排列呈阶梯形;三是宝塔式,即多行的排列呈正或反的宝塔形;四是对称式,即多行的上行与下行排列一致,呈轴形;五是叠字式,即两字相叠排列成行(见图9.12)。此外还有锯齿式和平斜结合式:前者一端排齐,一端参差,形同锯齿;后者有平

---

① 陆炳麟、江和平编译:《美国报纸组版和设计》,上海外语教育出版社1989年版,第208页。

列有参差,介于平列式与参差式之间。

标题的位置涉及题文组合。目前常见的也有五种:一是盖文题,即标题与所辖正文的宽度(横题)或高度(竖题)一致;二是偏盖文题,即标题与所辖正文的宽度或高度并不一致;三是眉心题,即标题两端排有相等的正文内容,题文组合犹如元宝,因而又称"元宝题";四是中心题,即标题居于正文中间,四周都排有正文内容,又称"文包题";五是对角题,即标题分置正文的头部和尾部,也称"头脚题"——这种形式既适用于一篇稿件,也适用于多篇稿件,如用于后者,给人的感觉是互相之间有联系,因此其稿件应有某种相似性(见图9.12)。

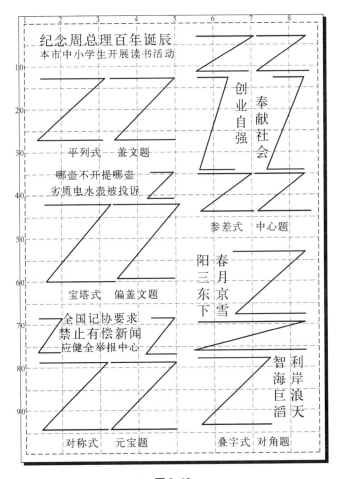

图 9.12

三、图片

图画和照片是版面上最具强势的视觉刺激物。它可以创造瞬间吸引力，一下子成为读者的视觉中心。作为与电视竞争的一种重要手段，图片尤其是新闻照片在当代报纸上的运用，明显呈现出增多加大的趋势。只有少数报纸例外，比如法国《世界报》的要闻版每天只登一幅漫画，不用新闻照片，大小相似，历久不变，这可能是为了显示自身的个性。而一向比较严肃的美国《纽约时报》，早在20世纪70年代起就增加和放大新闻照片。从总体上看，图片在版面编排元素中的地位日趋重要，有些报纸的要闻版甚至以一幅大照片为主。国外有的专家提出，版面设计应该从主要图片开始，并应该把它的大小和形状作为一个固定的元素，其他元素都必须与之相适应。

从审美效果和注意效果看，图片的形状一般以横长方形或竖长方形为好。在一个版面上，图片最好大小相间，横竖搭配，以相得益彰。

由于报纸是折叠发行的，第一版的图片不宜安排在版面的折叠处，以免削弱图片的效果。安排图片时，还要注意人物的面部朝向。人物面部朝向左边，图片应放在版面的右侧；反之，应置于版面的左侧（见图9.13）。如果相反安排，图片上的人物会有一种面壁感，看上去别扭，而且容易分散读者的视线。

当然，这是就一般情况而言。有时出于政治或政策上的原因，人物的图片只能放在某一位置，那就不能随意移动。如1983年7月28日，《人民日报》要闻版刊登关于达科斯塔总统的人物介绍，并配置了他的照片。这位总统的面部是朝向右边的，按说照片应放在左侧，但报纸将它置于右面第一栏。这就是从政治上考虑问题。因为对于类似的外国元首来访，《人民日报》都是这样处理的。如1981年10月19日刊登的关于丹麦首相的介绍，以及1984年2月7日刊登的关于澳大利亚总理的介绍，不仅照片位置、大小和形状相同，而且稿件位置、标题大小、题文走向都一样。这表明我国对这几位首脑的接待规格是相同的。如果仅从形式上着眼而移动照片的位置，就不利于正确体现我国的外交政策。

与标题叠印在一起的照片为压题照片，又名题图。压题照片有助于形成强势和节省版面。

图 9.13

四、线条

线条是现代报纸上运用广泛的编排元素。线条有多种式样,名称也各不相同。比如,细线称正线,粗线称反线,一正线一反线称文武线。线呈波形为曲线,呈连续点形为点线,刻有连续花纹的为花线。

不同式样的线条具有不同的风格。正线纤细清丽,反线沉重严肃,文武线壮美醒目,曲线生动活泼,点线朴素平实,刻有竹节的花线幽雅高洁,而由灯笼组成的花边则显得热闹喜庆。运用线条应根据稿件内容的特点。内容轻松的,配以正线;内容重要、严肃的,配以反线、文武线;内容谐趣的,配以曲线;内容普通的,配以点线;内容高雅的,配以竹节花线;内容喜庆的,配以灯笼花边。由于直线具有简洁、顺畅、方向感强等优点,现在许多报纸喜欢运用直线。

线条的用途不限于显示内容的特点。稿件之间界限不清,运用线条就容易分清;稿件之间联系不明,运用线条就容易分明;重要稿件不突出,可以用围框来强化;黑白分布不均匀,可以用线条来平衡。作为一种装饰材料,线条还有美化版面的功能。当然,这些功能能否发挥,还要看用得是否得当。每篇稿件都用粗线围框,文与文之间的界限十分分明,但围框的强化作用就失去了,也可能造成视觉束缚,不利于顺畅地阅读。有些地方加线,条理是清楚了,但却削弱了整个版面的美感。因此,线条的运用要恰到好处,要注意整体效果。

五、色彩

当代报纸版面编排设计离不开色彩的运用。传统报纸只有黑白两色,现代报纸有了彩色。色彩能被人的大脑迅速、简捷地进行处理,因为人脑对色彩的反应很敏感,且是天生的。这种反应与年龄、性别、智力、教育、体温、气候、社会经济背景和宗教信仰等因素有关。在抓住读者注意力上,色彩优于黑和白[1]。

彩色的运用增强了版面表现力,更利于营造气氛,增加强势,美化版面。对新闻照片来说,彩色还能更逼真地反映事物的本来面目。《今日美国报》副主编里查德·柯蒂斯说:"色彩帮助我们更好地传播新闻。新闻并非白纸黑字。色彩使人们更具体地看到新闻的真实面貌。"[2]彩色已成为体现报纸当代性的标志之一。

色彩会引起读者的情感反应。如红色,会使人产生兴奋愉悦的感觉,而黑色则会给人严肃沉重的感觉。2008年5月19日至21日,我国为5月12日汶川大地震遇难的数万同胞举行全国哀悼日,各地报纸都用黑色调报道这一重大活动,突出了举国哀悼的气氛。图9.14是其中获得中国新闻奖的版面。因此,色彩的运用要与内容相吻合,应避免因使用不当而引起读者感情上的不悦。有些报纸给"打假治劣"、"交战双方怒气未消"、"江西:当抚河大堤溃决之后"等严肃、沉重的标题套上红色,看来都未必合适。

彩色报纸不能冷落空白。这种版面固有的白色,不是"无"的代名词。空白可以显示重要。比如整个标题周围留有较多的空白,标题就会显得突出,就可以提高稿件在读者心目中的地位。空白可以分清条

---

[1] 〔美〕多萝西·A.鲍尔斯、黛安·L.博登:《现代媒体编辑技巧》,新华出版社1999年版,第127—128页。

[2] 陆炳麟、江和平译:《美国报纸组版和设计》,上海外语教育出版社1989年版,第271页。

图 9.14

理。稿件之间留有一定的空白,它们的界限就容易分清,阅读时就不至于发生混淆。空白还可以美化版面。一个版面,文字密集,空白稀少,就会显得壅塞、沉闷;相反,疏密相间,黑白相宜,就会给人赏心悦目的感觉。当然,不能把空白的作用强调到不适当的程度。版面空白过多,会降低版面的利用率,而且显得松散、不美观。

当代报纸运用编排元素表现出"七多",即:正文呈模块形状多,标题用黑体字多,大标题多,图片多,大照片多,直线多,色彩多。这反映出版面设计追求简洁、醒目、直观、顺畅和时代感的趋势。

第五节　版面编排的方式

在长期的版面编辑实践中,编辑人员通过对版面空间和元素的灵活运用,创造了多种多样的编排方式。这里择要介绍八种,它们各有特点、优势和局限性,运用时应从实际出发,取其所长,避其所短。

一、重点式编排

重点式编排是运用强化手段突出重点稿件。版面编排要求突出重点,分清主次,因而这是一种常用的编排方式。它运用的强化手段主要有:标题字和面积加大,标题字黑底反白,正文字放大或用异体字,正文排长栏,题文围框,粗线勾勒,照片压题,图文组合,等等。图9.15是法国一家报纸的要闻版,其头条采用的就是这种编排方式。

重点处理的稿件,所花版面不太多,但给人印象强烈,因此重点一定要选准选好,防止把握失当,误导读者。

二、集中式编排

用比较多的篇幅报道同一类内容,或反映同一个主题,是这种编排方式的特点。它可以突出主题,烘托气氛,营造声势,引起读者注意,加深读者印象。通常用来表现重要活动、重要典型或重要事件(见图9.16)。

三、对比式编排

这是将报道内容对立的稿件组合在一起的编排方式。它具有对比显著、褒贬分明的特点,有利于主题的强化和深化。冬储大白菜过去是北京市民的"当家菜",《经济日报》选用已不再"当家"的冬储大白菜

图 9.15

图 9.16

的现实镜头与10年前的照片进行对比,从一个侧面生动地反映了北京经济发展的状况,获得中国新闻奖(见图9.17)。

图 9.17

为了增强对比效果,报道正面内容的稿件应处于主要地位,标题面积应大一些,色彩宜用暖色调。1998年1月17日,上海有家大报用整版篇幅刊登以路为主题的新闻照片,介绍上海市区路的变化,创意很好,但是反映昔日路的照片,在大小、色彩和位置上,与今日路的照片没有什么区别,明显削弱了对比效果,未免有些可惜。

四、对称式编排

这种编排方式讲究版面元素的工整对称,整体感和稳定感较强,具有一定的审美价值。通常用来表现内容互有联系且篇幅都不太长的报道(见图 9.18)。有时也用来表现内容具有对等性质的稿件,以示客观、公正,一视同仁。对称式编排要求正文、标题、图片、线条、色彩相同或相似,限制较多,容易产生削足适履的弊端,也易显呆板,故不宜多用。

图 9.18

五、交叉式编排

这种编排方式的基本特点是注重稿件之间的穿插、咬合。标题横竖搭配,交替使用,避免碰题,讲究错落,正文多呈不规则形状(见图9.19)。它的优点是可以化长为短,增加版面的变化,易显生动;不足在于设计和排版都较花时间,而长稿过度穿插会带来阅读不便。

图 9.19

六、模块式编排

作为照相排版和胶印的产物,这种编排方式流行于欧美,有现代版式之称。从20世纪60年代开始,美国许多报纸相继采用简化的模块版式。

模块式编排的题文组合均成四边形,不忌碰题,讲究块状错落。它的优点是:版面简洁,整齐,清晰易读,便于读者快捷地获取信息;而且易于设计、排版和抽调稿件,十分适合电子排版。

目前国内报纸普遍采用模块式编排。《山西日报》2007年7月14日国际版是运用这种编排方式的佼佼者,荣获中国新闻奖(见图9.20)。

图 9.20

七、冲击式编排

这是对视觉构成强刺激的编排方式，国外有的学者称之为"拳击式示现"。它的主要特点是标题显赫，照片增大，线条粗黑，色调浓重，醒目夺人。

外国有些报纸较早采用这种编排方式。我国内地自20世纪90年代初开始流行，其中尤为引人注目的是《北京青年报》。

这家报将版面确定为浓重型，有些重要的正文和标题增加色块，配以底纹，形成黑白灰的强烈反差。新闻照片增多加大。稿件之间用黑粗直线分割，淘汰花边花纹。这些编排元素变革的结果，一改版面视觉形象，造就了"浓眉大眼"的独特风格，很能引起读者的无意注意和视觉兴奋。该报改为大报后，依然保持了这种色调浓重的编排方式（见图9.21）。当然，这种方式处理不当，也会带来令人压抑和虚张声势等负面效应。

八、分解式编排

这种方式是把一篇消息或通讯拆分成几个部分，并通过字差、线差、框差、栏差或色差等编排手段的变化，将这些部分有区别地显示出来，以增加显醒点，吸引读者阅读内容（见图9.22）。

心理学研究表明，客观刺激物在一定限度内的强度越大，它所引起的视觉兴奋就越强。同时，刺激物之间的任何一种显著区别，包括形状、大小、颜色等方面的变化，都会引起人的无意注意，当环境中出现了某种新异刺激物的时候，人就很容易以各种方式去探询它。对一篇新闻的内容进行分解，并用不同的方式显示，这就增加了新闻个体在版面空间的强势、对比度和新异性，因而容易引起读者的注意，其视线也容易进入新闻的内部，一改"露重飞难进"的现象。此外，由于刺激物的变化提供了较多的视觉间歇，与人的注意的起伏现象相适应，减少了视觉疲劳，能够提高注意的稳定性和持续性。

随着报纸版面增多和社会生活节奏加快，当代读者的阅读方式也发生了变化，快速阅读、跳跃式阅读日渐普遍。新闻个体的分解编排，省却了报道中承上启下的文字，凸显了正文中的各个要素，更能适应这

第九章 报道的合成 259

图 9.21

种新阅读方式的需要。

当然,这种编排方式也不能推广到每篇新闻中去,否则会失去它的比较优势,甚至还会因变化过多而形成阅读干扰。一般来说,重要报道、深度报道、长篇报道,比较适宜采用这种方式,因为这些报道更需要

图 9.22

引起人们的关注,或者需要化长为短,提高易读性。新闻个体的分解方式还应根据内容的不同而有所变化,不能千篇一律。多样化的分解方式,可以使读者常见常新,提高阅读的兴趣。

第六节 版面设计的程序

版面设计是将报道合成具体化和直观化,使之形成面向读者的格局和外貌。

这项工作技术性较强,有些报社因此安排专门人员来做。但是,从有利于体现编辑思想的角度考虑,版面设计最好作为前几道工序的自然延伸,由编辑人员继续下去,直接进行。这样做,开始时可能因为编辑人员不熟悉技术,速度难以保证;然而一旦掌握技术之后,由于编辑人员了解稿件情况,减少了重复劳动和中间环节,速度反而可以加快。

对于专门人员来说,版面设计一般分四个步骤。

一、了解要求,考虑布局

稿件汇总后,要注意了解编辑部有什么意图,领导机关有什么指示,被报道对象有什么要求,编辑人员有什么交代,记者有什么说明。掌握这些情况是重要的。仅以后两者为例:如果编辑人员交代某篇稿件已经有关领导审定,那就不能因为版面篇幅不够而随便删削,否则容易造成失误。同样,如果记者注明他采写的稿件其他报社也已采写,那就意味着必须及时见报,不然容易造成被动。

值得一提的是,这些情况往往写在发稿签上,所以不能只看稿件,不看发稿签。在采用电子采编系统的报社,组版人员还需留意屏幕上有关窗口的留言或提示。

在了解要求、通读稿件的基础上,需要考虑版面的大致安排,即:头条、二条如何处理,图片、围框如何安置,同类稿件如何集中,长短稿件如何搭配,采取何种编排方式,如何不与前期版面雷同,等等。

古人云:写作"不必卒急拈毫。袖手于前,始能急书于后"。设计版面也是如此。只有对版面的布局结构有个大体的设想,画版样才能提高质量和效率。

二、计算篇幅,调剂余缺

版面容量是常数,稿件篇幅是变数。为了确定版面的用稿量和每篇稿件在版面上所占的面积,应计算或了解稿件的篇幅。

计算稿件的篇幅,可以分两步走。第一步,先计算正文和图片的篇幅,以便对照版面容量调剂余缺。在通常情况下,正文(含图片)与标题(含围框)的比例是八二开。数字基本相符,即可进入总体设计。如过少则增加稿件,过多则抽减、压缩稿件,或采取转版的办法。稿件转版,应尽早通知相关版面的编辑,以免被动。为了便于对照,正文和图片的篇幅应记在稿件汇总单上。第二步,在给每篇稿件确定范围前,计算标题和围框所占的篇幅。

图片按原样大小使用的情况很少,一般要根据其价值大小和版面情况进行缩小或放大。这通常在计算篇幅时一并完成。缩小和放大一般采用"对角线"法,即:把图片原件覆盖在一张纸上,上边和左边要对齐;然后将直尺对准原件的 A 点和 B 点的对角线,用铅笔把延长部分画在纸上;接着移开原件,画齐对角线,再把制版的高度从左边垂直量到对角线,加以标记(C 点是缩小,D 点是放大)(见图 9.23)。将纵横两条线垂直画出,就是制版尺寸。如果直接在电脑上组版,图片的缩小和放大十分方便,不必采取这种方法。

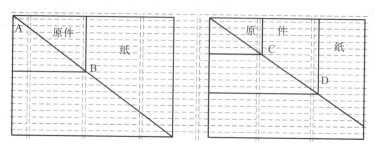

图 9.23

三、画版样

稿件篇幅与版面容量基本相符,就可画版样。版样是稿件安排的具体展现,是组版人员据以排版的图样。实行电子排版后,画版样和排版可以在电脑上同时完成(见图 9.24)。但目前仍有不少编辑人员习惯于在版样纸上画版样,然后交由组版人员排版。

图 9.24

画版样要准确、清楚地表明每篇稿件的名称、题文走向和所占范围,表明何种专栏、线条,以便排版和减少差错。为了赢得出版时间,画版样还要讲究方法,力求迅速。一般采取"四先四后"的方法,即:一是先安排重要稿件,后安排次要稿件。重要稿件举足轻重,位置不能随便移动,所以要先行安排。二是先安排模块形稿件,后安排非模块形稿件。前者没有伸缩拐弯,只有先行安排,才便于处理。三是先安排版面的四角,后安排版面的中间。四角安排停当,中间部分就容易掌握。四是先安排图片,后安排文字稿件。现代欧美版面设计者普遍认为,每个版面应当有一个主导视觉形象,因而通常先确定主要照片的位置,然后才安排稿件的位置。

画版样要遵守排版的一些基本规则。例如,题文都是竖排,如果周围不加线条,按照人们的阅读习惯,题要放在右边,以便分清题文的归属。栏不要逆转,横文的转接应自左至右,竖文的转接应自上而下,倘若相反,可能会给读者带来寻找上的困难。在一个版面上,一篇稿件如分几栏排列,每栏的宽度(横排)或高度(竖排)应基本相等,悬殊多了,有碍美观,还可能使读者产生错觉,以为不是同一篇稿件的内容。如果不用勾线、围框,标题、图片尽可能不要把同一篇稿件的文字拦腰隔断,否则读者不能一下子知道中断处如何转接,引起感觉上的不适。

版样的示意符号,通常以 ZN 分别表示横文和竖文,以□○分别表示图片和报花。图 9.25 中有"误"字者说明符号用得不对,应以有"正"字者为准。图 9.26 为已画好的版样。

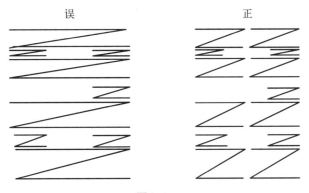

图 9.25

版样画好后,如果是专业人员上机组版,设计人员最好抽时间下机房,以便及时处理版面上可能出现的问题,减少差错,保证准时出版。

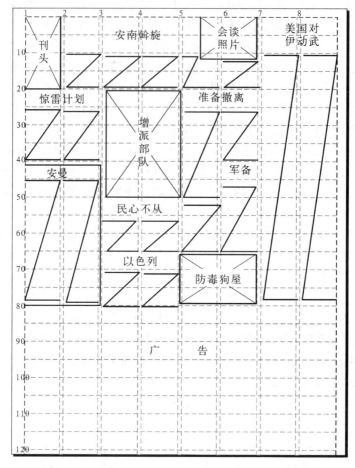

图 9.26

为了分清责任,修改版样或稿件,必须写在版样或稿件上,不能仅凭口头语言要求操作员进行无据修改。

四、看大样

版面排好后印出的样张称为大样。大样上还可能出现这样那样的差错或不足,有的是因设计不周,有的是由于排版不慎。如有的报纸将上下两张照片的说明互换了位置(见图9.27),见报后才发现差错,不得不予以更正。因此,编辑人员还必须对大样进行认真的检查(见图

9.28）。如果报社有专门的校对、检查人员，为了争取时间，编辑人员看大样可集中检查标题、图片和版面设计。

8月10日，市民在武汉商场通过掌上电视机，观看中国跳水运动员的夺冠视频。奥运期间，这种融无线接收电视信号和多种娱乐功能于一体的移动数字电视，一上市就受到年轻市民青睐。 CFP 图

8月20日，墨西哥人在墨西哥城观看本国选手佩雷斯比赛实况，庆祝他赢得跆拳道男子58公斤级比赛金牌。 新华社图

图 9.27

就标题而言，要检查它与正文是否相符，它的内容和文字有无差错和不当之处，它的大小、位置、字号、字体、装饰是否合适，还要检查全版标题是否存在矛盾、重复现象。

就图片而言，要检查它与说明是否相符，它的画面是否完整、清晰，

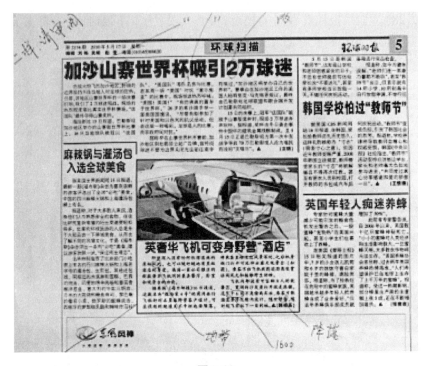

图 9.28

它的大小是否相宜,它的位置是否合适,是否存在倒置现象。

就版面设计而言,要检查层次是否清楚,转栏是否自然,空白是否协调,线条是否适宜,转版的标题和文字有无接错。

修改大样,由于各篇稿件紧密结合在一起,寻找不太方便,还容易造成新的差错。所以,事先应尽量考虑得周密一些。大样力求少改,稿件如需换位,要便于修改,以免延误出版时间。修改大样,示意符号要准确清楚。

大样改正后印出的样张为清样。清样原则上不能改动。清样经有关负责人审阅、签字,即可付印。

第七节 网络首页的设计

网络页面的设计受诸多因素的制约,包括页面的类别,网民的特点,内容的性质和数量,以及网络的技术支撑等等。如何将这些因素有机、完美地结合起来,做到主次清晰,结构明朗,给网民提供便捷、舒适的服务,这是网页设计要解决的基本问题。

网页有首页、主页和内页之分,不同类型的页面,其功能不尽相同。首页作为网站的第一页,是网民最先接触的部分,具有导读和索引的作用,因而又被称为"导航页"、"大首页"。首页设计的优劣,对于网站能否吸引网民关系甚大。

一、首页的组成要素

网页空间不像报纸版面,它的伸缩性很大。目前国内外媒体网站的首页,空间大小悬殊十分明显。如以屏为计算单位,大的10多屏,而小的只有5屏左右,不到前者的二分之一。

确定首页空间的大小,主要取决于网站信息和服务的数量。信息和服务量多,在首页上推介的面广,其空间应大一些,反之就小一些。目前,国内人民网、新华网、东方网、南方网的首页在8至10屏之间,而中国日报网、央视网、中经网的首页在5至7屏之间,与美国《纽约时报》、英国《金融时报》、法国《世界报》的网站首页相似。

由于浏览页面目前主要通过鼠标拖动滚动条,如果页面空间过大,即屏数过多,会给网民浏览带来不便。因此,在浏览技术没有改进之前,一般网站的首页空间以不超过7屏为宜。

首页的基本要素通常包括:栏目导航、要闻、即时新闻(滚动新闻)、栏目萃取、广告、网站介绍、友情链接。

栏目导航[①]是对网站所有频道、栏目或主要栏目的集中展示。网站设置多少栏目,主要依据网站的性质、能力以及它们能否满足和创造网民的需求而定,因而悬殊很大。目前,人民网、新华网、中经网、东方网和凤凰网等大型新闻网站,它们的栏目都超过100个,有的甚至达到300多个;美国《纽约时报》、英国《金融时报》和法国《世界报》的网站栏目,分别为100个、200多个和70个左右。

---

① 目前,网站对频道、栏目的称谓与设置不太一致,有些将栏目置于频道之下,分设频道与栏目;有些将频道等同于栏目,只设栏目,不设频道;有些将一、二级栏目并排在栏目列表内。鉴于这种情况,这里的栏目包括频道和一、二级栏目。

综合性网站栏目的设置,应根据社会活动结构和网民需求而定,通常包括:新闻、时政、经济、社会、法治、军事、教育、科技、文化、娱乐、体育、卫生、医疗、环保、公益、健康、理财、消费、旅游、游戏、时尚、美食、IT、汽车、房产、就业、博客、播客、微博、论坛、访谈、直播、图片、音频、视频、专题、报刊电子版。专业性网站的栏目设置,应本着"特色立网、质量立网"的原则,聚焦本领域的主要方面以及网民喜欢的其他元素,不必像综合性网站那样涉及社会的各个方面,以免"吃力不讨好"。

随着网站内外环境的变化,栏目应进行适当的增删或调整。但从总体上说,栏目不能频繁变更,要保持相对的稳定性,以便网民搜寻。这就要求在设置栏目的时候,必须充分考虑网民的需求以及栏目的可持续发展。

要闻和即时新闻,分别将最重要、最新鲜的新闻告知网民,两者具有很强的互补性,是新闻网站首页的常规品种。目前,首页要闻的数量少的不到 10 行[①],多的超过 30 行,一般在 20 行左右;即时新闻的数量以 10—20 条居多。确定两者的数量,主要依据网站的主客观条件。

栏目萃取是指网站所有栏目或主要栏目的内容精选。首页作为推介页面,是网站的"风水宝地",在条件许可的范围内,至少应给主要栏目一席之地。

广告是支撑网站的经济基础,网站介绍是网站的自我推广,友情链接是为协作单位和网民提供方便,旨在建立良好的对外关系和服务平台。这些都是办好网站所不可或缺的内容,因此也应在首页上予以安排。

二、首页的布局结构

首页空间和组成要素确定之后,需要考虑各部分的空间位置关系和表现形式。这种布局结构的处理,应与传播的内容和网民的需求相适应,力求使诸要素各就各位,各得其所,各适其宜。

网页各区间的重要程度,与报纸版面相似,通常是上比下重要,左比右重要;同样,如果采取强弱不同的编排手段,页面地位也会发生相

---

① 目前,网站标题列表以行为单位,而且一行内通常不止一个标题。新闻量如按条数计,并不准确,因此这里用行数来计算。

应的变化,道理一如前述。因此,在一般情况下,重要内容应安排在前面和左侧,反之应安排在后面或右侧。如因重要内容较多而上屏难以安排,可以通过强化编排的手段突出居于下屏的重要内容。

下面分别对内容要素的安排作一简要的介绍。

栏目导航。一般而言,栏目导航应安排在首屏的"天头"位置,让网民一见即知,便于查检。当然,由于首屏是主页的"黄金地段",可谓"寸土如金",栏目导航所占的空间不能过大。为了解决栏目众多与空间有限的矛盾,可以采取显隐结合的办法。一是将主要栏目显示在导航区,其余栏目列入"网站地图"、"导航"或"更多"内;一般显示二分之一至五分之一栏目,栏目导航区占3—5长行;目前国内采用这种方法的新闻网站居多,如人民网、新华网、国际在线、中青网、中经网、中国台湾网等。二是将二、三级栏目隐藏在一级栏目下,通过鼠标移至或点击上级栏目显示下级栏目,国外不少新闻网站流行这种处理方法;它们的栏目导航区一般占2—3长行,显示的栏目多的占其总数的三分之一,如法国《世界报》网站;少的只占八分之一,如英国《金融时报》网站。还有一些网站采取导航栏目分置的办法,既显示全部栏目,又腾出了重要区间。如中国网将栏目横贯于"天头"、纵置于左侧;美国《纽约时报》网站则更进一步,主页的"地脚"也安排了两长行栏目,而在"天头"的栏目只有6个,仅占总数的6%左右,所用空间不到一长行。

要闻和即时新闻。由于首屏具有区位优势,要闻至少应该在首屏出现,其中的头条还应作突出的处理,否则就会名不副实,也不符合网民的心理需求和阅读习惯。至于应该将要闻安排在首屏的哪个区间,可根据具体情况灵活掌握。要闻区的长度(行)已在前面的环节中确定,它的宽度(字)以不超过23个标准正文字为宜,因为这是一个不需移动视线即可感知的范围,否则容易增加视觉疲劳。

国内网站即时新闻所处的空间,目前主要有两种情况:一是在栏目导航之下专设一长行,作自右向左或自下而上移动,如中国网、中国日报网和中经网。二是在首屏下方或第二屏上方专设一个区间,作自下而上移动,如人民网、新华网、东方网。这两种处理方法各有长处,前者引人注目,后者可以带动网民关注即时新闻周围的信息。

栏目萃取。各主要栏目的安排,通常是重要的在上,次要的在下,网民感兴趣的栏目可以安排在中间地带和最后区间,以促使网民浏览整个主页。各栏目显示的内容数量,以其重要性和网民感兴趣的程度而定,重要的、网民感兴趣的多安排一些,反之就少安排一些。

网站介绍和友情链接。这两个元素虽然不可缺少,但从总体上说,它们的使用频率较低或不太高,通常安排在主页的底部区间即可。目前绝大多数新闻网站都作这样的安排。

广告。一般而言,除上述内容所占的空间之外,只要不产生误解或歧义,其余位置都可以安排广告。但是为了便于编排,广告位置宜相对固定。目前新闻网站较多的是利用主页周边位置刊登广告,有些网站在滚动新闻照片中安排一、二幅广告,以不影响网民浏览主要信息,这些做法不无可取之处。而游动且无"关闭"按钮的广告,容易干扰网民的视线,使人产生厌感,应尽可能予以避免。

首页的编排形式,目前有报版式和非报版式两种。报版式的特点是栏较多,题文排列以短栏为主,还有一些多行标题,与报纸的版式基本相似。美国《纽约时报》网站的首页堪称这一版式的代表:整个首页分6栏,其中5栏等分,以短栏为主,长栏不超过二作一,而且数量较少(见图9.29)。对于经常读报者来说,这种版式不会形成视觉上的明显反差,较容易适应,但可能因其浏览时需要较多地点击滚动条,降低了舒适感,现今采用者为数甚少。如果页面能够凭借遥控装置来移动,报版式今后也许会有发展空间。

图 9.29

非报版式的特点是栏少,通常等分或不等分为 3—4 栏,多呈"川"字形(见图 9.30),题文排列以长栏和一行标题为主,每个栏目区间几乎都用线条分隔,围框甚多。这种版式的优势是可以安排大量的标题,页面较清晰,同时不需频繁地点击滚动条,浏览的感觉会舒适一些,缺点是页面易显呆板。这种版式目前最为流行,是网站的主流版式。

图 9.30

在首页的布局结构中,要特别注意发挥图片的视觉优势,将好的图片比较均衡地置于各屏,以引导网民浏览整个首页。

第八节 新闻页面的设计

网络的新闻页面安排,目前大致分为两种。一是设首页和内页,它们的主角都是新闻,这是一般新闻网站的做法。二是设主页和内页,大型新闻网站和商业门户网站这样做的居多,因为它们的首页既有新闻,也有其他信息,还有不少服务性内容,并非严格意义上的新闻页面,所以专设新闻主页,以利于突出新闻内容。从实际情况来看,后者的新闻主页与前者的新闻首页基本相似,可以合并起来介绍。

一、新闻主页的设计

设计新闻主页，与网络首页的设计一样，首先需要确定它的空间大小。目前，新华网、中国网、中新网、千龙网、东方网的新闻主页在10屏以上，新浪、搜狐、网易和腾讯的新闻主页达16屏左右，都超过甚至远远超过它们首页的空间。人民网的情况有些不同，新闻主页为7屏，比首页少了2屏多。欧美不少新闻网站的首页相当于国内网站的新闻主页，一般在6屏左右。根据网络技术条件的现状，从浏览舒适的角度来看，新闻主页的空间也不宜过大，以控制在10屏以内较合适。

新闻主页的基本要素与网络首页相似，通常包括：栏目导航、要闻、即时新闻、栏目萃取、广告、网站介绍、友情链接。两者之间的区别主要在于栏目的内涵不尽相同，前者多新闻性，后者多综合性。

新闻主页栏目导航的数量，同样视网站的性质、能力以及它们能否满足和创造网民的需求而定。目前，国内大型新闻网站新闻主页的栏目一般在28个左右，列2长行，如人民网、中国网、东方网；大型商业网站新闻主页的栏目在20个左右，列一长行，如新浪、搜狐、网易和腾讯。这些栏目也应根据网站内外环境的变化，进行适当的调整，以适应网民的新需求。

综合性网站新闻主页栏目的配置，主要根据新闻的类别和网民的需求，通常包括：滚动、排行、国际、国内、经济、社会、军事、文化、娱乐、体育、公益、图片、专题、视频、手机版。此外，也可从网站的采编潜力和信息资源优势出发，增设一些有利于拓展网民群体的特色栏目，如中国网的"政策"、千龙网和浙江在线的"原创"（见图9.31），以及新浪的"航空航天"等。专业性网站新闻主页的栏目安排，除选取与综合性网站具有共性的部分之外，还应突出本领域的主要新闻类别，使之能够彰显自身的特色。

这里还要介绍一下新闻排行榜的设计。纵观国内外网站，目前新闻排行榜所处的位置主要有两种情况。

一是安排在网站首页。其中，有些是将排行榜栏目列在导航区或第二、三屏，不显示新闻标题，前者如东方网，后者如人民网、新华网；有些是将排行榜栏目和新闻标题同时列出，一般居于第二至第四屏，国内如中国台湾网、中国经济网和光明网，国外如美国《纽约时报》、英国

图 9.31

《金融时报》和法国《世界报》等报纸网站;也有些处在最后一屏,如网易。从前述同项调查结果来看,超过半数的大学生浏览新闻排行榜的原因是其位置醒目,并建议将新闻排行榜放在网站首屏位置,因此,新闻排行榜的位置还是靠前比较有利。

二是安排在新闻主页。许多网站将排行榜列在栏目导航区,而且排序优先,如大河网、荆楚网、网易、腾讯等列第二,人民网、东南网等列第三,中国网、中新网等列第四;排序靠后的不多,如北方网、千龙网、新浪等分列倒数第一至第三。因为导航栏目不多,一目即可了然,所以排序先后关系不大。

新闻主页布局结构和编排形式,也与网络首页大致相同,这里从略。

二、新闻内页的设计

新闻内页是指显示新闻个体全部内容的页面,又被称为"文本层"。它的布局结构和编排形式相对简单一些。

就现状而言,新闻内页主要设内容区和功能区,前者显示新闻的具体内容,后者一般配置导航、广告和其他一些元素,如排行榜、热点推荐、博文精选、精彩有趣的图片等等,以方便和吸引网民浏览其他信息。

新闻内页一般等分为3栏,左侧和中间栏合并,显示新闻内容;右侧一栏刊登广告和其他元素。

新闻内页顶端一般为栏目导航区和广告位,其下紧接新闻标题,用大字显示,目前多用24点字。标题下面一般设消息来源、上传时间、留言、论坛、推荐、纠错、打印、调节字号等。在标题与正文之间,有些网站留出一小块空间,安排热门新闻标题、广告等。在内页下端一般设相关专题和延伸阅读,有些网站还安排新闻表情排行榜或微型调查。这些安排、组合,都是为了完善服务功能,提高传播效果。

应该说,功能区的配置和开发,大体则有,定体则无。网站可以根据实际情况,本着"便于浏览、利于推广"的原则,灵活处理。

思考与练习

一、名词解释

版面　版面空间　要闻版　版面元素　版序　报徽　报眼　报眉　版位　版心　跨版　小头条　基本栏　长栏　破栏　版样　大样　清样　首页　主页　内页

二、问答题

1. 编排设计的意义体现在哪些方面?
2. 版面隐性信息的内涵和功能是什么?
3. 编排设计应遵循哪些原则?
4. 版面编排主要有哪些方式?它们各有什么特点?
5. 字体、字号、线条、色彩各有什么功能?
6. 版面设计分哪些步骤?
7. 看大样要注意哪些主要内容?
8. 近一年来我国主流报纸的版面设计有何变化?
9. 网页设计要解决的基本问题是什么?
10. 网络首页通常包括哪些组成要素?

三、画版样或电脑排版

将下列稿件合成专栏,标题可作修改。版面设置为124行高,8栏宽,每栏宽13字,正文小5号宋体;其中专栏高45行,宽5栏。

世界屋脊成了长寿之乡

据新华网拉萨2002年10月6日电 随着生活水平的不断提高和社会保障体系的日益健全,地处"世界屋脊"的西藏已成为我国百岁老人最多的省区之一,这里的人均寿命已由50年前的36岁提高到现在的67岁。

西藏和平解放后,国家非常重视西藏的医疗卫生事业,先后累计拨款18亿多元。如今大多数乡村建立了合作医疗机构,国家每年给农牧民的医疗补贴达2 000多万元。目前,西藏已形成了自治区、地区、县、乡四级医疗卫生网,医疗卫生机构达到1 237所、床位6 348张、卫生技术人员8 948名,每千人口拥有的病床和卫生技术人员高于全国平均水平。

西藏自治区社会保险事业管理局局长许继平介绍说,西藏国有企业、机关事业单位和集体企业养老保险覆盖率达到百分之百,并将逐步把养老保险制度最大范围地覆盖到城镇各类劳动者。到去年年底,西藏支付基本养老保险金2.87亿元左右,养老保险金社会发放达到88%左右。

目前,我国每百万人中有6.4个百岁老人,而西藏每10万人中就有4.4个百岁老人,百岁老人总数已经达到116个,成为我国百岁老人最多的省区之一。

"随着西藏经济发展,人民生活水平提高,饮食结构日趋合理化,以及医疗卫生条件和养老保险制度不断完善,西藏百岁老人的数量将会逐年增加。"西藏自治区社科院研究员格桑说。(约540字)

酥油桶的变迁

据新华网拉萨2002年12月20日电 "现在西藏人喜欢用电动酥油桶!"西藏山南贡嘎县岗堆乡的农民达娃说。

30岁的达娃继承了祖先流传下来的制作木制酥油桶的生计。在十几年前,每天都有人来他家求购酥油桶,还有人订货。然而,近几年随着电动搅拌机和专门打酥油茶用机器的出现,达娃的生意曾一度受到冷落。

从木制酥油桶到电动酥油桶的变迁折射出西藏百姓生活的变化。

达娃说，中央第四次西藏工作座谈会后，西藏人民生活水平得到了很大的提高，人们的购买力也不断增强，现代化的产品越加受到人们的青睐。纯平电视机、全自动洗衣机、绿色冰箱以及家庭影院都成了人们的"宠物"，电动搅拌机也成了每家必需的生活用品。

达娃开始改变自己的生意策略，在面向偏僻地区生产出售传统酥油桶的同时，在木制酥油桶的工艺上作文章，把原先作为生活必需品的酥油桶，打制成精致的工艺品类型的摆设。在木制酥油桶上不仅增加了上下三层铜环的装饰，并且把整个酥油桶漆成褐色或者咖啡色，以显其雍容和华贵。

达娃说，现在居住在城里的藏族人虽然不再用木制酥油桶打茶，但是作为工艺品摆设在家里的某个显要的位置，不仅能够凸显出藏民族传统文化的特征，更能够给自己家里增添几分生活的气息。

改进了的木制酥油桶在市场上很快受到了城镇居民的欢迎。在今年12月1日举行的西藏山南地区第22届物资交易会上，仅在头两天，就卖出了近20个传统的酥油桶。这使得达娃非常兴奋："现在党的政策那么好，只要我们不断解放思想，更新观念，就一定能够过上更加富裕的日子。"（约630字）

藏民族：头发不再论短长

据新华社2003年2月23日电 去年从西藏民族学院毕业到拉萨工作的藏族姑娘米琼，在西藏拉萨的一家美容美发店，把自己一头飘逸的长头发剪成了短发。

她说："我的脸比较小，所以短发更适合我的形象。"

如今，走在拉萨的大街上，年轻的女孩不会因为留着一头金黄色的短发和帅气的男孩留着一头乌黑的长发而受到行人异样目光的"礼遇"。

然而，在几十年前，藏民族的前辈们对年轻一代关于头发的这种举动，是万万不能容忍的，认为是离经叛道，更有甚者会说没个人样。

1985年，从中国四川音乐学院毕业的觉嘎，披着一头长发从中国内地回到了西藏。于是，一场火热的"批判"在他的父辈和亲朋之间展开。最后，在种种压力下，觉嘎不得不剪掉自己钟爱的长发，恢复了所谓的"人样"。

其实，藏民族自古都是男女老少蓄长发。被定格在镜头中的历史照片上，藏族人都留着长发和辫子。在藏区，流传着"只要把出生时的头发一直蓄到死，就会很有出息"的说法。很多人甚至为给孩子讨一头好发，取名"扎桑"（好头发意思）的也不少。

现年65岁的藏族老阿妈扎西卓玛感慨地对记者说，她现在非常羡慕年轻女孩子的短发，梳洗方便，干净整洁。"我们年轻时，为了生活要常年从事体力劳动，根本没有时间去顾及自己的头发。"她说，"除了每年的藏历十二月二十九日作为传统的习俗妇女必须要洗头发外，平时根本没个讲究，所以等一年下来，很多人的头发是又脏又乱。"

随着西藏社会的不断发展变化，西藏年轻人接触外面世界的机会不断增多。电视、电影、互联网、报纸等现代传媒手段把西藏与外面的世界连接起来。头发、发型，对如今的藏族年轻人来说，已经成为表达他们个性的一种语言。目前，仅拉萨地区大大小小的美容美发店就有近500家，从事理发工作的近千人。（约710字）

主要参考文献

唐震:《接受与选择》,中国社会科学出版社2009年版
张旭东:《全球化时代的文化认同》(第二版),北京大学出版社2006年版
王菲:《媒介大融合》,南方日报出版社2007年版
陈国明:《跨文化交际学》,华东师范大学出版社2009年版
朱永生:《语境动态研究》,北京大学出版社2005年版
余明阳、杨芳平:《品牌学教程》,复旦大学出版社2009年版
秦观生:《质量管理学》(第二版),科学出版社2008年版
王中:《王中文集》,复旦大学出版社2004年版
姚福申:《中国编辑史》(修订本),复旦大学出版社2004年版
王维:《把心扑在新闻上——王维新闻作品选》,上海人民出版社2004年版
陆炳麟:《新闻新探》,上海外语教育出版社1988年版
贾安坤:《夜班甘苦录——主持〈解放日报〉编辑出版工作之后论作选》,上海社会科学院出版社1996年版
叶春华:《报纸编辑》(新版),福建人民出版社2003年版
丁法章:《我当晚报老总》,复旦大学出版社1999年版
张骏德:《当代广播电视新闻学》,复旦大学出版社2001年版
陆晔、赵民:《当代广播电视概论》,复旦大学出版社2002年版
郑兴东、沈史明、陈仁风、包慧:《报纸编辑学》(修订本),中国人民大学出版社1988年版
蔡雯:《新闻编辑学》,中国人民大学出版社2006年版
彭兰:《网络传播概论》,中国人民大学出版社2009年版
斯蒂芬·李特约翰、凯伦·福斯:《人类传播理论》(第九版),清

华大学出版社 2009 年版

斯坦利·巴兰、丹尼斯·戴维斯:《大众传播理论:基础、争鸣与未来》(第三版),清华大学出版社 2004 年版

丹尼斯·麦奎尔:《受众分析》,中国人民大学出版社 2006 年版

尼葛洛庞帝:《数字化生存》,海南出版社 2002 年版

罗杰·菲德勒:《媒介形态变化》,华夏出版社 2000 年版

托马斯·达文波特、约翰·贝克:《注意力经济》(第二版),中信出版社 2004 年版

鲁道夫·阿恩海姆:《视觉思维》,光明日报出版社 1986 年版

杰克·富勒:《信息时代的新闻价值观》,新华出版社 1999 年版

多萝西·A·鲍尔斯教授、黛安·L·博登教授:《现代媒体编辑技巧》,新华出版社 1999 年版

达里尔·莫恩:《美国报纸组版和设计》,上海外语教育出版社 1989 年版

弗雷德里克·巴尔比耶、卡特琳娜·贝尔托·拉维尼尔:《从狄德罗到因特网》,上海人民出版社 2009 年版

新闻编集整理研究会编:《新编新闻整理の研究》,日本新闻协会 1994 年版

附 录

一、中国新闻奖*报纸版面获奖作品名录

届别	等级	题 目	作者与编辑	刊登单位
20	一	2009.9.9 第6、7版通版	田 驰　Criag　林京华　孙尚武	中国日报
	二	2009.7.22 第1、16版通版	吴迎欢　项 玮	新民晚报
		2009.11.11 第1版	张润芳　贡宪云　四建磊	河北日报
	三	2009.7.12 第1版	谢锐佳　姜锦铭　赵朝文	新华每日电讯
		2009.3.28 第23、24版通版	拉 珍	西藏日报
		2009.5.12 第4、5版通版	王 征　陈玉玲	内江日报
19	二	2008.5.13 要闻第1版	彼得　黄向阳　王浩拉维	中国日报
		2008.8.25 第9版	谢国明　吴 焰　张 铁　肖潘潘　王舒怀　宋 嵩	人民日报
	三	2008.5.20 要闻第1版	熊志波　易军魁　马国华　冯 芸　刘 竞	河南日报
		2008.8.9 要闻第1版	章 强　金其雄　周贤辉	新华日报
		2008.8.20 要闻第1版	沈刚平　艾方容　姜 煜　傅 堃　文 华	北京日报
18	二	2007.7.14 A4版	康石林　李婷婷	山西日报
		2007.10.25 嫦娥奔月特刊	集 体	江西日报

＊ 中国新闻奖是全国优秀新闻作品最高奖,由中华全国新闻工作者协会主办。它于1991年设立,每年评选一次,至2010年已举行20届。自第15届和第18届起,分别增设新闻专栏和网页设计奖项。详见 http://news.xinhuanet.com。

续表

届别	等级	题目	作者与编辑	刊登单位
18	三	2007.10.13 特奥回顾版	吴正 陈洁	上海日报（英文）
		2007.3.7 第1版	刘旭 高帆	中国妇女报
		2007.11.13 第5版	李成业	西藏日报
17	三	2006.12.9 摄影报道版	邓维 许滔	经济日报
16	一	2005.10.17 第1版	宗宝泉 武云生 左常睿	科技日报
	二	2005.3.2 第1版	张丹青 贺浪莎	经济日报
		2005.9.4 第1版	张鸣雁 王冰 王洪涛	大众日报
	三	2005.10.13 第1版	孙维福 白锋哲	农民日报
		2005.9.22 第1版	王群 周宏	宁夏日报
		2005.6.18 第1版	马秀芬 李莉	黑龙江日报
		2005.6.20 第1版	蒋一峰 张雅平	新疆日报
15	二	2004.4.17 要闻版	李铮 张海涛 杜君	河南日报
		2004.8.30 要闻版	魏涛 何芳明 匡京沙	长沙晚报
		2004.3.2 要闻版	方立新 谢锐佳 吴剑路	新华每日电讯
14	一	2003.2.24 国际新闻版	连占海 王福荣 黄广庆	黑龙江日报
	二	2003.3.16 第1版	总编室 编辑一组	人民日报
		2003.3.27 要闻第1版	陈曦 纪小东 林赛	北京晨报
		2003.10.16 要闻第1版	张娟 杨勇 肖双胜	河北日报
		2003.3.21 国际新闻版	集体	解放日报
	三	2003.7.1 要闻第1版	李启瑞 李志松 许明建	广西日报
		2003.3.21 要闻第1版	陈泉涌 武云生 侯铁中	科技日报
		2003.10.6 要闻第1版	东剑涛 张建起	今晚报
		2003.3.29 国际新闻版	高英中 房志勇 孙晓菊	天津日报
13	一	2002.11.14 第1版	陈泉涌 周敢普 何世文	科技日报
	二	2002.12.9 第1版	弓玺 陈震欧	苏州日报
		2002.9.16 第1版	一版编辑组	人民日报
12	三	2001.5.23 第1版	陈小力	经济日报
		2001.3.15 第1版	吴玲 真东	法制日报
		2001.10.6 第1版	樊永生 刘存学 张英杰	中国青年报
11	一	2000.3.24 第1版	陈泉涌 唐为忠 罗旭辉	中国青年报

续表

届别	等级	题目	作者与编辑	刊登单位
11	二	2000.10.26 第1版	陈启伟 徐俊	文汇报
	三	2000.8.2 第1版	董宽 董迎春	工人日报
		2000.1.14 第1版	吴玲	法制日报
		2000.8.28 第1版	姜宏建 张鸣雁	大众日报
10	一	1999.10.2 第1版	林楠 王立文 高建光	天津日报
	二	1999.3.8 第1版	陈泉涌 刘海涛 晋永权	中国青年报
		1999.12.20 第1版	慈爱民 李洪洋 滕晓东	解放军报
	三	1999.1.9 第1版	陈谦	中国环境报
		1999.5.9 第1版	一版编辑	人民日报
		1999.5.27 第1版	赵凯 陈振平 陈忠标	解放日报
9	一	1998.9.11 第1版	陈庆光 王更辉	南方日报
	二	1998.3.11 第1版	陈泉涌 张桂明 刘海涛	中国青年报
		1998.8.20 第1版	朱明汉 朱英秋 雷雨	解放军报
		1998.8.9 第1版	张文昌 陈忠标 王欣之	解放日报
	三	1998.4.22 第1版	孙德宏 杨军	工人日报
		1998.11.17 第1版	李玉成 张爱华	科技日报
8	一	1997.10.4 第1版	张克眉、许维国	羊城晚报
	二	1997.7.1 第1版	范瑞生 杨军 王金海	工人日报
		1997.8.22 第1版	王学杰 李沣 陈洪波 崔京华	农民日报
	三	1997.11.7 第1版	陈泉涌 张桂明 张立功	中国青年报
		1997.1.19 第1版	刘钧	四川日报
		1997.1.25 第1版	慈爱民 李洪祥 李东航	解放军报
		1997.3.3 第1版	一版编辑组	人民日报
7	二	1996.4.27 第1版	吴谷平 张文昌 乔恪	解放日报
		1996.10.1 第1版	要闻部	羊城晚报
		1996.4.15 第1版	陈泉涌 陈娉舒 吴靖昊	中国青年报
	三	1996.5.31 第1版	李玉成 张爱华	科技日报
		1996.6.7 第1版	王子儒 王学杰 刘家俊	农民日报
		1996.11.3 第1版	魏义 王富海 薛文生	甘肃日报

续表

届别	等级	题目	作者与编辑	刊登单位
6	一	1995.11.17 第1版	陈泉涌 张桂明 刘海涛	中国青年报
	二	1995.9.2 第1版	汉文编辑部	西藏日报
	三	1995.1.29 农村版第1版	孙言兵	临汾日报
5	一	1994.4.27 第1版	陈泉涌 刘存学 刘海涛	中国青年报
	三	1994.8.26 第1版	连俊义 叶晶 胡春华	解放军报
4	二	1993.2.20 第1版	王苏玲	人民铁道报
	三	1993.1.23 第1版	一版编辑室	羊城晚报
	三	1993.6.25 第1版	邵文杰 王立	光明日报
3	二	1992.9.2 第1版	梁惟岳	南方日报
	二	1992.5.20 第1版	张光 柳堤 李晓晔	新闻出版报
	三	1992.3.13 第1版	夏俊	中国土地报
	三	1992.9.10 第1版	么宝林 尹桂林	内蒙古哲里木报
2	二	1991.1.17 第1版	陈礼章 任天智 姜维群 杨涛	今晚报
	三	1991.6.26 第1版	李东东 张丹青	经济日报
	三	1991.11.16 第1版	夏晓宁	中国农机化报
1	二	1990.9.30 第1版	李忠杰 牛明汉 赵险峰	解放军报
	三	1990.1.24 第1版	高鸿烈 焦利 申建华 孙中国	辽宁日报
	三	1990.10.15 第1版	陈少沛 白霄夏	甘肃日报

二、中国新闻奖广播电视编排获奖作品名录

届别	等级	题目	作者与编辑	播出单位
20	一	2009.11.18《909早新闻》	陈璟欣 崔永清 谢百勤	天津人民广播电台
	一	2009.7.1《东方新闻》	集体	上海广播电视台
	二	2009.10.2《北京新闻》	谢先进 李彬	北京人民广播电台
	二	2009.7.22《新闻联播》	集体	中央电视台
	三	2009.12.22《666新闻特快》	集体	海峡之声电台
	三	2009.12.26《浙广早新闻》	集体	浙江广电集团

续表

届别	等级	题目	作者与编辑	播出单位
20	三	2009.10.31《晚间新闻报道》	集体	北京电视台
		2009.7.10《新闻联播》	集体	新疆电视台
19	一	2008.8.9《北京新闻》	宋梓祯 李彬 王彦	北京人民广播电台
		2008.8.8《北京新闻》	集体	北京电视台
	二	2008.11.17《新闻晚茶》	杜雪丽 赵方博 赵丽艳 张晓丹 张曙秋 于世伟	牡丹江人民广播电台
		2008.8.7《新闻夜航》	武一鹤 王学亮 张晓梅 姜坤 李志刚 罗岩	黑龙江电视台
	三	2008.1.30《午间新闻速递》	黄建伟 徐若清 邓建祺 黄裕鹏 席鸿 徐庆	广州人民广播电台
		2008.9.22《全省新闻联播》	王广文 孙立宏 王永军 焦新活 李春霞 万强	河北人民广播电台
		2008.2.6《都市报道60分》	集体	天津电视台
		2008.5.12《新闻联播》	集体	中央电视台
18	一	2007.10.19《新闻大视野》	集体	辽宁人民广播电台
		2007.8.8《北京新闻》	集体	北京电视台
	二	2007.12.28《新闻大视野》	宋梓祯	北京人民广播电台
		2007.12.27《晚间新闻》	集体	中央电视台
	三	2007.8.22《新闻最前线》	林岚 祝洪珍 吕芙蓉 等	青岛人民广播电台
		2007.12.22《全省新闻联播》	梁炳忠 叶励丹 张坚	广东人民广播电台
		2007.3.29《12点报道》	集体	天津电视台
		2007.6.15《江门新闻联播》	集体	江门广播电视台
17	一	2006.1.3《交通新闻午间版》	邢立新	北京人民广播电台
		2006.8.11《东方新闻》	集体	文广新闻传媒集团
	二	2006.12.17《新闻和报纸摘要》	集体	中央人民广播电台
		2006.7.21《新闻60分》	集体	嘉兴电视台
	三	2006.12.25《新闻直通车》	侯宏卫 鲁金茗 张荔	安徽人民广播电台
		2006.11.4《1860新闻眼》	集体	江苏广播电视总台
13	一	2002.12.25《新闻和报纸摘要》	姜宝宏 赵军 高华	中央人民广播电台

续表

届别	等级	题目	作者与编辑	播出单位
13	一	2002.2.17《新闻联播》	集体	黑龙江电视台
	二	2002.10.19《新闻半小时》	罗庆东 王庭龙 刘旭斌	山西人民广播电台
		2002.7.1《经济半小时》	集体	中央电视台
12	三	2001.11.23《新闻和报纸摘要》	罗厚 姜宝宏 聂巧	中央人民广播电台
		2001.3.16《新闻夜航》	陈小钢 沈德新 刘志刚	黑龙江电视台
11	一	2000年《让历史告诉未来》	李晓平 金威 孙连君 赵冬梅 刘玉平 郑秀国 丛悦	黑龙江人民广播电台
		2000年《世界报道》	集体	中央电视台
	二	2000.1.1《北京新闻》	洪新 童淑玲 王欣	北京人民广播电台
		2000年《新闻夜航》	孙志勇 刘志刚 王晓利 等	黑龙江电视台
	三	2000.11.2《新闻半小时》	罗庆东 李铁元 张建国	山西人民广播电台
		2000.4.9《每日新闻》	闫爱华 孙珊 徐龙河 刘忠国 吕芃	山东电视台
10	一	1999.9.21《新闻时事报道》	王忠 张晖 郭彦 刘小勇	中国国际广播电台
		1999.9.29《阳光直播室》	祝云光 沈芸 司东方	浙江电视台
	二	1999.12.1《新闻和报纸摘要》	刘涛 邵丽丽	中央人民广播电台
		1999.9.21《现在播报》	许文庆 陶郎 张艳	中央电视台
	三	1999.12.28《浙广早新闻》	李方存 吴悦峰 朱英越	浙江人民广播电台
		1999.12.10《天津新闻》	张继宝 孙庆松 何颖	天津电视台
9	一	1998年《中国新闻》	海外中心新闻部 刘家俊等	中央电视台
	二	1998年《晚间新闻报道》	晚间新闻报道组	北京电视台
	三	关于林滴娟案件的报道	徐岳君 廖翊 景艳 钟志刚 王炜	海峡之声广播电台
8	二	浙赣国道千里采访纪实	杜嗣琨 原杰 胡啸 杨新爽 方舟 任晓东	中央人民广播电台
7	一	含泪笑唱《鲁冰花》	吴平 姜英华 李珂 刘汉斌	辽宁人民广播电台

续表

届别	等级	题　目	作者与编辑	播出单位
7	一	1996.8.8《晚间新闻》	李　勇　许文庆	中央电视台
	二	1996.11.24《北京新闻》	王黎光　周　泳　孙　放 谢小岩　宋　琛　王　毅	北京电视台
	三	大路朝阳越太行——京冀晋三地热线直播节目	磊　明　罗庆东	山西人民广播电台
	三	河南新闻'96春节特别节目	孙泉砀　周开球　鲁心云 尚　华　勾志霞　常志霞 花天文　冯肖楠　张　丽 翟国选　王宛平　陈　晔 严　良　姚居清　于志红 远　方　萧　楠　全　心 聂淑霞　冯　鸣	河南人民广播电台
	三	海南农业向产业化进军	邢益平　陈海川	海南人民广播电台
6	一	《您好,祖国!》	傅成励　崔永元　杜嗣琨 任　捷　汪永晨 黄维群　吴朝晖	中央人民广播电台
	二	1995.5.17《810新闻》	新闻部	浙江人民广播电台
	三	1995.10.31《702早新闻》	杨茂森　郭莉莉 汪寅生　李　杰等	江苏人民广播电台
5	二	1994.7.21《新闻联播》	新闻中心	中央电视台
	二	1994.1.2《黄金时间》	集　体　赵小华	浙江电视台
	三	两岸两会南京商谈等	史礼泉　范有骏 黄旭曦　沈泓涛 李绪元等	江苏人民广播电台
4	二	1993.4.4《午间半小时》: 救救中央乐团、 救救严肃音乐等	方　舟　黄维群　万　梅 汪永晨　杜嗣琨	中央人民广播电台
3	一	1992.2.3《新闻联播》	邱桂萍　张翔升 王忆非　罗　明	中央电视台
	二	1992.2.4《河南新闻》	冯　鸣　勾志霞	河南人民广播电台
2	一	1991.7.28《午间半小时》	王　丰　张　敏 原　杰	中央人民广播电台
	二	珠江长江一线牵	韩力均　杨　波	安徽人民广播电台
1	二	1990.3.8《山西新闻联播》	新闻部	山西电视台

续表

届别	等级	题　目	作者与编辑	播出单位
1	三	1990.9.18《新闻和报纸摘要》	新闻报摘组	中央人民广播电台
		1990.10.2《新闻联播》	武晋先　杨金月	中央电视台

三、中国新闻奖新闻专栏获奖作品名录

届别	等级	题　目	作者与编辑	刊播单位
20	一	国际论坛	国际部	人民日报
		基层发现	王晓雄　何振红　齐平　陈艳　游晓玮	经济日报
		江报直播室	杨惠珍　彭京　刘建　皮藤江　张雪	江西日报
		告诉你一个真实的市场	马竞雄　高红	今晚报
		城市零距离	集体	北京人民广播电台
		来自海外的声音	郑云峰	国际电台
		记者调查	集体	新疆电视台
		第一调查	集体	安徽电视台
		网络问政平台	任天阳　蓝云　刘如森　蓝海　洪海宁　姜丽萍	奥一网
19	一	望海楼	集体	人民日报海外版
		新华时评	集体	新华社
		百城赋	集体	光明日报
		雪君工作室	郑雪君　主持	温州晚报
		脉动中国	集体	中国国际广播电台
		政风行风热线	集体	江西电台
		经济半小时	集体	中央电视台
		新闻参考	集体	吉林电视台
		百姓关注	集体	贵州电视台
		地方领导留言板	集体	人民网
		网上民声	集体	胶东在线

续表

届别	等级	题目	作者与编辑	刊播单位
18	一	劳动者之歌	集体	中央19家主要新闻媒体联合推出
		声音	张研农等	人民日报
		中国聚焦	王建华 陈瑶	新华社
		记者走基层	江作苏 杨敬文 李迎涛	湖北日报
		热点透视	汪谷震	安徽日报
		天下财经	赵忠颖 潘晓闻 董铁明 赵嘉岭	中央人民广播电台
		新闻调查	张洁	中央电视台
		法治进行时	李利影	北京电视台
		新华直播	白林 杨新华	新华网
		百姓呼声	肖雄 言娟 吴庠	红网
17	一	永远的丰碑	集体	中央和地方150家新闻媒体联合推出
		人民时评	张研农 米博华 王义堂 卢新宁	人民日报
		观察	何东平 王金福 蔺玉红 史楠 殷泓	光明日报
		国际观察	包尔文	新华社
		西岸观察	郭增榕 任君翔 钟真	福建日报
		直通车	王田良 李文生	深圳特区报
		国防时空	刘志	中央人民广播电台
		新广行风热线	廖宏伟	新疆人民广播电台
		焦点访谈	关海鹰	中央电视台
		新闻夜航	周国梁	黑龙江电视台
		红辣椒评论	舒斌 杨国炜 田德政	红网
16	一	人民论坛	张研农 米博华	人民日报
		新华时评	万武义 赵鹏	新华社
		记者亲历	王若竹 郑波	经济日报
		热门话题	刘玉梅	南方日报
		神州夜航	魏漫伦 向菲	中央人民广播电台

续表

届别	等级	题目	作者与编辑	刊播单位
16	一	中国时事	新闻中心	中国国际广播电台
		阳光热线	节目策划组	河北人民广播电台
		新闻夜航	陈小钢 王小利	黑龙江电视台
		传奇故事	李建国 金飞	江西电视台
		焦点网谈	董林 万大珂	河南报业网
		人民论坛	张研农 陈俊宏 米博华 林治波 卢新宁	人民日报
		新华视点	万武义 陈芸	新华社
		新闻和报纸摘要	蔡万麟等	中央人民广播电台
15	一	新闻联播	集体	中央电视台
		国际观察	彭丽等	中国国际广播电台
		有话直说	董宽 杨军	工人日报
		解放论坛	凌河	解放日报
		燕赵论坛	李忠志 吴忠华	河北日报
		记者档案	叶成群	安徽电视台
		政府在线	陈德年 陈晔	河南人民广播电台

四、中国新闻奖网页设计获奖作品名录

届别	等级	题目	作者与编辑	刊载单位
20	一	2009.9.19《中国一日》	朱德泉 戴兵 刘赟	大众网
	二	2009.9.28《新湖南史记》	集体	华声在线
	三	《中国坐标—新中国成立60周年》特别报道	集体	人民网
	三	《大国崛起之甲子华诞—隆重庆祝新中国成立60周年》专题	周锡生 姚笛 郑杰	新华网
19	一	《改革开放30年—中国志》	赵冰 胡蓉平	红网
	二	《四川汶川大地震》专题网页	栾志英 吕奥 孟晓冬	中国广播网
18	三	2008.8.1《新闻中心—互动多媒体报》首页	田勇 王璐 冯雷 郑晓华 赖小惠	中国宁波网
		中广网首页	集体 栾志英 郭勇	中国广播网

五、中国新闻奖报纸版面和网页设计获奖作品选登

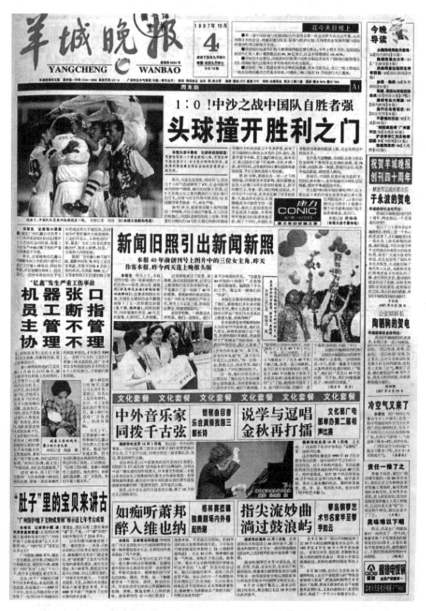

《羊城晚报》1997年10月4日第1版（一等奖）

《黑龙江日报》2003年2月24日国际新闻版(一等奖)

《科技日报》2005年10月17日第1版(一等奖)

《中国日报》2009年9月9日第6、7版通版(一等奖)

大众网2009年9月19日《中国一日》网页设计(局部)(一等奖)

后 记

一

《当代新闻编辑》第二版出版之际,根据学校的安排,我从新闻学院调到国际文化交流学院工作。一转眼,6年多时间过去了。这些年,正是新媒体发展异常迅猛的时期,新的观念、新的技术和新的运用不断出现,令人常有应接不暇之感。

今年初,我重回新闻学院,集中精力从事教学工作。为了深入了解新媒体运作和发展情况,更新、充实教学和教材的内容,我随即到中央一些新闻单位网站研修,其中在中国经济网的时间最长,为期三个月。研修期间,经济日报社徐如俊社长、庹震总编辑、丁士副总编辑等社领导给予了大力支持,中国经济网王旭东总裁、崔军总编辑、谢宁和孟令娟副总编辑提供了具体指导。人民网何家正总裁、黄其祥和官建文副总裁,以及中新网孙永良总裁等都拨冗接受了我的专访,详细介绍了他们所在网站的成长历程、主要经验、发展战略和对媒介融合的展望。此外,人民网和中国经济网20多位部主任和编辑,分别从网站规划、专题制作、论坛互动、网页设计,以及视频、音频、手机报、博客、微博的编辑和运作等方面,给我介绍了不少新的情况。这些支持和帮助,让我开阔了视野,增加了新知,掌握了许多第一手资料,为教材的再次修订奠定了基础。

二

这次修订教材,主要是吸收新鲜经验,调整部分结构,更新有关内容。修改情况大致如下：

一是取消了《网络新闻的编辑》一章,将其中大部分内容融入其他各章。这样处理,目的是减少不必要的重复,也使教材在逻辑上显得严密一些,因为各章的基本原则对网络新闻编辑都是适用的。为了适当突出其个性,将重要或比较重要的内容单列了四节,即：第一章第二节"互联网络与新闻编辑",第八章第五节"多媒体配置",第九章第七节"网络首页的设计"与第八节"新闻页面的设计";并补充了较多新的内容,包括10多张新的图片。

二是增设了《新闻的发掘》一章。这是根据网络媒体的实践所作的新的归纳。它主要探讨编辑如何根据网络媒体提供的海量信息和技术优势,对已传播的有关信息进行即时再加工,使之成为新的原创新闻,以利于扩大新闻来源,提高信息资源的利用率,更好地把握传播新闻的主动权。

三是对其他部分做了一定的增删、修改和更新。在绪论中增加了"媒介融合与新闻编辑"一节,以适应媒介发展的新趋势;删去了"当代新闻编辑工作的特点"一节,因其中有的概括不一定科学,有的内容与其他章节重复,有的特点已无强调的必要。在第二章《报道的定位》中,将第二节"报道定位的内容",从题目到正文都进行了较大的修改,旨在增强可操作性,并尽可能保持通篇行文风格的一致性。在多数章节中补充了一些新的事例,对思考与练习也作了较多的更新。

三

《当代新闻编辑》从1991年开始酝酿,于1999年出第一版,到这次再度修订并易名为《新闻编辑教程》,前后历时近20年。

在此期间,根据我的老师叶春华教授的指导,我曾先后到上海《解放日报》、《新闻报》和《劳动报》参加了较长时间的编辑工作,包括当夜班编辑一年。这本教材的基本框架和不少内容,就是在这一过程中逐步形成的,其中饱含着报社有关领导和编辑的热情指教。

近20年来,新闻编辑实践不断发展,创意与佳作层出不穷,理论研究也硕果累累。我从中受到很大的教益和启发。本教材的撰写与修订,吸收了不少获全国和地方新闻奖的作品及其经验,参考了许多专家和新闻工作者的真知灼见;没有这些优质资源,仅凭我个人的实践和有限的学识，显然是无法完成这项任务的。

　　这里还需说明的是，本教材就其名称而言，应涵盖各种大众传媒的新闻编辑，当下媒介融合的趋势，也要求将它们作为一个整体来考虑。但由于我长期主要从事报纸编辑的教学与实践，做广播、网站编辑的时间不长，更没有电视编辑工作的经历，这就使教材的重点落在了报纸上。为了兼顾广播、电视和网络媒体，我参阅了中国人民大学出版社和复旦大学出版社出版的有关教材，并运用了其中一些资料。

　　在教材修订过程中，复旦大学出版社现任责任编辑章永宏先生和前任责任编辑顾潜先生热情指点，花费了不少心血。厦门大学新闻学院袁蓉芳教授多次写信提出中肯的修改意见。

　　为了使我能够集中精力撰写和修订教材，我的夫人沈惠贤几乎承担了全部家务。

　　我深切地感到，这本教材能够出现在读者面前，离不开方方面面的支持与帮助，离不开他人经验和研究成果给予的滋养。对此，我一直心存感激，在这里一并致以衷心的谢意。

　　最后，感谢使用或阅读这本教材的师生和读者。对于教材中存在的不足之处，敬请大家批评指正。

张子让

2010 年 8 月于复旦大学

图书在版编目(CIP)数据

新闻编辑教程/张子让著.—上海:复旦大学出版社,2010.11(2021.3重印)
(复旦博学)
新闻与传播系列教材:新世纪版
ISBN 978-7-309-07623-3

Ⅰ.新… Ⅱ.张… Ⅲ.新闻编辑-高等学校-教材 Ⅳ.G213

中国版本图书馆 CIP 数据核字(2010)第 190915 号

新闻编辑教程
张子让 著
责任编辑/章永宏

复旦大学出版社有限公司出版发行
上海市国权路 579 号 邮编:200433
网址:fupnet@fudanpress.com   http://www.fudanpress.com
门市零售:86-21-65102580   团体订购:86-21-65104505
外埠邮购:86-21-65642846   出版部电话:86-21-65642845
上海崇明裕安印刷厂

开本 787×960 1/16 印张 19.25 字数 309 千
2021 年 3 月第 1 版第 8 次印刷
印数 34 601—38 700

ISBN 978-7-309-07623-3/G·924
定价:30.00 元

如有印装质量问题,请向复旦大学出版社有限公司出版部调换。
版权所有 侵权必究